Who Gets What

マッチメイキングとマーケットデザインの経済学

アルビン・E・ロス
櫻井祐子=訳

日経ビジネス人文庫

Who Gets What – and Why

The New Economics of Matchmaking and Market Design

by

Alvin E. Roth

Japanese translation published by arrangement with

Alvin E. Roth c/o Levine Greenberg Literary Agency, Inc.

through The English Agency (Japan) Ltd.

DTP: Artisan Company

ベンとアーロン、エミリー、テッドに捧げる

目次

第 I 部

市場は どこにでもある

PART I

Martkets Are Everywhere

第1章　はじめに——どんな市場にも物語がある

二〇一〇年四月のある朝、午前五時、八つの外科チームが四つの都市で八人の手術の準備を進めていた。これから四人の健康な人が、一度も会ったことのない四人の人に腎臓を一つずつ提供し、それを受け取る四人の末期腎不全患者は新たな生命を吹き込まれることになる。

同じころジェリー・グリーンとその妻パメラは、マサチューセッツ州リンカーンの自宅のキッチンテーブルで、天候を確認していた。二人はボランティアとして、まもなく小型自家用機でニューハンプシャー州レバノンへ飛び、腎臓を一つ受け取ってフィラデルフィアまで搬送し、そこでまた別の腎臓を一つ受け取ってボストンへ戻る予定だ（残る二つの腎臓は、別の二人のパイロットが空輸することになっている）。救急医療を示す「ライフガード」のコールサインをつけた自家用機は、ニューヨークのハドソン川上空を南下してニューアーク空港に向かう、世界一混雑した空域を航空管制官によって無条件で通され、フィラデルフィアではただちに着陸を許可されるだろう。その間、大勢の乗客を乗せた数機の旅客機は上空で着陸の順番をしばし待つことになる。

移植用腎臓は希少である。空域も希少だ。旅客機を一機飛ばすには一分あたり数百ドルの燃料費がかかるし、一つの空域ブロックに存在できる飛行機の数は一度に一機と決まっている。乗客の時間にもコストがかかっている。四月のこの日に誰がどの腎臓の提供を受け、手術がどの手術室で行われ、飛行機がどの飛行経路をとるかが決定されるにあたっては、希少資源が適切に配分される必要があった。小型機を飛ばしたジェリー・グリーンが、普段はハーバード大学の経済学教授なのもうなずける。経済学は、希少資源をいかに効率的に配分し、資源の希少性をいかに軽減するかを考える学問なのだ。

四人の命が救われたあの日にすべてを円滑に進めるために配分される必要があった希少資源は、腎臓とフライトだけではなかった。手術を担当した外科医たちはこの何年も前、医学部に入学を許可され、卒業後は外科の初期研修（レジデンシー）と後期専門医研修（フェローシップ）を経験したが、それぞれの段階で他の医師の卵たちと競い合い、希望のポジションを手に入れた。ジェリー自身、現在の仕事を得るために同じような競争を勝ち抜いてきている。ジェリーも外科医たちも、専門教育を受ける前には大学に受け入れられているし、ジエリーはその前にニューヨーク市で最も入学が難しい市立スタイベサント高校に入学を許可された。注目してほしいのは、こうした希少資源である腎臓、倍率の高い学校への入学、人気の高い仕事のどれをとっても、最も多額のお金を支払う人や、最も低い賃金を受け入れる人が、それを手に入れられるわけではないということだ。いずれの場合にも、マッチングが行われる必要がある。

マッチメイキング

ユダヤ教の口伝律法『タルムード』のなかに、こんな物語がある。万物の創造主は天地を創造されたあと、いったい何をなさっているのですかと、誰かがラビ（ユダヤ教の宗教指導者）に尋ねる。ラビはこう答える。「縁結び《マッチメイキング》を続けているのだ」と。物語では続けてマッチメイキング――この場合は円満な結婚――をとりもつことがいかに重要であり、かつ難しいかが語られる。それは「紅海を割るのと同じくらい難しい」のだという。

マッチングとは、私たちが人生のなかで、自分が選ぶだけでなく、自分も相手に選ばれなければ得られない多くのものを手に入れる方法を指す経済学用語だ。イェール大学やグーグルに対して、「いまから入学します」とか「これから働きにいきます」と一方的に宣言してもどうにもならない。またイェール大学やグーグルも、誰が入ってくるかを決めることはできない。結婚相手を勝手に選べないのと同じで、自分が相手を選ぶだけでなく、選んだ相手によって自分も選ばれる必要があるのだ。

こうした求愛と選別は、構造化されたマッチメイキングの環境、つまり何らかの応募と選考のプロセスを通じて行われる場合が多い。私たちの人生の重大な転機や多くの小さな節目は、このようなマッチングのプロセスによって、またそうしたプロセスをうまく乗り切れるかどうかによって決まる。誰が最高の大学に入学を許可されるかだけでなく、入学後にどの学生が人気の高い講義を受講でき、一番よい学生寮に入れるかまでもが、マッチングによって決まる。大学卒業後も、誰が最高の仕事に就くか、昇進の機会に最も恵まれるかは、マッチングによって決定される。マッチングは命そのものへの扉を開く、ゲートキーパー《門番》の役割を担うこともある。どの末期腎不全患者が希少な移植用臓器を提供されるかがマッチングによって決められる場合がその一例である。

たとえそれが神の思《おぼ》し召しだとしても、マッチングは市場を通じて行われる。そして市場は恋愛物語と同じように、欲求から始まる。買い手と売り手、学生と教師、求職者と雇用主、ときには恋愛相手を求める人たちが市場に集まることによって、欲求がかたちづくられ、そして満たされる。

最近まで経済学者はマッチングをさほど考慮に入れず、主にコモディティの市場に焦点を当てることが多かった。この種の市場では、「誰が何を手に入れるか」は価格のみによって決まる。コモディティ市場では、何を手に入れるかを決めるのは自分で、お金さえあればそれを得られる。ニューヨーク証券取引所（NYSE）でAT&T株を一〇〇株買うときは、自分が売り手によって選ばれるかどうかを心配しなくていい。応募書類を提出する必要もないし、いかなる種類の求愛を行う必要もない。同様に、売り手が誰かに売り込みをかけることもない。価格がすべての役割を担い、需要と供給が一致する価格で売り手と買い手を引き合わせる。NYSEでは、誰が何を手に入れるかは、価格によって決まる。

しかしマッチング市場では、価格はそのような役目を果たさない。もちろん、大学に行くにはお金がかかり、誰もがそれを払えるわけではない。だがそれは大学が、学費を払える学生の数と大学が受け入れられる学生の数がちょうど一致する価格、つまり需要と供給が一致する価格にまで学費を引き上げているからではない。むしろ人気大学は、たしかに学費は高いが、多くの学生に志望してもらえるよう、できる限り授業料を抑えているし、出願者の数分の一にしか入学を許可しない。また複数の大学から入学許可を得る学生が多いため、大学は学生を一方的に選ぶのではなく、キャンパスツアーやしゃれた施設、学費補助、奨学金などを提供して、学生の歓心を買わなくてはならない。同様に、雇用主は、どうしても仕事がほしい求職者の数が募集人数にちょうど一致する価格にまで賃金を下げているわけではない。

雇用主が求めるのは最も安価な人材ではなく、最も能力とやる気のある人材なのだ。仕事の世界では、求愛はたいてい双方向で行われ、雇用主がよい給料や待遇、昇進の機会を提示する一方で、求職者は熱意や資質、やる気をアピールする。大学入学と就職の市場は、求愛と結婚にとてもよく似ている。どちらも双方向のマッチング市場で、双方が相手を探し、相手の歓心を買う必要がある。「誰が何を手に入れるか」を決定する要因が価格だけではないとき、市場では必ずマッチングが行われる。

マッチングには、金銭がまったく絡まないものもある。たとえば腎臓移植には多額の費用がかかるが、誰が腎臓を手に入れられるかは、金銭では決まらない。そもそも移植用腎臓の売買は法律で禁じられている。同様に、空港の離発着枠を得るには料金がかかるが、誰がそれを手に入れるかは金額では決まらない。公教育を受ける機会にも価格はつけられていない。納税者が学校を支えているのは、すべての子どもに無償で教育を提供するためにほかならない。誰が腎臓提供を受けるか、誰が人気のある公立幼稚園に入園できるかといったことをお金で決めるのを、多くの人は不快に感じる。必要とするすべての人に腎臓が行きわたらないときや（現実にそうだ）、入学を希望するすべての生徒を受け入れるだけの定員枠がよい公立学校にないときには（つねにそうだ）、何らかのマッチングプロセスを通じて希少資源が配分される必要がある。

マーケットデザイン

マッチングのプロセスには、正式なものであれ、自然発生的なものであれ、時間をかけて進化しながら生まれるものもある。だがとくに最近では、デザイン（設計）されるものもある。マーケットデザインの新しい経済学は、マッチメイキングや市場一般に科学的手法をもちこもうとする試みである。これが本書のテーマだ。これまで私は世界中の研究者とともに、マーケットデザインという新しい研究分野を切り拓いてきた。マーケットデザインは、既存の市場が自然に解消できない問題を解決する手段になる。私たちの研究を通じて、「自由市場」が適切に機能できるためにはいったい何が必要かということについて、新しい知見が明らかになっている。

ほとんどの市場とマーケットプレイスは、アダム・スミスの見えざる手を一方の極とし、毛沢東主席の五カ年計画をもう一方の極とする、広い空間のどこかに位置する。市場は「誰が何を手に入れるか」を参加者自身が決定するという点で、中央計画経済とは異なる。またマーケットプレイスは、ルールが存在することを知ったうえで参加者が集まるという点で、レッセフェール（自由放任主義）とも異なる。

ボクシングが単なる殴り合いからスポーツに昇格したのは、第九代クイーンズベリー侯爵ジョン・ダグラスが、自分の名前を冠したルール（クイーンズベリー・ルール）の保証人になってからのことだ。このルールは試合の結果を左右することなく、競技の安全性を保証したため、多くの出場者が集まるようになった。市場もこれと同じで、NYSEのような巨大なものから、近所の農産物直売市場のような小さなものまで、すべてルールに沿って運営されている。市場をよりよく機能させるために、ときおり微調整が加えられていくこうしたルールこそが、市場のデザインである。デザインという言葉は、名詞でもあり動詞でもある。ルールが時とともにゆっくりと進化してきた市場にも、誰かが意識して考案したものではないにせよ、やはりデザインが存在する。

インターネットの市場にはとても厳密なルールがある。市場をウェブ上で運営するには、ルールをソフトウェアに組み込まなくてはならないからだ。モバイル機器を通じてインターネットを利用できるようになったいま、市場はつねに私たちの身近にある。

市場は相互に結びついている。インターネット市場は無線周波数帯市場があってこそ成り立っている。周波数帯市場のおかげで、昔はテレビとラジオの放送にしか開放されていなかった周波数帯で、スマートフォンなどのモバイル機器の利用が爆発的に進んでいるのだ。

本書では、私がこれまでデザインを手がけてきた市場やマッチングのプロセスをいくつか紹介する。一例として、現在アメリカの医師のほぼ全員が、全国研修医マッチングプログラム（ＮＲＭＰ）と呼ばれるクリアリングハウス（情報交換機構）を通して、医師としての最初の仕事を得るが、このマッチメイキング・アルゴリズム（マッチメイキングの定式化された処理手順）は、私が一九九〇年代半ばにリデザイン（再設計）を手伝ったものだ。いまでは毎年二万人を超える若い医師がこのアルゴリズムによって、約四〇〇〇の研修医プログラムに割り当てられている。

その後私はキャリアをもう少し積んだ医師のためのマッチングプロセスのデザインにも関わった。また現在ニューヨーク市で用いられている、生徒を公立高校に割り当てるマッチングシステムのデザインを（前出のジェリー・グリーンが助言を与えたずっとあとに）手伝ったほか、ボストンをはじめとする大都市の学校選択制度のデザインにも関わった。グリーン夫妻が自家用機を飛ばしてくれたおかげで実現した腎臓交換は、ニューイングランド腎臓交換プログラム（ＮＥＰＫＥ）を通して手配された。ＮＥＰＫＥは二〇〇四年に外科医や移植専門医らが設立したプログラムで、私が経済学者のウトゥク・ユンベルとタイフン・ソンメズとともに提案したアルゴリズムを利用して、腎臓移植のドナーと患者のマッチングを行っている。私たちは腎臓交換を腎臓移植の標準的な選択肢にすべく奮闘する外科医たちに、その後も協力してきた。

マーケットプレイス

マーケットプレイスがうまく機能するためにまず何より必要なのは、取引を希望する参加者を大勢集めて、彼らが最高の取引を探しあてられるようにすることだ。参加者が多く集まる市場には厚みがある。市場に厚みをもたせる方法は、市場の種類によって異なる。たとえば私たちが腎臓交換のクリアリングハウスをつくったときは、市場に厚みをもたせるためにまず患者とドナーのデータベースを構築する必要があった。

市場の厚みを維持するための取り組みでは、取引のタイミングが重要になる場合が多い。たとえばオファーをどのタイミングで出すか、オファーの有効期間をどれくらいにするかといった設定である。このことは、地元の農産物直売市場から証券取引所までの、あらゆるコモディティのマーケットプレイスについて言える。私が昔住んでいた家の近くの農産物直売市場は、いつも決まった時間に開き、それより早い時間に行っても一粒のラズベリーさえ売ってくれなかった。ほかの店に文句を言われるからだ。正式に市場が開くより前に抜けがけして売る店があると、客がますます早く来るようになって、昼市のはずが一日中市場を開けるはめになり、「厚みのない」市場で時間をかけて売らなくてはならなくなることを、彼らは懸念したのだ。NYSEが毎日同じ時刻に取引を開始し、きっかり定刻に閉会することにも、市場の厚みを維持する狙いがある。

厚みを実現したマーケットプレイスは、混雑に悩まされることが多い。これは経済における交通渋滞のようなもので、市場の成功を阻む一大要因である。厚みのある市場には圧倒されるほど多くの選択肢があり、参加者が実現する可能性のある取引を検討し、実行するのに時間がかかることがある。適切なマーケットプレイスを通して、実現可能な取引をすばやく検討できるようにすれば、参加者は特定の取引が成立しなかった場合にも、まだほかの機会を検討する時間的余裕がある。コモディティ市場では、価格がこの役割をよく果たしている。なぜならコモディティ市場では、〔商品ごとに差がなく価格だけで売買が決定されるため〕一つのオファーを市場全体に出せるからだ（「どなたにでもひとかご五ドル五〇セントでラズベリーをお売りしますよ」）。これに対してマッチング市場では、一つひとつの取引が個別に検討されなくてはならない。たとえば就職市場では、一人ひとりの候補者が個別に評価される必要がある。

豊富な機会を提供するマーケットプレイスはすばらしいが、せっかく機会があっても参加者がそれを検討することができなければ本物の機会とはいえず、その場合市場の利用価値が大きく損なわれる。たとえばインターネットの出会い系サイトを考えてみよう。魅力的な写真を載せている女性には、返信できる数をはるかに超えるメールが殺到するため、男性がメールに返事をもらえる確率は低い。そこで男性は、返事をもらうためにありきたりのメッセージを量産し、その結果、女性はますます返事を書く意欲を失う。返信できる数を超えるメールが女性に殺到することがあるように、面接できる数を超える応募者が雇用主に集まることがある。どちらのケースでも混雑が生じていて、そのせいで参加者が市場にいる最も有望な候補を探しあてられない場合がある。

買い手は多くの売り手に出会いたいし、売り手は多くの買い手に出会いたい。とはいえ、売り手にしてみれば多くの売り手との競争は避けたいし、また買い手も売り手同士の熾烈な競争を歓迎するとは限らない。その結果、市場が開く前に抜けがけしようとする参加者が出たり、またこれから紹介する就職市場のいくつかでは、オファーを出す時期がますます早まったり、ほかのオファーに答える時間を与えずに即答を求める慣行が横行したりしている。こうした早期の「時限つき」オファーを出す意図が、競争相手を出し抜いて優位に立つことにあるのか、それとも単に混雑に対処することにあるのか（十分な数のオファーを出す時間がない場合、早く始めてさっさと行動するのが得策になる）、判断が難しい場合がある。いずれにしても、早期の時限つきオファーのせいで市場の厚みが減少し、それをきっかけに市場の大規模な再編が行われることもある。医師の市場のためのクリアリングハウスも、こうした経緯から生まれた。

どんな市場でも、参加者は「何がほしいのか」を決めなくてはならない。生徒はどの大学が自分に合っているかを考える必要があり、大学は何千人分もの願書をふるい分ける必要がある。マッチング市場で何が難しいかと言えば、参加者全員が自分のほしいものをつきとめるだけでなく、ほかのすべての参加者が何を求め、それを手に入れるためにどのような行動に出るのかにも気を回さなくてはならないことだ。大学の入学審査担当者は、ただ優秀な生徒を選んでいるのではない。優秀で、かつ入学を許可されたら入学してくれそうな生徒を選ぼうとするのだ（このために、生徒がどの大学に出願していて、入学を許可される可能性がどれくらいあるのかまで考えなくてはならない）。したがって生徒側は、自分の優秀さをアピールするだけでなく、その大学にどれだけ関心をもっているかというシグナルを大学側に送る必要がある。生徒は入学を許可されたら必ず入学しなくてはならない、拘束力のある早期入学者決定制度を通して応募すべきだろうか？　またその場合、高望みでも一番行きたい大学を選ぶべきか、それとも絶対入学するという意思を尊重して入学を許可してくれそうな大学を選ぶべきか？　簡単に言えば、生徒と大学の双方が下す決定が、ほかの多くの生徒と大学の決定によって大きく左右されるということだ（アメフトでよく言うように、相手チームがいるせいで何もかもがややこしくなる！）。

　このように他人の行動によって影響を受ける意思決定は、戦略的意思決定と呼ばれ、これを扱う経済学の一分野がゲーム理論である。多くの選抜プロセスでは、戦略的意思決定が成否のカギを握る。私たちゲーム理論家は、マッチングプロセスの研究を通して、参加者がどのようにして「制度の裏をかく」のかを学ぶことが多い。適切にデザインされたマッチングプロセスには、参加者が戦略的意思決定を行うという事実が計算に入れられている。マーケットデザイナーは、参加者が制度の裏をかかなくてすむようにして、自分が本当に何を必要とし、何を求めているのかを考えることに参加者が専念できるようにすることを主眼に置く場合もある。あるいは、多少裏をかく人が出ても、市場が円滑に機能できるようにすることをめざす場合もある。優れたマーケットプレイスがあるとき、参加者は安全かつ簡単に市場に参加できる。

　市場が混雑に対処できず、参加者が自分の望むような取引を探しあてられない場合、もしも参加者が事前に利用できる機会があるなら、市場が開くまで待つのは参加者にとって安全でないかもしれない。早く行動を起こすという選択肢がない場合でも、マーケットプレイスの欠陥のせいで参加者がリスクの高い賭けに出ざるを得なくなることがある。

「ボストン公立学校（BPS）」（幼稚園から高校まで一二六の公立学校を擁するボストン市の学校区）が、生徒と学校をマッチングさせる制度のリデザインを私たちに依頼してきたのは、まさにこの問題に悩まされていたためである。ボストンの旧制度では、親はどの学校を第一志望にするかを決める際、戦略を練る必要があった。なぜなら当時の割り当て方式では、よい学校は第一志望にしなければ、そこに割り当てられる見込みはなかったからだ。これは難しい問題だった。新制度では、真の選好順位を正直に書くことが安全になったため、親はどの一つの学校に賭けるべきか悩むことなく、どの学校が子どもに本当に合っているかだけを考えればよくなった。

どんな市場にも物語がある。マーケットデザインの物語は失敗から始まることが多い。市場に厚みをもたせられない、混雑を緩和できない、安全かつ簡単に参加できないという失敗だ。本書で伝える物語の多くで、マーケットデザイナーはまるで消防士のように、市場が失敗すれば救助に駆けつけ、マーケットプレイスをリデザインしたり新しい市場をデザインすることによって、秩序をとりもどそうとする。

しかし、市場はたとえそれなりに成功していても、参加していない人や参加するつもりのない人の目には失敗に映ることもある。それに、不快と見なされる市場もある。こうした市場は奴隷市場から違法薬物市場、売春市場まで多岐にわたる。腎臓交換は、世界各国で移植用臓器の売買が法律により犯罪と定められているという事情から生まれた（ただしそうした法律にもかかわらず闇市場が存在し、そのなかには劣悪な市場もある）。

「不快な」取引、つまりある人たちがそれを行うのを別の人たちが望まない取引は、金銭のやりとりを伴うとは限らない。同性婚の扱いをめぐる昨今の議論などから、同性婚がそのような取引の一種であることは明らかだ。その一方で、それまで許容範囲だった取引が金銭を介するようになったとたん不快と見なされることがよくある。腎臓売買を禁じる法があるのに腎臓交換を禁じる法がないのも、合意のうえでの性行為が一般に受け入れられているのに売春がそうではないのも、この理由による。ただし世界には、合意のうえでの性行為（たとえば婚外の性行為など）が不快と見なされる地域もあれば、売春が合法とされる地域もある。

新しい市場観

私はいつも経済学にゴシップ的な魅力を感じてきた。経済学を通して、他人の人生や選択を、細部に至るまでつぶさに知ることができるからだ。これからの人生でどのような選択を行う覚悟をしておけばいいのか、いまと違う道を歩んでいたらどのような選択を迫られていたかを、経済学を通して垣間見ることができる。

本書を読む人が、これから経験するかもしれないマッチングについて理解を深めてくれることを願っている。子どもをよい幼稚園に入れたい人や、子どもが大学入試をうまく乗り切れるよう手助けしてやりたい人もいるだろう。こうしたマッチングのプロセスに対処することについて、いままでとは違う考え方をもってもらえればと思う。

また、どのような組織形態が有効に機能するか、あるいはしないのかを理解するうえで、本書が役立てば幸いである。

本書を通して、政治家がもっていることの多い、自由市場に対する安易な思い込みに新しい見方を提供できればと思っている。市場が自由に機能できるのは、具体的にどのようなときだろう？　自由市場と言うとき、まったく何の制約もない市場を考えるのではなく、正しい機能を導く、周到にデザインされたルールのある市場を考えるべきだ。自由に機能できる市場は、自由に回転する車輪と同じで、車軸とよく油を差した軸受けをもたなくてはならない。車軸をとりつけ、軸受けをいつも油を差した状態にしておく方法が、マーケットデザインにある。

そして最後に、私の友人のイスラエルの植物学者アビ・シュミダと行くハイキングが、私の目を動植物に向けてくれたように、本書が経済の世界を覆うベールをはぎとることができれば、これほど嬉しいことはない。以前ヨルダン南部の砂漠を一緒に歩いていたとき、アビは乾ききった砂まみれの低木に隠れた、たった一本の青々とした多肉植物を見つけ、「砂漠に緑の植物があったら何がわかるか？」と聞いてきた。私が首をかしげると、彼はこう叫んだ。「そいつは毒だってことだ！　そうでなければとっくに食べられているはずだろう」。

また別のとき、アビに言われてサルビアの花に指を深く差しこんでみた。指を引き抜くと、その背に一筋の花粉がついていた。この花は、ハチが奥深くまで入らなくては蜜を集められないような形状に進化したため、長い舌をもつ大型のハチだけがその蜜を得られるのだという。花粉は大きなハチの背中に付着し、次の花へと安全に運ばれる。サルビアの花とハチは、互いに提供するものを活用するようなかたちで共進化した。サルビアの花は大きなハチにしか集められない蜜をたっぷり提供し、大きなハチは自然にこの種の花だけを求めるようになったため、サルビアの花粉は同種の花まで運ばれる確率が高い（これが植物の観点から見た、花の存在目的である）。このケースでは、進化がマッチメイカーの役割を果たしてきた。

経済の世界にも、くわしく見れば自然界と同じくらいの驚きがつまっている。市場は何らかの知的存在によってデザインされることなく、進化に似たプロセスで試行錯誤をくり返すうちに生まれることが多い。しかし、市場はデザインされることもある。ゼロからデザインされることもあるが、たいていは市場が試行錯誤の末に失敗してからデザインし直される。私たちがマーケットデザインについて学んだこと、またマーケットデザインを通して市場一般について学んだことは、市場の失敗を観察し、それを修復する方法を考えるなかで得られたものが多い。すべての市場が雑草のように育つわけではなく、なかには温室栽培の蘭のように、手をかけて大切に育てられなくてはならない市場もある。注意深く育てられたインターネット上の市場は、いまや規模と成長率で世界有数のビジネスになっている。

いろいろな種の花があるように、商品やサービスの市場も一つひとつがまったく異なることも多い。だが、やはり種の異なる花のように、まったく異なる市場であっても、同じような問題を解決する必要から生まれたものである以上、共通点はある。

何らかの失敗を抱える市場を研究していると、人々の人生が重要な節目でどのような道筋をたどるのかを垣間見られるだけでなく、すばらしい個性との心ときめく出会いがある。こうした人たちを、本書では紹介していこう。経済学はほとんどすべてのものごとに関わっているため、経済学者はどんな人からも何かしら学ぶことがある。私はこれまでデザインを手伝ったすべての市場で、すばらしい人たちと出会い、力を合わせてきた。

マーケットデザインを通して、仲介業《マッチメイキング》という太古からある職業に、新しい展望が拓かれつつある。本書を、身の周りで起こっているマッチングやマーケットメイキング（市場形成）の手引きと考えてほしい。本書を通じて読者が新しい視点を手に入れ、「誰が何をなぜ手に入れるのか」について、これまでと違った方法で理解できるようになることを願ってやまない[1]。

第2章　一日のさまざまな活動を支える市場

マーケットデザインは広く行きわたっていて、私たちが目を覚ます瞬間に始まり、生活の隅々にまで入り込んでいる。寝るときに使う毛布や、ラジオ付き目覚まし時計から流れるラジオCMも（目覚まし時計そのものさえ）、さまざまな市場の隠れた働きの賜物《たまもの》である。朝食はごく軽くすませる人も、世界の隅々にまで広がる多くの市場の恩恵を受けているはずだ。またこうした市場は簡単に参加できるものが多いが、単純に見える構造の陰に、洗練されたマーケットデザインが隠れていることもある。

たとえば、あなたは朝食に食べるパンがどこでつくられたかはおそらく知らないだろう。仮に知っていたとしても、パン職人は材料の強力粉のもととなった小麦そのものの生産者を知る必要はない。なぜなら小麦はコモディティとして取引される――つまり基本的にすべて同等と見なすことのできるまとまりで売買されるからだ。このおかげでコモディティの取引は簡素化されている。しかし、コモディティでさえデザインされる必要がある。実際、小麦市場が一八〇〇年代までのマッチング市場を脱却できたのは、小麦がデザインされたおかげなのだ。

小麦畑は畑によって少しずつ違いがある。そのため従来の小麦売買は、買い手が小麦の見本を検分、評価してから購入の申し込みをする、「見本」売買のかたちをとっていた[1]。これは手間のかかるプロセスで、過去に取引を行ったことがあり、その後もつき合いが続いている売り手と買い手との間で行われることが多かった。この市場では、価格だけで取引が決まるのではなく、参加者にとっては誰と取引をするかが重要だった。その意味で当時の小麦市場は、少なくとも部分的にマッチング市場だった。

そこで登場するのが、一八四八年に開設され、大草原地帯《グレートプレーンズ》の農家から穀物を満載してシカゴにやってくる貨車の終着点に位置するシカゴ商品取引所（ＣＢＯＴ）だ。

ＣＢＯＴは小麦を品質等級（一等が最高級）と種類（硬質か軟質か、赤色か白色か、冬小麦か春小麦か）で分類することによって、小麦をコモディティに変えた。おかげで鉄道会社は小麦を輸送する際、農家別に積み荷を分ける必要がなくなり、同じ等級と種類の小麦を混ぜて運べるようになった。また買い手はやがて等級システムを信頼し、あらかじめ見本を検分したり、売り手の素性を調べたりせずに、小麦を購入するようになった。

そんなわけで、かつて買い手が農家の素性を調べ、作物の見本を検分しなくてはならなかったマッチング市場があった場所に、いまでは金融市場と同じくらいの匿名性があり、同じくらい効率的な、小麦、トウモロコシ、豚バラ肉など、さまざまな食料品のコモディティ市場があるのだ。投資家がAT&Tのどの株式を買うかを気にかけないように、ここでも買い手はどの五〇〇〇ブッシェル（一ブッシェル＝約二七・二キログラム）の二等硬質赤色冬小麦が送られてくるかは気にしない。格付けシステムのおかげで、目で確かめなくても小麦が買えるのだ。信頼の置ける等級システムを通じて小麦がコモディティ化されたことで、市場が安全になった。

最近では収穫前の小麦さえ、小麦先物として販売できる。小麦先物とは、将来のある時点で小麦の受け渡しをするという約束である。大手の製粉業者や製パン会社は、先物取引を利用して小麦を購入し、コストを前もって確定させることができる。安心してこれができる理由は、購入するものが標準的な銘柄に分類されているため、どんな小麦が引き渡されるかを心配せずに取引を行えるからだ。小麦先物の購入は純粋な金融取引で、市場には一粒の麦も存在しない。

取引それ自体はどう変わったかと言えば、小麦をロット単位で検分し、購入していたブローカーが姿を消し、代わりにCBOTの公開競り売買《オープン・アウトクライ》市場の立会場《ピット》で買値と売値を手ぶりや声で示して取引するフロアトレーダーが、この種の取引を支配するようになった。最近のトレーダーは、コンピュータ画面の前に座って、莫大な量の穀物を売買することもある。

市場をコモディティ市場に変えることによって、十分な厚みを実現できる場合がある。なぜなら買い手はどの売り手からも買うことができ、売り手はどの買い手にも売ることができるからだ。またその一方で、マッチング市場における混雑の大きな原因も解消できる。コモディティ市場では、どの売り申し込みもすべての買い手に対して行われ、どの買い申し込みもすべての売り手に対してなされる。そのため就職市場や住宅市場でのように、自分に売り申し込みが来るまで待つ必要がなく、自分の希望する価格の申し込みを見た（聞いた）人は、誰でもその価格で売買できるのだ。この種の市場が機能する仕組みについては、第5章で金融市場をとりあげる際にくわしく説明することとし、ここではコモディティ市場がすばやく機能する様子を見ていこう。

一杯のコーヒーにも

商品がコモディティ化すると、その商品を売買する方法だけでなく、生産する方法までもが変化することがある。それでは眠い目を引き続き朝食のテーブルに向けて、今度はコーヒーとその驚くべき市場の物語に注目しよう。

コーヒー豆はエチオピアで発見されて以来数世紀にわたって栽培されてきたが、二一世紀に入るまでは、一九世紀のアメリカの小麦と同じような方法で取引されていた。エチオピアのコーヒーを生産元から大量に購入するには、現地で雇った代理人が、一つひとつの麻袋の奥深くからサンプルを抽出して味見し、評価しなくてはならなかった。

だが二〇〇八年にエチオピア商品取引所（ECX）が開設されると、事情は一変した。この取引所の核となっているのが、匿名のコーヒー等級付けシステムだ。売りに出された一つひとつのロットのサンプルを、専門のテイスターが試飲して等級をつける（ちなみに品質等級を構築するためのルール〔すなわちマーケットデザイン〕も周到にデザインされている。たとえば豆の試飲は、生産者の名前を伏せる「目隠し方式」で行われると決められている。そうでなければ売り手がテイスターを買収して、等級をかさ上げできるからだ）。

コーヒーが標準化されたことによって、収穫されるコーヒーの質が実際に向上する可能性もある。コーヒー豆は「コーヒーチェリー」と呼ばれる果実のなかで育つが、果実が完熟して赤くなってから収穫されるものが、最高のコーヒーとされる。だが豆は果実からとり出して乾燥させてから売られるため、買い手はコーヒー豆を見ただけでは、熟した赤い果実から収穫されたのか、熟す前の青い果実から収穫されたのかを判別できない。コーヒーが等級付けされる以前は、コーヒー農家は丘の斜面全体を一度に収獲する、つまり熟度にかかわらず赤い実と青い実をまとめて収穫することが多かった。だがいまではテイスターが違いを判別できるため、赤い実だけを選んで摘み、残りは熟してからまた収穫することが生産者にとって得策となった。テイスターが違いを区別できるからこそ、市場では丹念に手をかけて収穫された豆に確実に高い等級がつけられ、高値で取引される。その結果、海外のバイヤーは現地に味見に行かなくても、エチオピアコーヒーを遠い場所に居ながらにして大量に購入でき、また売り手の評判や素性を気にせずに、複数の売り手から購入できる。

そんなわけで目覚めのコーヒーを口に含むとき、あなたは古代から親しまれてきた農産品の市場を標準化し、よりよいものに変えた、最近のマーケットデザインの恩恵を受けているのだ。

とはいえ、あなたは自分の飲むコーヒーがどんな人たちの手を渡ってきたのかをまったく知らないわけではない。たとえ豆の生産者を知らなくても、出がけにスターバックスや地元のコーヒー店でコーヒーを買うときは、売り手についていろいろなことを知っている。あなたがそこでコーヒーを買ったのは、便利な場所にあるからかもしれないし、コーヒーと一緒に売っているペストリーや、バリスタが描いてくれるラテアートに惹かれたせいかもしれない。もしあなたが常連なら、売り手もあなたのことをいろいろ知っていて、あなたが入ってくるのを見たとたん、「いつものやつ」を用意してくれるかもしれない。

コーヒー店は、またあの店で買いたいと思ってもらえるように、商品の差別化に余念がない。もちろん、あなたが見知らぬ街にいて、自分好みの個性的なコーヒー店を探す機会がなければ、標準化された味を求めて、スターバックスのような大規模チェーンの店を探すこともあるだろう。

ここで、コモディティ化する必要と、差別化する必要のせめぎ合いに注目してほしい。つまり売り手は、たとえ買い手に選別してもらえなくても、大勢の買い手がいる、厚みのあるコモディティ市場で売りたいと思う半面、買い手が気に入って多くのなかから選別してくれるような、特別な商品を売りたいという思いもある。売り手は、買い手が大勢集まる市場で売ることを好むが、ほかの売り手の商品に容易にとって代わられるのは好まない。アップルやマイクロソフトのような一流ブランドは、消費者がどの個体のiPhoneやマイクロソフト・オフィスを買うかを気にしなくてすむ程度に製品をコモディティ化し、それでいてほかでは買えない商品を開発することで差別化を図っている。アップルの成功要因の一つは、IBMが開発したPCがほかの会社にもつくれるようなコモディティになるなか、ノート型のマックで独自路線を貫いていることにある。アップルはこのようにして、マイクロソフトがほぼ独占していたパソコン用のオペレーティングシステム（OS）に風穴を開けた。両社の戦略が大きくかけ離れているおかげで、パソコン用ソフトウェアの市場は巨大で厚みのある市場になっているのだ。

同様に、コモディティ市場とマッチング市場の間にもせめぎ合いがある。あなたは自分の飲むコーヒーを淹れてくれる店にこだわる一方で、あなたの選んだコーヒー店はどの客にもコーヒーを販売する。つまりコーヒー飲料の市場では、コーヒー店は選ばれるだけだが、あなたは選ぶことができ、どの店を選ぶかはあなたにとって重要である。したがって完全に匿名のコモディティ市場と、特定の取引関係においてのみ意味をもつ関係特殊的なマッチング市場は、明確に線引きされているわけではない。純粋なコモディティ市場と純粋なマッチング市場を両極とする連続体上に、さまざまな市場が存在するのだ。私はスーパーマーケットでパンを買うとき、それを焼いた人のことは知らないが、いつものパン屋のものだということはわかる。バゲットが入っている袋にはパン屋の名が印刷され、一九八四年から元気にパンを焼き続けていますと書いてあるからだ。

買い手にも売り手と同様、両面性がある。私たちはくわしく調べなくても安心して買えるコモディティを好む一方で、一部の商品については多様性を求め、とてつもなく高品質の、標準化できない品を探し求める。妻と私は日曜の朝、地元の農産物直売市場で朝食を調達することがある。これは大昔からあり、いまも忙しい都会人を惹きつけている市場だ。何より週に一日しか開かないことで、商品がとても新鮮だという印象を与える、魅力ある市場になっている。商品を一目見ただけで、倉庫で鮮度が落ちてから陳列されるスーパーの品と違って、その日に市場に運ばれてきたことがわかるのだ。

さらに言えば、商品を並べている生産者の多くが地元の人たちだ。それに生産者自身（やその家族）が店番をしていることが多いから、彼らに関する情報を得やすい。そのためこの市場は、地元の食料品店で買い物をする場合に比べれば、マッチング市場により近い。ただし食料品店は毎日開いているという点で、より便利である。

食料品店は毎日開いているが、いつも開いているわけではない。買い物客が少ないときに店を開けているのは不経済だからだ。だが農産物市場であれ、地元のスーパーであれ、買い物をするにはそこに足を運ばなくてはならない。インターネットの登場で事情が一変し、市場はより身近に、より利用しやすくなった。

マーケットプレイスはサイバー空間に……そしてあらゆる場所にある

最近ではスマートフォンとクレジットカードがあれば、航空券を買い、ホテルを予約し、デリバリーを頼み、靴を買うこともできる。ウェブでは数百万の売り手からものを買える。アマゾンなどの巨大なインターネットのマーケットプレイスでは、携帯電話やコンピュータのブラウザをクリックするだけで、仮想の買い物かごにいろいろな売り手の商品を入れ、たった一度の取引で購入することができる。オンライン市場がこれほど使いやすく、これほど成功しているのは、このような仕組みのおかげでもある。たとえば私は腕時計が壊れたら、アマゾンのサイトに行って新しいものを買うかもしれない。でもついでに自転車のヘルメットにつける鏡と、読もうとしていた本も買って、クレジットカードでまとめて支払いをし、自宅への配送を手配することもできる。これは私の目には一つの取引に見えるが、実はアマゾンの「マーケットプレイス・サービス」に登録する別々の売り手から一つひとつの商品を買っているのかもしれない。

アマゾンは膨大な数の買い物客と出品者を引きつけるうちに、多様な取引を求める多数の参加者が集まる、厚みのあるマーケットプレイスを生み出した。アマゾンのマーケットプレイスの厚み、つまり多くの買い手と売り手に容易にアクセスできる状態は、厚みが厚みを呼ぶ好循環を生んでいる。買い物客が増えれば増えるほどますます売り手が増え、売り手の種類が増えれば増えるほど多くの買い手がこのマーケットプレイスに集まる。アマゾンのサイトに行けば一つの場所でいろいろなものを簡単に買うことができ、携帯電話があればどこにいてもそこが買い物をする場所になる。

あなたのスマートフォンは、アマゾンの商品のマーケットプレイスだというだけでなく、スマートフォンに新しい機能を付加するアプリケーションソフトウェア、略してアプリのマーケットプレイスでもある。あなたのスマートフォンが、おそらくアップルのｉＯＳかグーグルのアンドロイドという、スマートフォンの二大OSのどちらかを搭載しているのは、この理由による。できるだけ多くのアプリがそろっていて、これからも多くのアプリが開発されそうな携帯電話が人気を集めているのだ。他方、アプリをつくるソフトウェア開発者は、買ってくれそうな人が大勢いて大ヒットが見込めるマーケットプレイスでアプリを売りたいと考える。

携帯電話の買い手とアプリの開発者は、市場の向こう側にできるだけ多くの可能性がある、厚みのあるマーケットプレイスで互いと出会うことを望んでいる。独立系開発者が最初にユーザーの多い携帯電話のためのアプリを開発するのも、携帯電話の買い手がアプリの豊富な携帯電話を選ぼうとするのも、この理由による。アプリは特定のOS向けに書かれるため、携帯電話のOSがマーケットプレイスへのカギとなる。

アップルもグーグルも、すでに多くのアプリがそろっている独自仕様のOSをリリースして、市場の厚みによって顧客をただちに引きつけようとした。だが両社はそれぞれの市場をデザインする際、対照的な決定を下した。アップルはiPhoneユーザーに販売するアプリを自らコントロールできる、「クローズド」なOSを選択した。後発のグーグルは「オープン」なシステムを選択し、ソースコードを公開してアンドロイド向けのアプリを誰にでも開発できるようにした。これらの選択は、パソコン時代の黎明期にアップルとマイクロソフトが下した、同じように対照的な戦略的意思決定を彷彿とさせる。PC向けのソフトウェアは誰でも開発できたが、アップルのマック向けのソフトウェアを開発できるのは、アップル(とアップルの認可を受けた開発者)だけだった。こうした選択の結果、PC用ソフトウェアの市場はマック用ソフトウェアの市場よりもずっと早く厚みを実現できた。しかしアップルはハードウェアとソフトウェアの独自規格を貫く決定を通して、やがて莫大な利益をあげるようになったのである。

人気の高いOSは、ほかの種類の市場と同様、新しい買い手と新しい売り手を惹きつけてますます普及し、やがて事実上の業界標準になる——つまり、製品(新しいアプリ)を販売できる市場を事実上確立する。いったん業界標準となったOSは、一時的にであれ市場を完全に支配できるため、競合するOSは十分な数のユーザーや開発者を引きつけられなくなり、ニッチ製品と化してしまう。

まさにこれが、スマートフォン市場で起こったことだ。現在iOSとアンドロイドの二大OSが市場を席巻していて、その牙城を崩すのはとても難しくなっている。この過程で、ブラックベリーをはじめ、かつて普及していたモバイルOSは駆逐された。ちなみにブラックベリー自身も、その前にはインターネット非対応の携帯電話や、パームパイロットなどの電話機能のない携帯情報端末を駆逐している。

これらの市場が互いに作用し合っていることに注目しよう。アマゾンはインターネットがなければ、いまのようなマーケットプレイスにはなれなかったし、インターネットはパソコンやスマートフォンがなければマーケットプレイスになれなかった。またスマートフォンは、携帯電話を利用する決済方法がなければマーケットプレイスになれなかった。農産物直売市場やスーパーであれば、希望すれば誰でも現金で支払いができるが、オンラインではクレジットカードでの支払いが便利だ。そしてクレジットカードもマーケットプレイスである。たいていの人がビザ、マスターカード、アメリカン・エキスプレスといった主要クレジットカードのどれかを使っているのは、この理由による。クレジットカードを使う消費者も、クレジットカードを扱う加盟店も、取引相手の大勢いる、厚みのある市場を求めているのだ。

私はほとんどの支払いが現金か小切手で行われていたころを知っている年代だ。当時は旅先で小切手を使うのは難しかった。小切手が不渡りになって支払いを受けられないリスクを店が嫌ったからだ。地元の行きつけのレストランはたいてい小切手を受け入れてくれたが、それでもレジの横に「われわれが信じるのは神である。神以外の人は現金払いでよろしく」などという張り紙がしてあったものだ。

クレジットカードは店に安全性を提供したが、安全性は手数料というコストを伴った(2)。しかし店は手数料を惜しまず払った。クレジットカード決済を受け入れることで、現金払いでは来てくれそうにない客を獲得できたうえ、カード発行銀行が保険を通じて支払いを保証したため、なじみのない客の支払いを安全に受け入れることができたからだ。

クレジットカードのおかげで発達したさまざまな市場は、やがて少数の主要クレジットカードに取引を集中させることで厚みをもつようになった。これは当然のなりゆきだった。もし店によって扱うカードが違っていたなら、クレジットカードの利便性がどれほど損なわれたかは容易に想像できる。当初はクレジットカードやチャージカード（アメリカではクレジットカードは分割払いが可能なカード、チャージカードは翌月一括払いのカードを指す）を何枚ももち歩く人が多かったし、特定のカードしか受け入れない店も多かった。レストランで代金を支払う段になって、自分のもっているカードが使えずにばつの悪い思いをすることもあった。そんなわけで最も人気のあるカードが、携行する人にとっても受け入れる店にとっても、最も役に立つカードになった。こうしたカードを通して、一方の側には多くのレストランや店が、他方の側には多くの食事客や買い物客がいる、最も厚みのある市場を利用できたからだ。早くも一九六〇年代末には業界で淘汰が始まり、多くの有名なカードが消えていった。世界で初めて広く普及したクレジットカードであるダイナースクラブさえ、いまではすっかり影を潜めている。

　クレジットカードが重宝されるのは、買い手と売り手の双方にとって、取引が簡素化されるからでもある。またごく少数のカードに取引が集中していれば、双方にとってさらに手間が省ける。業界地図が大きく塗り替えられて以降は、主要カードの顔ぶれはまったく変わっていない。参入障壁が高くなりすぎたのだ。とはいえ、この業界は最近ではインターネット革命によって、まったく新しい方面からの競争にさらされている。ペイパルのような新しいタイプの決済サービスのほか、トラベラーズチェックなど古くからの支払い方法を脅かす世界的なATM網、ビットコインをはじめとする仮想通貨などとの競争だ。これを書いている二〇一四年に、アップルは最新型のiPhoneに新しい決済システム（アップルペイ）を搭載すると発表した。今後順当に行けば携帯端末を利用するこうした新しい決済システムが普及するものと考えられる。

アマゾンの決済を処理する銀行や、あなたの行きつけのレストランの口座を管理する銀行は、クレジットカードを発行し、利用客から支払いを受け入れる銀行とは別の銀行であることが多い。つまり資金のやりとりを行う銀行間市場が舞台裏に存在することになる。この隠れた市場のおかげで、大量の少額取引が招きがちな混雑が軽減されている。ちょうどアマゾン自身が、多種多様な売り手からの少額購入を一つにまとめることで混雑を抑えているのと同じだ。この銀行間市場のおかげで、ちょうどあなたが毎月のクレジットカードの支払いによって、多数の業者への支払いを一度にすませているのと同じように、各出品者は一つの銀行と取引するだけですんでいる。

クレジットカードには貸し手の機能もある（この機能の有無が、クレジットカードとチャージカードの違いだ。後者はキャッシュレス取引の手軽さだけを提供する）。クレジットカードがあれば信用市場を利用することができ、何かを買いたいときには、とんでもなく高い金利ではあるが、いつでも購入資金を借りられる。明細書が来たとき、請求額を全額支払わなければ自動的に借り入れを行うことができる（アメリカではクレジットカードの支払いは自動引き落としではなく、明細書を見て小切手か銀行振り込みで支払いをする。支払い額は請求額の全額である必要はなく、未払い分は翌月の請求額に加算される）。クレジットカード発行銀行がなぜ法外な金利を設定できるかと言えば、買い物をした利用者に手軽な信用を提供する競争相手がほとんどいないからだ。実際、多くの人がキャッシュバックの還元率でクレジットカードを選んでいるが、そういう人は請求額をいつも全額支払うつもりでいるから、金利には無頓着なことが多い。そのうえカード利用者が別のカードに乗り換えることはほとんどない(3)ため、銀行には金利を下げろという圧力がほとんどかからないのだ。あなたがクレジットカードで借り入れをくり返さないことを願いたい。これは市場の向こう側に厚みがないときにありがちな、損な取引なのだから。

ほかの選択肢が手に入りやすい、厚みのある市場では、買い手にとってこれほど損な取引を売り手が提供し続けるのは難しい。一時期クレジットカード加盟店がカード払いに現金払いより高い価格を請求して、カード利用のコストを消費者に転嫁しようとしたことがあった。

だがこの慣行は定着しなかった。一つには、反発したカード払いの客が別の店で買い物をすることができたからだ。消費者が不公平だと感じる取り決めに反発する事例は、意外に多くある。マーケティングに長《た》けた大手メーカーでさえ、消費者を欺くとただではすまないことを知って驚くことがある。コカ・コーラ社は一九九九年に、気温が上がると販売価格が自動的に上がる自動販売機を試験的に導入したが、たちまち反発の声が上がったため、ただちにこのアイデアを断念した。このように一般人でも、何かの取引をとくに不快に感じれば、他社に乗り換えたり取引を控えたりといった対抗手段をとることができる。そしてそのような行動もまた、市場形成に影響をおよぼすのだ。

ついでに言うと、クレジットカード払いでも現金払いでもほとんどのものの価格が変わらない状況では、クレジットカード会社は一見消費者にとって得なようでいて、実はあまり得でない競争に明け暮れるようになる。最近のクレジットカードはキャッシュバックの還元率で競争している。だが消費者への払い戻し金の原資は、クレジットカード会社が加盟店から徴収する手数料であり、そのコストは加盟店が顧客に請求する価格に反映されている。したがって、二人の顧客がまったく同じ商品をもってレジに並び、一人がクレジットカードで、もう一人が現金で支払いをした場合、後者は前者が受けている特典を負担させられていることになる。つまり、高い還元率に惹かれる消費者がますます増え、高還元率のクレジットカード会社が顧客を獲得すればするほど、加盟店はますます高い手数料を支払わされ、結果として価格の引き上げを余儀なくされる。また還元があると言っても、元の価格が割高なら大して得ではないし、現金払いの客には還元すらない。別の言い方をすると、消費者は仲介業者が提供する利便性に対してコストを支払っているが、そのコストは仲介業者[4]――この場合はクレジットカード会社――が価格競争ではなく、むしろ価格を引き上げるようなかたちでの顧客獲得競争をくり広げているせいで、さらに高くなっているのだ。競争はいろいろなかたちをとり得ること、また誰が得をして誰が損をするかを見分けるのは必ずしも容易ではないことを心に留めておこう。

どこからでもアクセスが可能なこうしたマーケットプレイスのそれぞれが、市場の混雑を緩和し、厚みをもたせ、安全にし、かつ簡単に利用できるようにするための独自の方法を編み出している。だが市場を簡単に利用できるようにすることは、そう簡単ではないことが多い。一例として、アマゾンのワンストップ・ショッピングは、保管・出荷業務、高速ウェブサーバ、安全な支払い方法、そしてリピート客の面倒を省くための、暗号化されたクレジットカード番号を格納するデータファイルなどによって支えられている。

簡便性は競争の一手段であり、新しい市場プラットフォームが古いものにとって代わる原動力になることもある。クレジットカードは紙の小切手にとって代わったが、モバイル決済システムがクレジットカードにとって代わるかどうかは、現時点ではまだわからない。もしとって代わるとすれば、それはクレジットカードを読みとり機に通すよりもスマートフォンに指を滑らせる方が簡単で安全だから、あるいは加盟店にとって、この方法で支払いを受ける方が簡単だからだろう。それまで成功していた市場が他の市場との競争に敗れるのは、過去に市場の厚みをもたらしていた要因が損なわれたからである場合が多い。たとえばもし加盟店がクレジットカードよりモバイル決済に魅力を感じるようになれば、モバイル決済市場が厚みを増すにつれ、手数料の高いクレジットカードを受け入れなくなる店が出てくるかもしれない。そうなれば、消費者にとってもクレジットカードの魅力が薄れ、その結果ますます多くの店がカードに魅力を感じなくなるという悪循環が生じ、かつて厚みのあった市場が厚みを失いはじめるだろう。

これからの数章では市場に焦点を絞り、市場の仕組み、ゲーム理論で言うところの「ゲームのルール」に注目していこう。

本書でとりあげる市場には、私がデザインを手伝ったり、くわしく研究したものもある。そのほか、携帯電話やクレジットカード、朝のコーヒーの市場のように、あなたや私がただ参加するだけの市場もある。

「市場」と言うと、たいていの人は証券取引所や、顧客に商品を販売する小売店、あるいは新型スマートフォンに対する需要の急増、または昔ながらの農産物市場といったものごとを思い浮かべる。だがここまで見てきたように、私たちは日々それ以外の市場にも数多く接していて、そうした市場がなければ世の中はいまとはまったく違う、そしていまよりずっと厄介な世界になるだろう。スーパーや携帯電話販売店に行くときだけでなく、大学に入学し、職を探し、朝食を食べ、そして腎臓移植を受ける際にも、私たちは市場に触れるのだ。

本書を通して明らかにしたいことの一つが、市場のもつ「魔法のような力」は、魔法のように市場に備わるわけではないということだ。デザインがまずいせいでうまく機能していないマーケットプレイスは多い。デザインのせいで市場が十分な厚みをもてなかったり、安全でなかったり、混雑に対処できない場合には、手を加えて改善できる機会がある。またときにはまったく新しい市場のためにマーケットプレイスをゼロから構築して、新しいタイプのやりとりを促す機会もある。これについては、腎臓交換をとりあげる次章で説明しよう。

第3章 命を救う市場プログラム

マイク・リース博士は、患者が苦しみ亡くなっていくのを見ているだけの自分がやりきれなかった。

腎不全患者に、死亡したドナーの腎臓が得られるまで待たなくてはならないと告げる場合、このような結果に終わることがほとんどだった。腎臓移植を受けられるという希望をもって彼のもとに来る患者が多いだけに、これを告げるのは本当につらかった。多くの患者は、片方の腎臓を進んで提供しようという家族や親しい友人、あるいは単なる知人を、すでに見つけている（ドナーに限らずどんな人でも、もって生まれた二つの腎臓のうちの片方があれば生きられる）。こうしたドナーから速やかに腎臓が得られれば、死亡ドナーの臓器を得るために長い間待つこともないし、体力の消耗を招く人工透析も受けずにすむ。

だが協力的なドナーがいるだけでは移植に至らない。患者とドナーの血液型が適合する必要があり、また患者の免疫システムが新しい腎臓に拒絶反応を起こしてもいけない。マイクは勤務先のトレド大学医療センター（オハイオ州）で、適合性を調べる検査を何度も行ったが、どのドナー候補者も不適合だという残念な知らせを患者に伝えなくてはならないことが多かった。彼にはそれが堪《こた》えた。自分が医者になったのは患者を救うためであって、健康な腎臓をもつ誰かが亡くなるのを待ちながら死の扉の前で行列させるためではない。

そんな思いでいた二〇〇〇年初め、マイクはロードアイランド病院で腎臓「交換」が行われたことを知った。医師のアンソニー・モナコとポール・モリッシーが指揮する移植チームが、条件が適合しない二組の患者・ドナーのペアを調べたところ、それぞれのドナーの腎臓がもう片方の患者に適合することが判明したため、患者とドナーの許可を得て交換を行ったのだ。

自分の患者も同様の交換によって救えるのではないかと考えたマイクは、患者とドナーのカルテのつまった箱を二つ抱えて帰宅した。子どもを寝かしつけたあと、各患者の血液型と組織の適合性を確認しながら、キッチンのテーブルで四時間かけてカルテを調べた。カルテをテーブル中に広げ、患者とドナーのカルテを一つひとつ突き合わせていった。「これという戦略があったわけじゃない」と彼はのちに語った。「だがその夜遅くに、適合しそうなペアを二組見つけた」。

移植臓器への拒絶反応を抑える免疫抑制剤の開発が進んだおかげで、いまでは一卵性双生児のきょうだいでもなく、血縁者ですらない人からも腎臓をもらうことができる。だが適合する相手を見つけるのは、ただ血液型が適合する相手を見つけるよりずっと大変なことだ。たとえば妻と私の間には子どもがいるが、そのせいで妻が私の腎臓を受け入れられる確率は低い。子どもが私から受け継いだタンパク質が出産時に妻の体内に入り、彼女の免疫システムがそれに対する抗体をつくり出している可能性があるからだ。

マイクが見つけたペアの一組も、この事例に相当した。患者とドナーの血液型が適合していたため交換が可能に思われたが、患者の一人がドナー候補の腎臓内のタンパク質に対する抗体をもっていた。そのような移植は成功しないため、交換は成立しなかった。

最初の試みは頓挫したが、腎臓交換はうまくいくという感触をマイクはもった。必要なのは、交換が成立するペアを探しやすくするために、患者・ドナーのペアの十分な規模のデータベースを構築し、可能な組み合わせを評価するソフトウェアを入手することだ。この二つの要素がそろえば適合するペアを見つけられると、マイクは確信した。

腎臓や死亡者のことは、市場に関する議論には場違いに思えるかもしれない。だが私が中心的な役割を果たした腎臓交換プログラム設立の物語は、これからの各章でとりあげるほぼすべてのテーマと関係がある。すなわち市場参加者のインセンティブや市場の厚み、混雑、タイミングに関わる問題を、マーケットデザインを通してどのように解決するか、そしてある種の取引がなぜ広く不快と見なされているかということだ。そこで、腎臓交換のためのマーケットプレイスが生まれた経緯を説明しながら、本書の主要テーマを紹介していきたい。

　腎臓交換ほど私的で個人的なこと、またありていに言えば心がかき乱されるようなことでさえ、マーケットプレイスとして組織することができ、またその過程でより適切に、より公正に、より効率的に機能するものにすることができる。この事実から、何よりもまずあなたに気づいてほしいことがある。それは、市場やマーケットプレイスにはさまざまな形態のものがあり、従来の市場の概念にそぐわないものや、金銭をほとんどまたはまったく介しないものもあるということだ。

　それでは腎臓交換をめざすマイク・リース博士の物語に戻り、これを市場とマーケットプレイスのデザインについて考えるための叩き台にしよう。

　希少なものを買うために長い行列をつくっている人たちがいると、需要が供給を上回っているのではないかと私たちは考える。経済学を少しかじった人なら、価格が低すぎて供給が十分行われないために不均衡が生じていると考えるかもしれない。

これを書いている時点で、アメリカには腎臓移植を待つ人が一〇万人以上いる。その一方で、腎臓の価格は無料だ。なぜならアメリカをはじめ世界のほとんどの地域で、移植用腎臓の売買が違法とされているからだ。もちろん、移植を受けるには病院や医師、医薬品に莫大なお金が必要だが、腎臓そのものは無償で贈与されなくてはならないと、法律で定められている。

そのため腎臓は金銭の授受のない、一種の物々交換取引《バーター》で交換される必要がある。

イギリスの経済学者ウィリアム・スタンレー・ジェボンズは一八〇〇年代末に、貨幣の発明は物々交換取引を著しく阻害する主要な問題を打開する、マーケットデザインの解決手段であると指摘した。その問題とは、「自分がほしいと思うものをもっていて、かつ自分のもっているものをほしがっている相手を見つける」という難問だ。貨幣のおかげで、この「欲求の二重の一致」を満たす相手を探す必要が薄れた。貨幣を媒介とする市場では、自分がほしいものをもっている人を見つけさえすれば、物々交換できる相手を探さなくても、その人からほしいものを買うことができる。

マイク・リースが初めて腎臓交換移植に取り組んだときに悩まされた難問こそ、まさにジェボンズが指摘した問題だった。欲求の二重の一致がなければ交換は実現しない。そんなわけで、金銭を介さずとも効率的な市場として機能する腎臓交換のクリアリングハウスをデザインすることが、彼の次の課題になった。

交換のサイクル

私はスタンフォード大学でオペレーションズ・リサーチの博士課程を修了したあと、一九七四年に新米のゲーム理論研究者としてイリノイ大学に着任した。研究を始めてまもなく、組織運営上の問題を解決するための数学的手法のほとんどが、人ではなくモノに焦点を置いていることに気がついた。工場や倉庫の管理、貨物列車や旅客機のスケジューリングなどのために開発された数理最適化においては、人によってニーズが異なり、場合によってはそれを考慮に入れる必要があるという事実がないがしろにされていた。この例外がゲーム理論という、当時生まれたばかりの、戦略的相互作用を扱う研究分野だ。私がゲーム理論に惹かれたのは、人々がどのようにして選択を下し、組織運営を行うかに関心があったからだ。ゲーム理論の研究者は市場参加者の立場に立って、彼らが実行可能な戦略をどのように用いるかを理解しようとする。

同じ年にゲーム理論の大家であるロイド・シャプレーとハーバート・スカーフの二人が、「ジャーナル・オブ・マセマティカル・エコノミクス」誌の創刊号に発表した論文[1]で、こんな思考実験をもちかけた。「誰もが非分割財をそれぞれ一つしか必要としておらず、かつ一つだけもっていて、金銭のやりとりを行うことなくそれを交換する必要がある場合、どのようにして交換を行うことができるか？」シャプレーとスカーフは特定の市場を念頭に置いていたわけではないが、この財を「住宅《ハウス》」と呼んだ。私がやがて気づいたように、あなたにもきっとわかると思うが、二人の思考実験に登場する人々は、不適合な患者・ドナーのペアに見立てることができる。それぞれのペアが腎臓を一つだけ必要としていて、交換できる腎臓を一つだけもっているのだ。

だが一九七四年当時の私は、腎臓交換にまで考えが至らなかった。この種の思考実験は、現実的な問題の解決に使えるツールに発展することもあるが、提示された当初は遊び道具でしかない。子どもが遊びを通して大人になる準備をするように、経済学者は抽象的な数理モデルを用いることによって、単純化した複雑でない方法でさまざまな可能性を検討する。シャプレーとスカーフが示した新しい遊び道具も、「金銭を用いることができず、交換が一対一で行われなくてはならない」という難しい状況で交換を行う方法を検討するために用いられた。交換が一対一で行われなくてはならない理由は、交換できる非分割財（分割して一部分だけを交換することができない財）を、誰もが一つずつしかもっていないためだ。

このような交換は、サイクル的に行われることもある。最も単純なかたちの交換は二組間のサイクルで、二組の患者・ドナーのペアがいて、それぞれのドナーが相手のペアの患者と適合している場合に行われる。サイクルがさらに大きくなって三組間になると、移植がもう一件実現する。最初のペアのドナーが二番めのペアの患者に腎臓を提供し、二番めのペアのドナーが三番めのペアの患者に、三番めのペアのドナーが最初のペアの患者にそれぞれ腎臓を提供して、サイクル(交換の輪)が閉じる。

シャプレーとスカーフは、提供される腎臓に対して患者と担当医がもつ任意の選好について、「トップ・トレーディング・サイクル」(TTC)と彼らが名づけた交換のサイクルを見つける方法が必ず存在することを示した。このとき、どの患者・ドナーのペアも、これより望ましい交換のサイクルを独自に見つけることはできない。交換をこのように組織することによって、担当医は患者を安全に市場に登録することができる。なぜなら患者がこの仕組みに頼らずに独自に交換を行っても、より満足のいく結果は得られないからだ。

私はこのモデルをいじり回すうちに、これこそが物々交換取引の問題を解決する、集権的なクリアリングハウスの有望なアーキテクチャなのではないかと考えはじめた。だがそのようなクリアリングハウスを通して最も望ましい交換を見つけるには、患者のニーズや選好に関する情報を入手することが欠かせないため、クリアリングハウスへの参加を別の意味でも安全にする必要がある。

選好は大体において私的な情報であるため、クリアリングハウスが機能するには、参加者に自発的に情報を開示してもらうことが欠かせない。だが患者と担当医は、クリアリングハウスに情報を与えて不利な状況に立たされることを懸念するかもしれない。たとえばそれほど望ましくない腎臓を受け入れる意思を示したばかりに、より望ましい腎臓がありながら不本意な腎臓を押しつけられたり、あるいは最も望ましい腎臓を希望してそれがかなわなかった場合に、第一希望として申請しなかったという理由でそれと同じくらい望ましい腎臓が得られないといった懸念である。しかしトップ・トレーディング・サイクルを用いれば、こうした情報を正直に開示するのが安全であることを患者と担当医に保証するような方法でクリアリングハウスを組織できることを、私は一九八二年に証明することができた。(2)

同じく一九八二年に、私はピッツバーグ大学に移った。この大学にはアメリカで最も活発な臓器移植センターがあり、所長のトーマス・スターツルは世界で初めて肝移植を成功させた人物として、地元で英雄視されていた。彼が若い外科医たちに囲まれている姿を、大学の近くの喫茶店でしょっちゅう見かけた。そんなわけで私は臓器移植をなにかと意識するようになり、金銭を介さない非分割財の交換を学生に説明する際には、交換されるものの例として、シャプレーとスカーフの「住宅」の代わりに、腎臓を用いるようになった。

腎臓は住宅よりもよい例だった。実世界では住宅が実際に金銭と交換されているのに対し、金銭を介した腎臓の交換は法律で禁じられているからだ。学生たちは「遊び道具」のモデルを使って教わるのもやむなしと割り切ってはいるが、こうした単純なモデルが現実に応用できることがわかると喜んでくれる。また私自身、抽象モデルの有用性を大いに信じてはいるが、自分の研究がどこへ向かう可能性があるのかが見えると、やはり嬉しいものだ。

一九九八年に私はハーバード大学に移った。それから少し経った二〇〇〇年に、アメリカ初の腎臓交換が行われた。他方、別の問題で進展が見られたおかげで、腎臓交換についての私の考えをさらに進める下地が整った。二人のトルコ人経済学者アティラ・アブドゥルカディロールとタイフン・ソンメズが、学生寮の部屋割り問題という、やはり金銭が中心的な役割を担わない交換を研究していた。

寮の部屋割りは、思った以上に臓器交換と共通点が多い。まだ部屋をもっていなくて必要としている新入生もいれば、卒業生が出ていったあとの空き部屋もある。またすでに部屋をもっているが、気に入った部屋に移りたい学生もいる。これを腎臓に置き換えてみよう。不適合のドナーのいる患者が、部屋の交換を望む学生にあたる。生体ドナーのいない患者が、部屋をもたない新入生、そして死亡ドナーの腎臓は、四年生が出ていった空き部屋に見立てることができる。

二〇〇二年にはピッツバーグ大学博士課程で私が指導したウトゥク・ユンベルが、イスタンブールのコチ大学からハーバード大学に研究員として移ってきた。そこで彼を誘って、私の教えているマーケットデザインの講座で、一緒に腎臓交換の講義を行った。この原稿をウェブサイトに掲載すると、コチ大学でウトゥクの同僚だったタイフンがそれを読み、現実の腎臓交換をデザインする私たちの取り組みに協力を申し出てくれた。

この共同作業はとても大変で多大な労力を要したが、胸躍る経験でもあった。またイスタンブールとボストンに七時間の時差があるせいで、二四時間休みなしに働いているような錯覚に陥った。最終的に私たちは患者・ドナーのペア間の腎臓交換のためのアルゴリズムと、腎臓を提供する意思があり、特定の患者とペアになっていない死亡ドナー（および増えつつある生体ドナー）などの「提供先指定のないドナー」（患者をもたないドナー）を交換に組み入れるためのアルゴリズムをデザインするに至った。

患者をもたないドナーから始まる交換は、開始地点に戻ってくる必要がないため、サイクルというよりは**チェーン**である。患者をもたないドナーとは、患者を伴わずにやってきて、見返りの腎臓を求めることなく腎臓を提供する用意のある、利他的なドナーを言う。死亡者などによる提供先指定のない臓器は、かつては死亡ドナーの腎臓の待機リストの上位者に提供されるのがつねだった。しかし腎臓交換のおかげで、いまでは提供先指定のない腎臓が呼び水となって、より多くの腎臓移植が実現している。なぜなら患者をもたないドナーによってチェーンを開始し、患者・ドナーのペアを何組か組み込んで、最後に待機リストの患者への提供によってチェーンを終わらせることができるからだ。

私たちの開発したアルゴリズムは、患者と担当医が安全に参加できるような方法で、患者・ドナーのペアのトップ・トレーディング・サイクルと、患者をもたないドナーから始まるチェーンの両方を見つけることができた。こうなれば、あとは理論を実践に移し、私たちが助けになれることを担当医たちにわかってもらうだけだ。とは言え、これは簡単なことではなかった。医師は経済学者のことを、人助けの仕事をする仲間と思っているわけではないからだ。

私たちは論文をウェブに掲載し[3]、全米の腎臓外科医に写しを送った。当初連絡をくれたのは、ハーバード大学の外科医でニューイングランド臓器バンクの医療ディレクターを務める、フランク・デルモニコだけだった。フランクと私は、多数の患者・ドナーのペア間の交換を実現するためのロジスティクス（人材や資材、情報などのフロー管理）について、何度か話し合いをもった。

フランクがまず指摘したのは、私たちの提唱する大規模なサイクルやチェーンが複雑すぎるということだった。彼は、少なくとも当時は、二組以上の腎臓交換を同時に実行するのは現実的でないと考えていた。移植と摘出が同時に行われる必要があるため（これについては後述する）、たった二組の交換を行うのにも手術室が四室と外科チームが四組必要になる。これより規模が大きくなればロジスティクスの面で複雑になりすぎるのではないかと、フランクは懸念した。

そこで私たちは再び研究に戻り、別のアルゴリズムを開発した。このときも、まるで貨物列車であるかのように患者とドナーの予定を組み、行き先を指示するわけにはいかないことを肝に銘じた。このアルゴリズムでも、患者と担当医が必要なすべての情報を安全に共有できるようにする必要があった。だがそのような情報の多くは、黙っていても手に入るわけではなく、自発的に提供されなくてはならない。

一例として、適切にデザインされたアルゴリズムを用いれば、それぞれの患者に対して何人のドナーが提供の意思をもっているかという情報を患者側から引き出すことができる。たとえばある患者に、妻と兄の二人のドナー候補がいたとする。もしこの患者が二人のドナー候補とともにプログラムに登録すれば、アルゴリズムを通じてより多くの有望なマッチングが見つかる可能性が高い（もちろん実際に提供を受けるのはそのうちの一人からだが）。なぜドナーを二人登録すれば、ほかの患者・ドナーのペアとマッチングされる確率が高まるかと言えば、二人のドナー候補のどちらかが、ほかの患者と適合するドナーになればよいからだ（これに対して、一人しかドナーのいない患者を優先するようなマッチング・アルゴリズムは、不適切なマーケットデザインと言える。患者はたとえドナーが二人いても、優先的な扱いを受けるために、一人しか登録しなくなるからだ）。そんなことから腎臓交換のアルゴリズムは、患者と担当医があらゆる情報を安全に公開できるようにするものでなくてはならなかった。最良の交換を見つけるには、情報がカギを握るのだ。

私たちの新たな提案はフランクの後ろ盾を得たおかげで、幅広い注目を集めた。この研究をもとに二〇〇四年に生まれたのが、ニューイングランド腎臓交換プログラム（ＮＥＰＫＥ）である。ＮＥＰＫＥにはニューイングランドの一四の腎臓移植センターが参加して、不適合ペアの間でマッチングを行った。ＮＥＰＫＥが交換を開始するまでには一年を要した。データベースを構築するために患者とドナーの承諾を得る必要があったし、人材を集める必要もあった。臨床プログラムの責任者で、公衆衛生の修士号をもつ看護師のルーサンヌ・リーシュマンもそうした人材の一人だ。ルーサンヌは腎臓交換のすべてを細部に至るまで周到に調整してくれた。

　自分たちの開発したソフトウェアがＮＥＰＫＥで有効に活用され、またそのベースとなるアイデアがほかでも採用されようとしていることに、タイフン、ウトゥクと私は喜びを感じた。しかしその一方で、現実に行われているのは二組間の交換だけという現実には、もどかしさを禁じ得なかった。病院がより大規模な交換に挑戦すれば、より多くの患者が移植を受けられることを、私たちは知っていた。二組間の交換では適合ドナーの見つからない患者でも、より多くのペアを含む交換になら組み入れられるかもしれないからだ。そうした大規模な交換がロジスティクス的に可能だということはわかっていた。ごく少数とは言え、三組間、四組間の交換がすでに行われていた。

私たちは二〇〇五年に論文を発表し、(4)二組間に加えて三組間の交換が移植センターで定期的に行われるようになれば、大規模な交換のメリットの多くを実現できることを示した（二組間と三組間の交換を組み合わせた場合に、二組間だけの場合と比べて移植件数がどれだけ増えるかは、参加する患者の数と、そのなかに含まれているマッチングしやすいペアの数による）。このときも時差に助けられた。当時ウトゥクはトルコに帰国していて、彼と入れ替わるようにしてタイフンが研究員としてハーバード大学に来ていた。私たちは、交換に含めるペアの数を三組ないし四組に限定する交換を組織する手法を提唱した。この論文を広く配布し、今度はＮＥＰＫＥのスタッフを納得させることができた。一年と経たずにＮＥＰＫＥやその他のネットワークが、より大規模な交換を活動手順に含めるようになった。(5)

これだけでは抽象的でわかりにくいので、現実に行われた三組間の交換を例にとって説明しよう。そうすれば、このプロセスがどんなもので、どれほどのインパクトをおよぼしたかが、よりはっきりと手にとるようにわかるだろう。この交換に加わった三組の患者・ドナーのペアは、すべてニューイングランド在住の夫妻で、ドナーの一人は偶然にも腎臓専門医だった。このドナーとはタフツ大学医療センターのアンディ・レビーで、妻はガン専門医のロバータ・ファルケ博士である。

ファルケ家では彼女のほかに数人が多発性嚢胞《のうほう》腎を患っていた。ファルケの父はこの病気で五四歳で亡くなり、ファルケの四人のきょうだいのうちの二人と、夫妻の成人した息子も同じ病気をもっていた。ファルケの兄はすでに姉に片方の腎臓を提供していた。何人かの友人がファルケに提供を申し出たが、誰も適合しなかった。レビーは健康状態に問題はなかったが、彼の腎臓も妻に適合しなかった。

ニューハンプシャー州メリマックに住むピーター・シャイベとスーザン・シャイベの夫妻と、マサチューセッツ州リビア在住のハイ・グエンとビ・イェンの夫妻も、やはり適合するドナーを探していた。腎不全の原因として多い糖尿病が、ピーター・シャイベとハイ・グエンの腎臓をむしばんでいた。妻たちが提供を希望したが不適合だった。NEPKEによってマッチングされたのは、この三組だった。レビーの腎臓がピーター・シャイベに適合し、スーザンの腎臓がグエンに、イェンの腎臓がファルケに適合することが判明した。腎臓の摘出と移植はすべて二〇〇九年一二月一五日に行われた。

レビーとファルケはタフツ大学で手術を受けた。レビーは三〇年も勤務している病院で看護を受けたことに感慨を覚えた。「世話をしてくれた人のほとんどを知っていた」と彼は語る。「人生のほとんどの間、一緒に働いてきた仲間だ。そのことにグッと来た」。四週間後職場に復帰すると、別の驚きが待っていた。「患者さんがとても喜んでくれた」と彼は言った。「立派なことをしたと、口々にほめてくれたよ」。

こうして私たちのアイデアに関心を示す外科医が増えていった。このころマイク・リースは、シンシナティ大学のベテラン移植医スティーブ・ウードルと共同研究を進めていた。ウードル自身も肝臓をガンに冒され、二〇〇三年に肝臓移植を受けている。二人はマイクの父が開発したソフトウエアに手を加えたものを使って、適合するペアを探していた。タイフン、ウトゥクと私は二人に協力して、マッチング・アルゴリズムを彼らのシステムに組み込み、彼らの設けた基準でできる限り多くの移植を実現できるよう、交換をデザインする方法を考えた。

二〇〇六年一月に私はスティーブの依頼で、シンシナティ大学医学部で開催される移植症例研究会で腎臓交換に関する講演をすることになった。その日の朝、私たちのソフトウエアを通して探し出された二組のペアの腎臓交換が予定されていて、スティーブの案内で手術を見学する機会を得た。ひと組のペアの手術はスティーブの病院で、もうひと組の手術はマイクの勧めるトレドの病院で行われた。

その朝スティーブがSUV車（スポーツ用多目的車）で迎えに来てくれて、二人でシンシナティ大学医療センターに向かい、手術着に着替えた。二つの隣り合う手術室は準備に追われていた。トレドでも同様の準備が進められていた。

スティーブはときおり携帯電話をかけて、トレドの進捗状況をチェックしていた。最後の電話で、ドナーと患者の四人に全身麻酔がかけられメスが入れられたことが確認できた。全員の準備が整い、麻酔でのトラブルも起こっていなかった。どちらの腎摘出術にもゴーサインが出た。

私の見学したドナー手術は、「用手補助《ハンドアシスト》腹腔鏡下腎摘出術」というもので、皮膚を大きく切開して腎臓を摘出する従来型の手術に比べて、術後の早期回復が見込める。この手術は、外科医が小さな切り込みを二つ開けるだけですんだ。片方の切り込みからカメラ（腹腔鏡）とライトを挿入し、それを使って画面に映像を映し出した。外科医は映像を確認しながら作業を進め、その様子を私たち見学者も見ることができた。もう一つ大きめの切り込みからは、編み針の先に小さなハサミがついたような切断器具を挿入した。画面には器具と患者の内臓のほか、大きい方の切り込みから体内に入った、手袋をはめた助手の手も映し出された。二人の外科医はチームとして作業を進め、肉体から切り離されたかのように見える手が、相手の求めに応じて組織を引っ張り、切断し焼灼《しょうしゃく》しやすいようにしていた。二人の外科医の手袋をはめた手が、まるでマジシャンが帽子からウサギを引っ張り出すように、切り離された腎臓をとり出した。摘出された腎臓はただちに氷水の入ったステンレス製ボウルに入れられた。

ボウルは隣の手術室で待機する患者のもとに速やかに運ばれた。腎臓は移植の前に準備を施されなくてはならない。教科書に載っている腎臓の解剖図では、血液は腎動脈を通って腎臓に流入し、腎静脈を通って出ていく。だが実際には真ん中の太い静脈が無数の細い静脈に枝分かれしているため、こうした静脈を一本一本見つけ、縛って止血する必要があるのだ。スティーブと同僚のベテラン外科医リノ・ムンダのチームがこの作業を担当し、無数の細い血管を見つけては縛っていった。ルアーを準備するマス釣り師を思わせる、見事な手さばきだった。

私は手術室の光景や匂いで気分が悪くならないように朝食を抜いていたが、その必要はなかった。手術の様子に心を奪われ、気分が悪くなる暇もなかったのだ。スティーブとリノは易々と手術をこなし、私のために実況中継をしてくれる余裕さえあった。腎静脈はウェットティッシュのように見え、あんなものを縫えるということ自体信じられなかったが、スティーブとリノは慣れた手つきで作業を進めた。巨大なピンセットのような器具で縫合針をはさみ、自分の手のように器用に動かした。二人は若い研修医に、静脈より硬くて縫いやすい動脈を一針縫う機会を与えたが、そのぎこちない手つきを見て、二人のスキルが長年の研鑽に裏打ちされているのを実感した。

善意の輪を広げる

外科医と病院が腎臓交換での経験を積み、自信をつけていくにつれ、より意欲的なタイプの交換が受け入れられるようになった。腎臓交換を、サイクルとチェーンの組み合わせとして考えるというアイデアが、私たちが初めて提唱したときよりも現実味を帯びていた。この最も興味深い種類の交換のチェーンは、必要とする人になら誰にでも腎臓を提供しようというドナー候補から始まる。このようなドナーは少ないながらも増えつつあった。こうした提供先を指定しない、いわゆる「利他的な」ドナーは、以前は死亡ドナーの待機リストの一人の患者に腎臓を提供していたが、いまでは交換移植のチェーンの出発点になって、複数の命を救うチャンスをもたらしている。そのようなチェーンの一つめの輪は、患者をもたないドナーから待機リストの患者へではなく、移植ペアのプール内の患者への贈与である。

ニューハンプシャー州ポーツマスに住むジョン・ロバートソンは、CBSニュースの報道を見て、このようなドナーになろうと決めた。「アリゾナ州フェニックス在住の女性が、透析のために週三日タクシーで病院通いをしているという話だった」とロバートソンは言う。「腎臓をもらわなければ死んでしまうと彼女が嘆くと、タクシーの運転手はこう言った。『俺のを片方やるよ』とね」。

ロバートソンはこの話に心を動かされた。経営していた書店を数年前に売り払い、いまはセミリタイアの身だったから、手術と回復のために時間をとることができた。だが六二歳では、ドナーになるには歳をとりすぎているかもしれない。彼は地元の病院の紹介で、ボストンのブリガム・アンド・ウイメンズ病院の移植コーディネーターと面会した。「『老いぼれの腎臓でもかまいませんか』と聞くと、『ええ、でもとびきり健康でなくてはね』と言われたよ。話を聞けば聞くほど、ドナーになりたいと思った」。

ロバートソンは数週間かけて健康状態を調べる検査を受け、その間NEPKEは適合する患者を探した。「何がつらいと言って、短気な私は待つのが一番つらかった」と彼は言う。

ロバートソンがもどかしい思いで待っている間、ジャック・バーンズは切羽詰まっていた。彼は三〇代で糖尿病と診断され、三〇年後に腎不全になった。腎臓移植を受けなければ透析が必要になり、フェンウェイ・パーク球場の食品販売運営の仕事を失うおそれがある。透析は体力的にも時間的にも負担が大きく、失業する患者があとを絶たないのだ。妻のアデルが提供を希望したが、血液型が適合しなかった。ジャックの移植コーディネーターが二人をNEPKEに登録し、その年の五月にバーンズ夫妻は、三組間のチェーンに組み入れられたことを知った。ニューハンプシャー州の匿名ドナー（ロバートソンの名は伏せられた）がジャックに腎臓を提供し、アデルの腎臓は待機リストの患者に提供される。手術は六月に決まった。

ジョン・ロバートソンとアデル・バーンズの手術は同時に行われた。ブリガム病院の外科医によって摘出されたロバートソンの腎臓は、ジャックが待機する近くのベス・イスラエル・ディーコネス医療センターにただちに搬送された。アデルの腎臓は、マサチューセッツ州ケンブリッジの若い男性に移植された。かつてなら、ロバートソンから待機リストの患者への一件の提供が行われるだけだったところを、このときは二件の提供が行われた。そのころNEPKEが手配した移植チェーンには、三件の腎臓提供と三件の移植、つまり合計六件の手術を伴うものもあった。

なぜ六件どまりだったのか？　それは、NEPKEの移植チェーンではまだすべての手術が同時に行われていたからだ。複数の外科チームと手術室が同時進行で手術を進める必要があり、そのせいでチェーンを延ばせなかった。華々しい成功を収めていたNEPKEにとって、これは実にもどかしい足かせだった。

タイフン、ウトゥクと私は、フランク・デルモニコとNEPKEの免疫学専門家であるスーザン・サイドマンと共同で二〇〇六年に論文を発表し(6)、同時手術の要件が緩和されれば、さらに多くの移植が行われることを示した。この提案は大きな物議を醸《かも》した。それでもなお魅力的な提案だった理由を説明するために、簡単な費用対効果分析を行って、なぜ従来型の交換が同時に行われているのかを考えてみよう。

従来型の二組間の交換では、手術が同時に行われなければ、手術までの間にドナーが約束を守らず、提供を受けるはずの患者から去ってしまうおそれがある。これがどのような影響をおよぼすかは、想像がつくだろう。私は明日妻が提供を受けることを期待して、今日誰かの弟に腎臓を提供する。ところが次の日になると、妻のドナー候補が手を引いてしまった。私は片方の腎臓をすでに提供しているため、将来の腎臓交換には参加できないのに、妻はまだ腎臓を必要としている。チェーンの輪が切れたせいで、私たちはとり返しがつかないほどの痛手を被った——。このような不都合を防ぐために、閉じたサイクル内の交換は必ず同時に行われているのだ。

だが患者をもたないドナーがいれば、腎臓を提供したのに代わりの腎臓を提供されないという深刻な痛手を負うリスクを、ペアからとり除いてやれる。なぜなら、患者をもたないドナーからチェーンが始まるおかげで、どのペアも腎臓を提供する前に提供を受けられるからだ。またたとえドナーが提供の意思や能力を失い、チェーンが予期せず切れてしまったとしても、ペアが回復不能な損失を被ることはない。

もう少しわかりやすく説明するために、ロバートソンとバーンズの移植チェーンに、妻と私が加わったとしよう。私たち夫婦はジャックとアデルのバーンズ夫妻のあとに並んでいて、私の妻がアデルに腎臓をもらったあとで、私が腎臓を提供することになっている。先ほどと同じように、まずジョン・ロバートソンがジャックに利他的な提供を行い、チェーンを開始する。だが手術は同時に行われないため、アデルは摘出手術を待つ間に動揺して手を引いてしまう（本物のアデルはそんなことをするはずがないが、ここでは便宜上、そうしたと考えてほしい）。さてどうなるだろう？　妻と私は心底がっかりするが、ロバートソンが提供を申し出る前と比べて、状況は何ら悪くなっていない。私にはまだ両方の腎臓がそろっているから、将来の交換に参加できる。このことによってチェーンが切れた場合のコストが軽減され、非同時的な手術を許可することの魅力が高まるのだ。

先に述べたように、タイフン、ウトゥクと私は、非同時的な交換のアイデアを提唱した際に、大変な抵抗を受けた。NEPKEのルーサンヌ・リーシュマンは、外科医は絶対に受け入れないだろうと言った。フランクは自ら先頭に立って推進してきた腎臓交換を守るのに必死で、ドナーが約束した臓器提供から手を引いて訴訟沙汰になったり、その結果悪評が立ってプログラムそのものが後退することを心配していた。

しかしオハイオ州では、マイク・リースが進んでリスクをとろうとしていた。彼は非営利団体「アライアンス・フォー・ペアード・ドネーション」（APD）を立ち上げ、これを通じてすでに複数の州をまたぐ交換を組織していた。彼が初めて手がけた非同時的なチェーンは、ミシガン州の利他的なドナー、マット・ジョーンズから始まった。ナショナル・カー・レンタルの営業所長をしていたジョーンズは、片方の腎臓を提供しようと決めたとき、まだ二八歳だった。彼はわが子が誇りに思ってくれるような立派なことがしたかった。二〇〇七年七月のジョーンズの腎臓提供を皮切りに、八カ月間で一〇件の移植が実現した。

ジョーンズがアリゾナ州フェニックスへ飛び、そこに住む女性に腎臓を提供したことで、チェーンが始まった。続いて彼女の夫がトレドの女性に提供した。二〇〇八年三月時点で、チェーンは六つの移植センターと五つの州を通過していた。患者が腎臓を受け取ってから、同じペアのドナーが提供するまでに、数カ月の期間が空いたことが二度あった。だが待機期間が長くても、約束を反故《ほご》にした人は一人もいなかった。二〇〇九年一一月に「ピープル」誌は、マイクとチェーン内のドナー全員を「市井《しせい》の英雄たち」と讃えた。それにこのときチェーンはまだ完結していなかった。「ピープル」誌に取り上げられた二一人の患者とドナーの最後の一人は、最後の患者の娘、二九歳のヘリーナ・マッキニーだった。彼女の写真の下には「待機中のドナー」と書かれていた。マッキニーはマッチングが難しかったが、約三年後に彼女の腎臓に適合する患者が見つかった。おかげでチェーンはさらに延び、最終的に一六件の移植を組み入れ、チェーンを続けられるドナーをもたない待機リストの患者に、最後のドナーが腎臓を提供して完結した。

マイクの移植チェーンと、それをとりあげた報道のおかげで、革命が始まった。自分の腎臓で一〇人もの命を救えることを知った人たちが、マイクの病院やほかの病院に問い合わせはじめた。世界初の非同時的なチェーンを報告した私たちの論文は、権威ある「ニューイングランド・ジャーナル・オブ・メディシン」誌に掲載されたことでお墨付きを得、全米の移植センターや腎臓交換ネットワークが安心してチェーンの可能性を検討するようになった。非同時的なチェーンは多くの病院やネットワークを巻き込みながら、いまなお拡大を続けている。(7)

マイクの薫陶のもと、非同時的なチェーンの活用をとくに精力的に推進しているのが、外科医ではなく実業家のガレット・ヒルだ。彼は娘が腎臓障害を起こした二〇〇七年に腎臓交換のことを知った。ガレットも娘の叔父たちも腎臓が適合しなかった。ガレットは全米中の腎臓交換プログラムに登録し、NEPKEとAPDに温かく迎えられたときのことを、いまもありがたく覚えている。だがジョンズ・ホプキンス大学やピッツバーグ大学医療センターなど、独自の腎臓交換プログラムを運営する病院をあたった際には、不満を感じたという。「遠くの都市の病院に行き、そこで精密検査を最初から最後まで受けなければ、参加させてもらえないプログラムがあった」と彼は言う。「それも私だけじゃない、透析治療中だった娘までもだ。『お嬢さんをうちの移植センターに移す必要があります』と言われて、『娘は〔ニューヨーク市の〕コーネル大学で満足していますから』とつっぱねたよ。それでも折れてくれなかった」。こうした病院は、患者よりも利益を優先していて、「ペア間の交換を、市場シェア拡大の手段にしている」のだと、ガレットはいまも信じている。

移植のために娘を遠方の病院に移す必要があるのかという議論は、その数カ月後に不要になった。いとこの一人から提供を受けられることになり、その年の七月に手術が行われた。一週間後、患者は自宅近くで移植を受けるべきだというガレットの信念を裏づけるようなできごとが起こった。娘の足が腫れはじめ、新しい腎臓への拒絶反応が疑われたのだ。夫妻はコーネル大学ニューヨーク・プレスビタリアン病院の緊急治療室に娘を運び込んだ。「拒絶反応ではなかった」と彼は言う。「だが何千キロも離れた場所で移植を受けていたら、どうなっていたことか。移植センターは近くになくてはならない」。

このような不満をきっかけとして、ガレットは二〇〇七年に「全国腎臓登録機構」（NKR）という交換ネットワークを立ち上げた。NKRは彼の自宅近くのロングアイランドに本部を置き、病院や患者をもたないドナーの登録を募って非同時的なチェーンを長く延ばすことをめざしている。病院が患者をもたないドナーをNKRに登録した場合、NKRはいずれかのチェーンの最後の手術をその病院で行うことを約束する。こうすれば、病院はドナーを紹介しても移植手術の機会を「失う」ことはなくなる。病院にとって移植が収益源であることを忘れてはいけない。病院は医療提供者であるとともに、営利事業でもあるのだ。

営利と言えば、私が腎臓交換のために必要なマーケットデザインやコンピュータプログラミング、医療関係者への根回しなどの話をすると、きまって誰かが、ときには経済学者の仲間が、臓器売買が認められれば事は簡単になるのにと言ってくる。市場原理にすべてを任せれば、腎臓の価格は十分な数の提供者を確保できる水準に落ち着き、待機リストは空《から》になる。腎臓をなんとしてでも手に入れたい人は大勢いるのだから、と。

私は経済学者だから、この考え方は理解できる。マーケットデザインを施さずとも、市場を通すことによって人々に希望するものを提供できることは多い。だが腎臓売買には、すでに説明したように大きな障害がある。臓器売買はイランを除くすべての国で禁止されているのだ。それはなぜかと言えば、臓器売買を不快に思う人が多いからだ。不快感のせいで、そのほかの点では問題のない取引が制約されることについては、第11章でくわしく説明する。さしあたってここでは、腎臓を金銭で売買することに反対する規範はすぐには変わりそうにない、とだけ言っておこう。

困難なマッチングと容易なマッチング

当座の間は、適切にデザインされたクリアリングハウスが、腎臓を必要とする人たちの助けになるだろう。増える一方の待機患者の数が、腎臓交換によっていつかゼロになるなどとは私も思っていないが、患者や担当医、病院を説得して、交換に参加し必要な情報を共有してもらうことができれば、移植はまだまだ増やすことができる。

しかし市場が確立しはじめるときにありがちなように、腎臓交換は拡大するにつれて新たな障壁に悩まされている。当初の課題は、患者・ドナーのペアと担当医が安全に登録できるように腎臓交換をデザインすることだった。だが最近では、移植センターの所長はシステムをよく研究し、戦略的に行動するようになっている。そのため病院が最もマッチングの難しいペアだけでなく、すべての患者・ドナーのペアを安全に登録できるような方法でクリアリングハウスをデザインすることが、最大の課題である。現時点では、病院内で交換を行うために、マッチングの容易なペアを温存し、自力で提供者を見つけられないペアだけをクリアリングハウスに委ねようとする病院もあるのだ。

マッチングしやすい取引を出し惜しみするのは、仲介業者が介在する市場にありがちな誘惑だ。不動産市場を考えてみよう。活況時には売れ筋の住宅が市場にまったく出回らないことがある。その裏で不動産ブローカーは、価格にうるさくない売り手と、持ち家を売らなくても家が買える買い手とを引き合わせているのだ。これは当事者の買い手と売り手にとって好都合に見えて、実はそうではないかもしれない。たしかに売り手にとっては早く売れて手間も省けるが、もっと広く売りに出した方が高く売れたかもしれない。だが不動産ブローカーにとって、このやり方が得策なのは間違いない。時間と労力をほとんどかけずに、取引の両サイドから手数料を徴収できるのだから。注目してほしいのは、そのせいでほかの市場参加者が余分な努力を強いられるということだ。手のかからない買い手と売り手が一般市場から締め出されるため、割高な住宅と資金繰りの苦しい買い手がやけに多くなり、結果として市場全体の成約件数が減るおそれがある。手ごろな価格の住宅が市場に出回っていれば、価格が高いために買い控えていた人も買うことができたかもしれない。

株式ブローカーも同様の誘惑に駆られるため、現在ではブローカーが「楽な」取引を社内に留めることを禁じる法律や業界規制が存在する。ブローカーは売値の低い売り手から直接買い、それを買値の高い買い手に売ることによってコストを節約し、余分な利益を得たくもなるだろう。注目してほしいのは、この慣行がブローカーにとっては得策であっても、顧客にとっては得策とは限らず、市場全体にとっては決して得策ではないということだ。市場に本来の厚みがある場合、つまりすべての取引が金融取引所を介して行われた場合に比べると、それほど多くの人のニーズに応えられないからだ。

これと同じで、移植センターがマッチングの容易なペアを登録せず、センター内でそれらのペアの移植を行えば、全米でマッチングされる人数は減少する。マッチングが困難なペア同士が適合する相手を見つけるのはこの上なく難しいからだ。私とマサチューセッツ工科大学（ＭＩＴ）教授のイタイ・アシュラギはこの問題を研究していて、既存の慣行に比較的小さな変更を加えることで解決が可能だと考えている。既存の会計手法の一種を拡張して、患者をもたないドナーから移植チェーンを開始する病院を追跡できるようにするのだ。病院のマイレージプログラムのようなもの(8)と考えればわかりやすい。この仕組みを通して、各病院がマッチングしやすいペアを何組移植センターに登録しているかを追跡する。そしてマッチングが困難な複数のペアが、ほかのペアとの交換の候補として挙がった場合には、マッチングが容易なペアを登録している病院のペアを優先する。ただしこの方式には一つ問題があって、病院が互いに競争にしのぎを削る戦略的プレーヤーであることを、あからさまに認めることになる。このことは周知の事実だが、表立って認めたがらない医師や医療管理者が多いのだ。

病院がペアを登録しないという問題は、今後も深刻化するだろう。だからこそ、非同時的な長いチェーン(9)がこれまでにも増して重要になる。病院がマッチングが容易なペアを登録しなければ、登録ずみのマッチングが困難なペア[10]は、ペアが一組または二組のペアからなる単純な交換に組み入れられる見込みはほとんどなくなる。マッチングが困難なペアの間で交換を完結させる（欲求の二重、三重の一致を見つける）のは至難のわざだからだ。

協力し合う

このような問題のせいで腎臓交換が本来あるべき規模にまで拡大できずにいるのは、それほど意外なことではない。なんと言ってもマーケットデザインとは、ただ市場を理解し、より望ましいかたちに組織する方法を模索するだけのことではない。そこには政治も絡んでくる。「政治」といっても悪い意味ではなく、単に、腎臓病治療のような数十億ドル規模の業界は、さまざまな組織や専門分野の利害が絡んでいるため、新しい技術や組織のもたらす可能性に時間をかけて慎重に対応していくというだけのことだ。全米レベルでの腎臓交換の組織化ほど、このことが鮮明に表れている取り組みはない。

フランク・デルモニコのニューイングランド腎臓交換プログラム（NEPKE）とマイク・リースのアライアンス・フォー・ペアード・ドネーション（APD）は、多くの病院から患者・ドナーのペアを集めることで、厚みのある市場を生み出した。のちにはガレット・ヒルの全国腎臓登録機構（NKR）がこの選り抜きの集団に加わった。だがこの三つのプログラムは、ネットワークの垣根を越えて患者のデータを共有したり、移植を手配したりすることはほとんどない。また多くの病院が参加自体を拒否している。したがって市場は本来の厚みを実現しているとは言えない。つまり、本来可能であるはずの移植が見すごされていることになる。

交換の可能性をすべて洗い出せるほどの厚みをもつ市場を実現するには、全米規模の腎臓交換を組織するのが一番だということは、最初からわかっていた。だがそれには二種類の問題があることが、すぐに明らかになった。一つは技術や数学に関わる問題、もう一つは政治的、組織的な問題だ。

政治的、組織的な問題は、いろいろな意味で数学的な問題より対処が難しいことが判明した。またマーケットデザインにおいては、こうした問題は数学的な問題に優るとも劣らないほど重要である。現実は厳しく、病院は患者の獲得をめぐって競い合っているため、そう簡単に協力し合えない。APDもNKRも全米レベルに活動を拡大する方向で前進してはいるが、こうした事情に阻まれて、順調に拡大するには至っていない。

実のところ、死亡ドナーの臓器について各地の移植センターと連携を図っている全国組織はすでにある。全米臓器分配ネットワーク（UNOS）という、連邦政府の契約組織だ。だが二〇〇四年にUNOSの代表に選出されたフランク・デルモニコは、職員が腎臓交換に関わる新たな職務を担うことに消極的だという印象をもった。

二〇一〇年にUNOSは、腎臓交換のクリアリングハウスのための全米規模の試験的なプログラムを開始した。これまでプログラムを通じて実現した移植は少数だが、状況が変化しはじめている兆しはある。だがUNOSは多くの関係団体の意見をふまえて運営されなくてはならず、そのせいでほかの腎臓交換ネットワークの優れた実践例をすばやくとり入れられないのだ。全国的に組織された効果的なクリアリングハウスがなければ、APDやNKRのようなクリアリングハウスが今後も拡大や合併を進めていくだろう。しかしUNOSにも喜ばしい進展があった。NEPKEがUNOSと業務を統合して二〇一一年末に解散し、NEPKEの臨床プログラム責任者だったルーサンヌ・リーシュマンがUNOSに移ってきたのだ。ルーサンヌが二〇一一年夏に着任するまで、UNOSプログラムで行われた交換移植はわずか二件だったが、彼女が来てからまたたく間に一五件の移植が実現した。とはいえ、UNOSが全米規模に成長するには、まだまだ多くの腎臓交換を行わなくてはならない。[11]

全米規模のクリアリングハウスができるのであれ、少数の大規模な交換移植ネットワークが存続するのであれ、腎臓交換が今後も拡大していくためには、連邦政府と保険会社が腎臓交換のコストを補償する方法[12]を考えなくてはならない。アメリカではメディケア（連邦政府が運営する、高齢者と永久的な腎機能障害を含む障害者向けの医療保険）と民間の保険会社が、移植よりコストが高いわりに効果が乏しい透析のコストを負担している一方で、交換移植に関わるさまざまな活動の費用は全額給付しないという、奇妙な状況がある。第1章で紹介したように、病院が私の同僚のジェリー・グリーンのような民間のパイロットに腎臓を無償で搬送してもらわなくてはならない場合があるのは、このためだ。

腎臓移植がもはや必要とされず、腎臓交換が記憶でしかなくなる日が来るのを、私は待ち望んでいる。だがそのときが来るまでは、移植を必要とする患者のできるだけ多くが移植を受けられることを願っている。ものごとが思うように進展せず、もどかしさを覚えることも多いが、これほど短期間にこれほどの前進が見られるとは予想もしていなかった。

これを書いている二〇一四年現在、腎臓交換はアメリカで移植の標準的な方法になっていて、世界中で導入が進んでいる。経験が積み重ねられるにつれ、非同時的なチェーンが腎臓病患者、とくにマッチングが困難な患者の助けになることを示す証拠が増えている。かつては不可能だった移植が数千件実現している[13]。そして最近ではその大半が、チェーンを通してもたらされているのだ。

腎臓交換は、第2章でとりあげたような市場とは大きく異なる。だが本書でこれまで示そうとしてきた通り、腎臓交換のためのマーケットデザインも、市場に厚みをもたらし、混雑を緩和し、安全で簡単、効率的な市場にすることをめざす試みであることに変わりはない。腎臓交換の市場に厚みをもたせる取り組みとしては、患者・ドナーのペアのデータベースを構築することが挙げられる。混雑に対処する取り組みは、当初は十分な数の手術室を同時に確保することだったが、いまではチェーンを組織することに主眼が置かれている。安全で簡単に市場に参加できるようにするには、今後も引き続き病院がすべての患者・ドナーのペアを簡単に登録できるようにして、なるべく多くの患者が移植を受けられるよう、市場の効率的な運営を図る必要がある。

どんな市場であっても適切に機能するためには、マーケットプレイスに関わるこれらすべての問題を解決する必要がある。ただし解決策は市場によって異なる。

マーケットデザインにはもう一つ、重要な側面がある。それは人間の行動に関わる側面だ。最近では行動経済学の研究を通して、人間がまったくの計算ずくで純粋に利己的な存在ではないことが示され、伝統的な経済学の前提が覆されている。マーケットデザインでこのことを忘れると、せっかくのすばらしい機会を逃すことになる。患者をもたない腎臓ドナーを考えてみよう。もし（古いタイプの経済モデルがときに示唆するように）誰もが純粋に私利私欲に基づいて行動するなら、利他的なドナーは存在するはずがない。それに非同時的なチェーンのドナーはどうだろう？　もし世の中の人が自分と家族、友人のことしか考えなかったなら、自分の愛する人が腎臓をもらったが最後、約束を反故にして自分の腎臓を提供しないドナーばかりになるはずだが、現実にはそんな人はほとんどいない。

これまでの腎臓交換のデザインにおける各段階で、マーケットデザインを調整する必要があった。たとえば複数の数理モデルの関連づけ、外科手術のロジスティクス、また患者やドナー、病院のインセンティブ、リスク、報酬といった面での調整だ。当初私たちは腎臓交換にサイクルとチェーンを組み入れることを提唱した際、単純な二組間の交換から始めることになるとは予期していなかったし、またより大規模なサイクルやチェーンが可能になったときに、長い非同時的なチェーンがこれほど大きな役割を担うようになるとは予想していなかった。こうした進展があるたび、市場の状況や参加者の行動の変化に合わせて、マーケットデザインを修正する必要があった。

これからより一般的な市場について見ていくが、その際、次の全般的な教訓を心に留めておいてほしい。それは、マーケットプレイスにおいては市場に厚みをもたらし、混雑に対処し、安全かつ簡単に参加できるようにするという問題を解決する必要があるが、これらの問題は市場が発展するにつれ、何度もくり返し解決していかなくてはならないということだ。

エンジニアが崩壊した橋をくわしく調べることで、橋を建設する方法について多くを学ぶように、マーケットデザイナーは失敗した市場の研究を通して、成功する市場に必要なことについて多くを学ぶことができる。橋は最も弱い部分が崩れれば全体が崩落する。これと同じで、マーケットデザインは失敗を招きかねない要因の一つひとつを回避しなければ、成功はおぼつかない。適切にデザインされた市場では成功要因として働く競争圧力が、デザインのまずい市場では失敗要因になることが多い。

これからの四つの章で、厚み、混雑、安全性、簡便性に関わる失敗を見ていく。そうすることにより、機能不全に陥ったいくつかの市場がどのようにしてデザインし直され、修復されるに至ったかをより深く理解できるだろう。

第II部

挫かれた欲求

——市場はいかにして失敗するか

PART II
Thwarted Desires:
How Marketplaces Fail

第4章　抜けがけ

市場を失敗に導くさまざまな要因を理解するためには、市場が始まってもいない時点から話を始めなくてはならない。

市場に厚みをもたらす方法の一つに、多くの人が一斉に参加する時期を設定する方法がある。だが制度が「早い者勝ち」方式のときに制度の裏をかこうとする人は、競争相手を出し抜いて早く行動することがあるのだ。

大学の新入生を社交サークルに勧誘するためのもてなしが「ラッシュ」と呼ばれるのも、このためだ。一八〇〇年代末には、この種のサークルは主に大学四年生の社交の場だった。だが学生をほかのサークルよりも早く勧誘しようと「急ぐ《ラッシュ》」人たちが現れ、いまでは社交サークルのラッシュは入学したての学生を対象に行われている。(1)

それに、他人を出し抜こうとする行動に関する単語が英語に加わったのは、このときが初めてではない。オクラホマ州の住民が「抜けがけ者《スーナーズ》」と呼ばれるのも、同じ理由によるのだ。

このあだ名は合衆国政府がオクラホマへの入植を解禁した一八八九年四月二二日の「ランドラッシュ（土地争奪）」の日に生まれ、ラッシュが最高潮に達した約四年後の「チェロキー・ストリップ・ランド・ラン」（白人が来る前に先住民だったチェロキー族が支配していた細長い領地〔ストリップ〕が開放された日）と呼ばれる一八九三年九月一六日に、アメリカ英語の本格的な仲間入りをした。どちらの日にも、数万人——一八九三年には五万人——が旧インディアン準州の境界に並び、未開の土地を囲い込むために号砲とともに一斉に駆け出した。

少なくとも、そういう計画だった[2]し、参加者のほとんどがルールに従った。ストリップを巡回中のアメリカ騎兵隊は、号砲が聞こえる前に土地に足を踏み入れた者を容赦なく撃つよう命じられていたからだ。騎兵隊は本気を示すために、銃声に惑わされてフライングした不運な人を馬で追いかけて射殺し、それを見ていた数万人を凍りつかせた。

とうとう号砲がとどろくと、これらの数万人は馬にまたがり、あるいは荷馬車や四輪車に乗って、一斉に猛ダッシュをかけた。この情景は、当時の最も有名な写真に収められている。

そこから二四キロほど離れたところ、その日の午後にはアメリカ最新の都市イーニッドとして賑わうことになる場所に、ストリップ内の唯一の公共施設である公有地管理局兼郵便局があった。正午ごろ、副局長のパット・ウィルコックスが双眼鏡をもって屋根に登った。南方に目をやると、ウォルター・クックという二二歳のカウボーイが馬に乗って低い丘の上に現れた。クックは猛然と突進してきてそのまま通り過ぎ、町の予定地の中心部に嬉々として杭を打ち込んだ。

クックはルールに従い、合図を聞いてから出発した。だが騎兵隊の必死の努力にもかかわらず、その前に線を越えていた人たちも少なからずいた。こうした「違法占拠者《クレームジャンパー》」は、やがてそのタイミング破りゆえに「抜けがけ者《スーナーズ》」と呼ばれるようになる。そして海賊や銀行強盗、その他の恥知らずな犯罪者が、愛すべきならず者としてもてはやされる長い伝統のなかで、スーナーズはオクラホマ住民の愛称になり、やがてオクラホマ大学フットボールチームの名称にもなったのだ。

制度の裏をかいて、土地に杭を打ち込むために九月一六日以前にオクラホマ準州に入ることは、法律で禁じられていたが、それだけではこの行為を阻止できなかった。それに、あの狂ったような一日に起こった予想外のできごとは、違法占拠だけではない。

たとえばあの気の毒なウォルター・クックの例がある。彼の申し立ては、同じ土地の権利者を騙る三〇〇人もの人々によってたちまち覆された。彼らは所有権の申し立てが法的に認められるまでに何時間もかかるという事実を悪用したのだ。クックが結局得たものといえば、規制が不十分な無法市場のリスクに関する教訓だけだった。

もしもクックが到着したとき、公有地管理局がすでに開いていて、彼の申し立てをただちに受理してくれていたら、彼にもチャンスはあっただろう。だが管理局にはあっという間に数百人の権利者が列をなし、ストリップ中から集まった数千人がそれに続いた。争いや強盗事件が頻発し、心臓発作で死亡した人もいた。

この日、土地の配分がうまく行われなかった理由は、少なくとも二つある。第一に、法律を守った市民が、早く土地に入って先に杭を立てた人たちに先を越されることが多かったからだ。第二に、すべての申し立てがイーニッドの公有地管理局で登記されなくてはならなかったため、混雑と混乱が生じ、時間内に到着したウォルター・クックのような人たちでさえ登記できなかったからだ。つまりこの市場は、この日に行われたすべての申し立てに対処できるほど迅速に機能せず、そのためどの申し立てが先に行われたかを判別できないことがあったのだ。

「早すぎる」ことの問題には、もっと目立たないものもある。参加者が「ピストルの合図を聞かずに飛び出す」(3)――オクラホマではピストルではなく大砲だったが――せいで、本来であれば厚みを実現できたはずの市場が暴走することがあるのだ。競争相手が気づいて市場に現れる前に抜けがけして取引を行おうとする参加者が増えると、市場は厚みを失う。

別の「抜けがけ者《スーナーズ》」を考えてみよう。オクラホマ大学代表のフットボール選手だ。「早すぎる」せいでマッチング市場がなぜ適切なマッチングを生み出せなくなるのかを理解するために、今度は全米大学対抗アメフト（カレッジフットボール）の試合に目を向けたい。レギュラーシーズン（九月から一一月）終了後に開催される主要な選抜試合《ボウルゲーム》のカードは、長年悩ましい問題だった。出場チームが早く選ばれすぎて、実力伯仲の組み合わせになりにくかったのだ。

すてきな人を紹介して、すてきな人をつかまえて

カレッジフットボールのファンにとって、一年中で最も胸躍る時期が、ボウルゲームが行われる一二月から年明けにかけてのポストシーズンだ。さまざまなカンファレンス（リーグ）のトップチームが勝敗を競い、最終的に全米チャンピオンが決定する。残念ながらカレッジフットボール・ファンの大半が、このシステムに欠陥があると考えていて、ときには声高に不満を訴えることもある。実際、その通りなのだ。

チームとボウルゲームは、早く取引をする誘惑に長年屈してきた。カレッジフットボールは（ファン以外の人にとっては）世界一重要な市場ではないとはいえ、毎週末に行われる試合の勝敗を受けてチーム成績のデータが更新され、スポーツライターやコーチの投票によるランキングが逐次発表されることを考えると、レギュラーシーズンの最終ゲームの結果が出

る前に市場が動けば、重要な情報が考慮されないおそれがあるのは明らかだ。

テレビの視聴者と広告収入の重要性が増すにつれ、ボウルゲーム開催委員会は出場チームをますます早く招待するようになった。実際、早く招待しすぎたせいで、出場チームが番狂わせで一、二度負け、ボウルゲームを戦うころにはチャンピオン争いから脱落していることも珍しくなかった。これは早期取引にまつわるリスクの一つだ。重要な情報が手に入るずっと前に取引をするせいで、不適切なマッチングが行われ、適切なマッチングが見逃されることがある。


現在は各ボウルゲームの出場チームは、以前と異なる方法で決められている。スポーツファンは現在のシステムのよしあしについては意見が分かれても、リデザインされる前の市場がひどかったことに異論はないだろう。

ボウルゲームは独立したビジネスで、それぞれのボウルゲームが競技場を押さえ、テレビ局やスポンサー企業と契約を結ぶ。どのボウルゲームの主催者も、できるならばレギュラーシーズン終了時点の全米上位二チーム間で行われるゲームを主催したい。ボウルゲームが好カードを確保できるよう、全米大学競技協会（ＮＣＡＡ）はボウルゲーム開催委員会とチームを待たせようと長年努力していたが、成功したためしがなく、一九九〇－九一シーズンを最後に匙《さじ》を投げてしまった。

この年は、ポストシーズンに一九試合のボウルゲームが開催された。当時大学に支払われる金額が最も高かったのは、「閉鎖型」のローズボウルだ。ローズボウルはフットボール・カンファレンスのビッグ10とパシフィック10と長期契約を結んでいて、毎年この二つのカンファレンスの優勝校が対戦した（また二つのカンファレンスが、優勝校のボウルゲーム出場報酬を分け合った）。したがってローズボウルは、ここでとりあげる暴走とは無縁で、カンファレンスの優勝校が決まるまで待っていればよかった。

だがほかのボウルゲームは違う取り決めを結んでいた。フィエスタボウルには独自の問題があった。このボウルゲームだけが「開放型」で、出場するチームを二チームとも探す必要があった。残りの主要ボウルゲームはすべて「半閉鎖型」で、一つのカンファレンスと契約を結び、その優勝校が出場することは確定していたが、質の高い試合になるように対戦相手を一チーム探す必要があった。そうした出場校は、どのフットボール・カンファレンスにも属さないチーム（独立校）か、どのボウルゲームとも契約を結んでいないカンファレンスに属するチームのなかから選ぶことができた。

一九九〇年当時のNCAAのルールでは、チームとボウルゲームは「ピッケム・デイ」と呼ばれる日まで、ボウルゲームのカードを最終決定できないことになっていた。この年のピッケム・デイは一一月二四日だったが、一部のボウルゲームやチームが抜けがけをして早く取り決めを結んだ。独立校のノートルダムはレギュラーシーズンをランキング一位でスタートし、一一月初めにはシーズン初めの黒星から立ち直って首位を回復していた。他方、コロラドはシーズン初めの負けを乗り越えて、あるランキングでは四位、別のランキングでは三位に浮上していた。コロラドはオクラホマ州立大学を破ってビッグ8カンファレンスの優勝校に決まった時点でオレンジボウルの出場が確定し、ランキング二位に浮上した。

この翌日、ピッケム・デイの一三日前の一一月一一日の日曜日に、オレンジボウルとノートルダムが合意を結んだことが発表された。つまりこの時点で全米一位と二位のチームがオレンジボウルで対決することが決まり、このボウルゲームが事実上の全米チャンピオン決定戦になるものと思われた。

同じ日に、アトランティック・コースト・カンファレンスのバージニアが、サウスイースタン・カンファレンスの優勝校（未定）とシュガーボウルで対決することが発表された。またオレンジボウルの合意を受けて、マイアミはサウスウエスト・カンファレンスの優勝校（未定）とコットンボウルで戦うことに合意した。この時点でノートルダム、バージニア、マイアミの三校は、レギュラーシーズンでまだ四試合残していた。

カレッジフットボールで四試合後と言えば、果てしなく遠い先のことだ。そしてやはりと言うべきか、ノートルダムは合意を結んだ直後に試合を落とし、レギュラーシーズンを五位で終えた。バージニアはシュガーボウルと合意を結ぶまで一敗を守っていたが、その後黒星を二つ増やし、シーズン終了時にはある投票によるランキングで圏外（上位二五校にすら入らなかった）、別のランキングで二三位だった。最終的にどのボウルゲームも全米一位対二位（コロラド対ジョージア工科大学）の頂上決戦のカードを確保できなかった。

そんなわけで、すべてのボウルゲームが終わっても、どこが全米チャンピオンか、はっきりしなかった。ある投票ではコロラドが、別の投票ではジョージア工科大学が一位、という具合だった。この二チームは一度も対戦していなかったため、どのスポーツライターやコーチも自説を譲らなかった。

こうしてピッケム・デイを徹底できなかったことが公になると、NCAAは翌一九九一－九二シーズンには取り組みそのものを放棄した(4)。これを受けてフットボール・ボウルゲーム協会（FBA）は独自のピッケム・デイを施行し、違反した会員に二五万ドルの罰金を科すことを決議した。だがFBAもNCAAと同じく遵守を徹底できず、やはり一九九一－九二シーズンのボウルゲームにも上位二チームのカードは含まれなかった。この年もポストシーズン終了時にどのチームが全米チャンピオンなのか、はっきりしなかった。

いまからふり返れば、マーケットデザインにいくつかの問題があり、そのせいでボウルゲームの組み合わせがうまくいかなかったことは明らかだ。ローズボウルは二つのカンファレンスとしか契約していなかったため、両カンファレンスの王者は実力が拮抗しないリスクがあったし、それらが全米上位二チームであることはまれだった（だがローズボウルは契約のおかげで、少なくともカンファレンスの優勝校同士のカードは毎年確保できた）。ほかの主要ボウルゲームは多数のカンファレンスとチームからなる大きなプールから出場校を選べたが、出場枠へのオファーが暴走したせいで、ほとんどの枠はボウルゲーム開催委員会がレギュラーシーズン終了時点の成績を知らない状態で決定された。また多くのボウルゲームで特定のカンファレンスの優勝校のために出場枠が一つ押さえられていたせいで、各ボウルゲームの、ひいては市場全体のマッチングの自由度が損なわれていた。

大学とボウルゲームの抜けがけを阻止したのは、単なる自制でも、NCAAのような強力な組織でもなかった。暴走がようやく止まったのは、最終ランキングが判明する前にボウルゲームのカードを決めようとするインセンティブをなくすような新しいルールが、カンファレンスとボウルゲームによって考案されたときだった。

カンファレンスとボウルゲームの運営者は、このために一年かけて少しずつ市場を再編していった。再編の目的は、レギュラーシーズン終了後により多くのチームのなかから組み合わせを選べるようにすること、すなわちポストシーズンの市場に厚みをもたせることにあった。その方法の一つが、フットボール・カンファレンスを拡大して、より大きな集団を勝ち抜いたチームが各カンファレンスの優勝校になるようにすることだ。パシフィック10カンファレンスは、二〇一一年にパシフィック12カンファレンスになった。ビッグ10は名前はそのままに参加校を増やし、二〇一一年には一二校になり、二〇一四-一五シーズンにはさらに拡大して一四校になった。これに加えて、市場に厚みをもたらす目的でボウルゲームが連携し、最終的にシュガーボウル、フィエスタボウル、オレンジボウルの主要ボウルゲームにローズボウルが加わるかたちで、一九九八年にボウル・チャンピオンシップ・シリーズ(BCS)が発足した。このようにして、BCS独自のランキングシステムで全米一位と二位となったチームが戦う、全米チャンピオンシップ・ゲームが行われるようになったのだ。このゲームは参加ボウルゲームの間でもち回りで開催された。

もちろん、チームとボウルゲームが、より厚みのあるBCS市場で、より遅い時期にマッチングされるようになったからと言って、市場がよりよく機能するようになったとは必ずしも言えない。マッチング市場が参加者のニーズをどれだけ満たしているかだけでなく、絶対的な意味でどれほど適正に機能しているか——たとえば社会的厚生をどれほど高めているか——を定量的な指標で示すことは、往々にして難しい。だがフットボールゲームを娯楽と見なすなら、試合の観戦者数は、市場がどれだけうまく機能しているかを測るよい指標になる。ギヨーム・フレシェット、ウトゥク・ユンベルと私が、テレビ放映されたボウルゲームのニールセン視聴率(5)を調べたところ、全米一位と二位の間で戦われた試合は、それ以外の試合よりはるかに多くの視聴者を集めていたため、主要ボウルゲームにとって上位二チーム間の試合をもち回りで開催する価値は十分あることがわかった。誰もが認める一位と二位が存在するときにBCSがうまく機能し、そうでないときにうまく機能しなかったのは、この理由による。

これを書いている二〇一四年現在、多くの視聴者を集めるチャンピオンシップ・ゲームをより確実に生み出す狙いで、ポストシーズンのプレーオフを導入する計画が進められている(二〇一四—一五シーズンから導入された)。選定委員会によって選ばれた四チームが、カレッジフットボール・プレーオフというトーナメントに進出し、準決勝の勝者同士が王座決定戦で対決する。現在提案されている新しいプレーオフのモデルでは、BCSの従来の弱点のいくつかは解消されていないものの、プレーオフに進出する四チームに実力相応のチームが選ばれるかどうかという不確実性はあっても、二チームしか選ばれない場合に比べれば、真の全米チャンピオンが選出される可能性は高くなる。

ボウルゲームの市場はゆっくりと少しずつ発展してきたが、このプロセスは一種の文化的進化と見なすことができる。市場の主要参加者のすべて――上位チーム、カンファレンス、主要ボウルゲーム、テレビ局――を存続させるような方法で、従来の慣行のさまざまな側面が時間をかけてつくり替えられていった。関係者間の連携を多少なりとも図り、いくらかでも前進するには、多くの利害に配慮する必要があった。まさにフットボールのように、一ヤードずつの前進を積み重ねていったのだ。

ついでに言えば、早く選ばれるのはフットボールのチームだけではない。選手も早く選ばれることが多い。たとえばルイジアナ州立大学が二〇一二年に奨学金を与えたディラン・モーゼスは、当時一四歳でまだ八年生（日本の中学二年生）にもなっておらず、大学入学まで五年を残していた。彼が大学に入学できる年齢にようやく達したとき、プレーに適した体格や健康状態、技術を備えているかどうかは誰にもわからない。だがほかのチームが早く選手を囲い込んでいるなかで出遅れれば、将来のスターを逃すことになると、大学のコーチは警戒している。

この「早い者勝ち」志向は、カレッジの花形スポーツに限った話ではない。私は勤め先のスタンフォード大学で大学代表のスポーツ選手に会うと、カーディナル（スタンフォード大学体育会の愛称）のコーチに初めて会ったのはいつだったか、聞くことにしている。これまで聞いたなかで一番早かったのは、女子バスケットボールチームの選手の六年生（小学六年生）という答えだ。ただし自分は六年生にしてはとても背が高く、年長のプレーヤーのチームに入れてもらっていたため、まだ六年生だと知ってコーチはとても驚いていたと、彼女は急いでつけ足した。そのコーチは、八年生をスカウトしたつもりだったのだ……。

栄光への突撃

早く行動を起こそうと急ぐのは、歴史書や新聞のスポーツ欄のなかの人たちだけではない。最近大学を卒業してゴールドマン・サックスなどの大手投資銀行に就職した知り合いがいたら、その人は仕事を始めてまもなく、こんな電話を受ける可能性が高い。それはコールバーグ・クラビス・ロバーツ（KKR）のような大手プライベート・エクイティ・ファンドからの電話で、ゴールドマンでの勤務開始二年後に発効する雇用契約を結ばせようとするものだ。それに最近ロースクールを卒業してアメリカの大手法律事務所に就職した知り合いがいたら、その人は法務博士号を取得する二年ほど前に、同じ事務所に夏季インターンとして雇われていた可能性が高い。

これは得策だろうか？　一九九一年のオレンジボウルを思い出してほしい。

あの年のオレンジボウルで起こったのと同じことが、将来の従業員を学位取得の数年前に採用する法律事務所にも起こり得る。ロースクールの超優秀な一年生は、その後の二年間でずいぶん変わるだろう。オレンジボウルの出場チームを選ぶ委員会には、少なくとも試合に必要なチーム数が二チームだということはわかっていた。だが法律事務所はそうはいかず、将来必要になる弁護士の数を二年も前に予測する必要があり、予測を誤ればとても困ったことになる。

市場の構造のせいで予想通り問題が生じるとき、経済学者は市場が非効率なのではないか、つまり市場が別の構造をもっていればすべての当事者の状況が改善するのではないかと考えはじめる。先に見たように、早期化は不適切なマッチングをもたらす場合があるが、もしかしたらこのやり方で損をする人がいる一方で、得をする人もいるかもしれない。しかし新人弁護士の市場を見れば、市場が暴走するとき、すべての当事者がダメージを受け得ることがわかる。

とりわけ二〇〇八年の秋以降に深刻化した世界金融危機を受けて法人による外部の法律サービスへの需要が落ちこんだとき、この市場があれほど暴走していなかったなら、ほぼすべての当事者の状況は改善していたはずだ。法律事務所は雇用開始の一年以上前に採用を決定していたため、需要の変化に対応できなかった。そんなわけで二年生の夏に大手法律事務所でインターンを経験し、その直後の二〇〇八年八月に本採用のオファーを受け入れた数千人の学生は、仕事を始めようとした矢先の二〇〇九年秋に、採用のとり消しまたは延期を伝えられた。

法律事務所のなかには、評判や関係を損なわないよう、採用を延期した学生に初年度の年俸の一部を支払い、一年間無料奉仕活動をするよう勧めた事務所もあった。これぞ双方にとって犠牲の多い結果である。

二年もの早期化がひどい話だと思うなら、一九八〇年代末には採用がさらに早期化していたことはどうだろう。一流のロースクールへの入学が決まった直後、まだ一度も授業を受けないうちに、夏季インターンの職をオファーされた学生もいたのだ。こうした法律事務所として、内定者のロースクールでの実際の成績が判明したあとで採用したかったのは間違いない。だがそれを待っていると、他社に優秀な人材をかすめとられる心配があった。そこで彼らはこう自分に言って聞かせた。曲がりなりにもイェール・ロースクールがほしがる学生だ、優秀な弁護士になる可能性が高いに違いない、と。ちょうどレギュラーシーズン途中のノートルダムが、オレンジボウルで戦うころランキング一位を維持している可能性が高いように思えたのと同じだ。

早くオファーを出しすぎると有望な候補者を見分けられないというのなら、もっと時間をかけて選考を行い、すでに他社からオファーをもらっている学生にオファーを出せばよいと考える人がいるかもしれない。しかし早期にオファーを出す企業は、オファーに「時限」を設けることで他社を阻止している。つまり、他社が割り込んできて同じ候補者をとり合ったり、候補者が比較のために他社からオファーを得たりすることのないように、有効期間の非常に短い「最後通牒的」なオファーを出すのだ。

時限つきオファーは暴走する市場でよく見られる。こうしたオファーは早く出され、かつ有効期間が短い。そのため、企業が採用候補者の成績について必要な情報が得られる前にオファーを出すだけでなく、候補者自身も、ほかにどんな機会があるのかを知らないまま、オファーを受けるか断るかの決断を迫られることになる。言い換えれば、時限つきオファーのせいで市場は早期化するうえに厚みを失い、そのせいで参加者は市場によって与えられるマッチングの質に関する情報と、市場がほかにどんなマッチングを提供し得るのかという情報の両方を得られなくなるのだ。

このような状況では、最適な決定を下せるだけの情報をもっている人が誰一人としていない。

これから市場の失敗のその他の原因について見ていくが、暴走はほかのどんな原因より、自制の失敗に原因がある。参加者は早く取引せずにいられない。衝動をこらえれば誰かに先を越されてしまうからだ。これは私たち一家がピッツバーグに住んでいたころ、自宅の庭にナシの木を植えたときに起こったことと少し似ている。庭のそばには樹木の茂る丘があって、そこから毎年ナシが熟すよりずっと前にリスが実をとりにきた。ただし、リスは熟していないナシが好きなのか、それ以上待ってアライグマやシカに実をとられるのをおそれたのかはわからない。

さて、市場がうまく機能せず、非効率的な結果をもたらしている場合、参加者が（たとえ自己保身のためだけでも）協力して、市場がよりよく機能できるよう新しいルールをデザインすることは理に適っている。一九八〇年代にも、このようなことが起こった。法学生の採用に関するルール提言などを行う組織、全米法職紹介協会（ＮＡＬＰ）が、学生組織とロースクール、法律事務所の支援のもとで、無法状態の法律家の市場に秩序をもたらそうとした。

弁護士は厳密なルールを好むため、彼らが定めたルールを見ていくことで、暴走に対処するのがなぜこれほど難しいのかを、独自の視点から考えることができる。

そうしたルールの一例として、ロースクールに入学したての学生は、法律事務所の時限つきオファーを受け入れるかどうかの決断を迫られる前に、法律についてある程度学ぶ機会を与えられなければならない、というルールがあった。具体的には、ロースクールの一年めを終えていない学生にオファーが出された場合、オファーの有効期間を一学期が終わる一二月まで置かなくてはならないとした。

残念ながら、弁護士を拘束するようなルールをつくるのは至難のわざだ。多くの弁護士が、法律の趣旨を逸脱しながら、それを字義通りに履行することで生計を立てているのだから。

そんなわけで、このルールは一、二年は効果をあげていたが、そのうちある採用担当の弁護士が、こんな採用通知書を出すという名案を思いついた。「NALPのガイドラインをふまえ、本オファーは一学期終了時まで有効とする。しかし」と、通知書は続いていた。この仕事の給与は低いが、高額の契約金を含めれば通常の水準になる。ただしその契約金は、オファーをただちに受け入れた場合にのみ支払われる、と。

新人弁護士の市場の規制は、ほどなくしてルールをつくる者と破る者のいたちごっこと化した。ちなみにこれを書いている時点で、NALPの最新ルールでは時限つきボーナスもルール違反とされている。

急ぎすぎた判断

弁護士と法律事務所は、少なくとも表面上は法律に従っているふりをしながら、それを迂回する方法を模索している。だが若手弁護士にとって最も名誉ある市場である、連邦控訴裁判所（日本の高裁に相当）の判事がとびきり優秀な学生を助手として採用する市場では、多くの判事がルールを大っぴらに無視している。より慎重な言い方をするなら、連邦判事は独自のルールをつくっても許されると考えている。

連邦控訴裁判事のもとで助手として働くことは、野心的な若手弁護士が就く最初の仕事として、これ以上ないほど格の高い仕事だ。この仕事は誰もが憧れる弁護士のキャリアを進むための入場券なのだ。大手法律事務所の引退したシニアパートナーの死亡記事が、何十年も前の判事助手の経歴から始まるのは、この理由による（たとえば最初の一文はこんな感じだ。「キャッチャム・キラム・イータム《取って食え》法律事務所の元代表パートナーで、一九五一年にハーバード・ロースクールを卒業後、X判事とY判事のもとで助手を務めたクランシー・ゴールドフィンガーが火曜日に亡くなった」）。

そんなわけで一流ロースクールの最も優秀な学生の間では、連邦控訴裁判事の助手というごく少数のポストをめぐって熾烈な競争が行われている。だが一見したところ、助手の市場は暴走しそうに思えない。もちろん、ロースクールの学生が控訴裁判事の早期のオファーを受け入れたい誘惑に駆られるのは理解できる。だが判事がこれほど少なく、法学生がこれほど多い状況では、判事は法学生の成績が判明するまで待ちさえすれば、助手にふさわしい人材を獲得できるように思われる。

しかし、控訴裁判事の数はたしかに少ないものの、ロースクールで賞をとったり、ローレビュー（ロースクールの紀要）の編集委員に選ばれる法学生の数となるとさらに少ない。また控訴裁判所は一二の巡回区に分けて設けられているが、どの巡回区も同じくらい名声が高いわけではない。それに同じ巡回区のすべての判事が、自分の下で働く助手をさらにステイタスの高い最高裁判事の下に送り込む力をもっているわけでもない（最高裁判事の助手は、主に控訴裁判事の助手を務めた者から選ばれる。九名の最高裁判事に四名ずつの助手、計三六名の狭き門である）。

したがって、もしすべての判事がローレビューの編集長や最優秀学生が判明するまで待って、三年生だけを採用した場合、一握りの一流ロースクールの最優秀な学生を採用できるのは、最も権威ある判事だけになってしまう。このような状況では、やや権威に劣る判事たちには、三年に進級する前の学生にオファーを出す動機が十分ある。

たとえば学生にとって（カリフォルニア州などを管轄する）連邦第九巡回区控訴裁判所判事からのオファーを蹴って、さらに権威あるＤＣ（コロンビア特別区）巡回区控訴裁判所のオファーを待つのは、かなり勇気のいることだ。運がよければ希望のオファーを得られるかもしれないが、ほんの少し運が足りなければ、最初にオファーされた職よりずっと魅力に欠ける職で妥協するはめになる――しかもそのオファーをただちに受け入れなければあとがない。もちろん、判事の方も賭けをしている。ロースクールで優等をとりそうに思えた学生が凡庸な成績をとり、助手として期待はずれに終わることもある。だがもし市場が遅く始まれば、学生と判事のマッチングが予測に近いものになり、最も優秀な学生が最高の仕事を確実に得るだろう。

留意してほしいのは、早期オファーを受けるような法学生が職に就けない可能性はほとんどないということだ。とはいえ、彼らが難しい決断を迫られることに変わりはない。よりよいオファーを待っていても仕事の口はかかるだろうが、前のオファーほどよい仕事ではないかもしれない。彼らもほかの市場参加者の動きをにらみながら、戦略的決定をすばやく下さなくてはならないのだ。

ウェディングベルの響き

連邦控訴裁判所の助手職のオファーを受けるような人は、ほんの一握りしかいない。だがこの種の戦略的意思決定がどんなものかがわかれば、結婚相手を探すときから駐車スペースを探すときまで、身近なさまざまな状況でそうした決定が行われていることに気づくだろう。たとえばいまの恋人と結婚すべきか、もっとよい相手が現れるのを期待して別れるべきかを決めるとき、多くの人がこのジレンマに悩まされる。この決定は、市場に厚みがあるとき、たとえばあなたが大学生で、同年代の独身者に囲まれているときと、市場に厚みがなく、同年代のほとんどがすでに結婚してしまっているときとでは、まったく違うものになる。一例として、一夫多妻制をとるアラブのベドウィン族の一〇代の花嫁を考えてみよう。ある若い女性などは、「二〇歳を過ぎたら第二夫人として嫁ぐしかない」[6]と嘆いていた。

だが世界で最も幼くして結婚を決められるのは、一〇代の花嫁ですらない。地域や時代によっては結婚市場の暴走のせいで、生まれたばかりの赤ちゃんが許嫁《いいなずけ》を決められることもある。発展途上国で幼いうちに結婚相手が取り決められるのは珍しいことではない。とくに女性の場合や、男性が複数の妻をめとる風習があるせいで女性が不足しがちな地域に、この傾向が強い。インドなどの国は、結婚できる最低年齢を法律で定めることによって、この因習を終わらせようとしてきた。だが最近では内輪の非公式な縁組みが行われているため、法律を徹底するのは難しい。

市場の暴走の顕著な例を求めて、私は経済学者のシャオリン・シンとともに、児童婚が行われている地域や、生まれてもいない子どもが許嫁を決められる未開社会について調べた。そのうちの最も著しい例はオーストラリアの先住民アルンタ族（アランダ族ともいう）に見られる慣行だった。アルンタ族は一夫多妻制をとっているため、女性が相対的に不足している。

アルンタ族間の結婚は、生まれたばかりの男女の赤ちゃんの父親同士の間で取り決められることが多い。二人の男性が取り決めるのは、二人の赤ちゃんの結婚ではない――それにはもう手遅れだ。女の赤ちゃんの結婚は、はるか前に取り決められているのだから。二人の父親は、男の赤ちゃんと、女の赤ちゃんの長女の結婚を取り決めるのだ。つまり女の赤ちゃんが、男の赤ちゃんの義理の母になることを決める。これは男児の代理である男児の父親と、孫娘（女児の娘）の代理である女児の父親によって取り決められる結婚だ。このようにアルタ族の社会では、結婚が実際に執り行われる一世代以上も前に縁談がまとめられることがある。責任感あふれる若い父親が、縁談で息子に——はたまた孫娘に——遅れをとらせるわけにいかないと思うのも無理はない。

注意してほしいのは、多くの発展途上国で初婚年齢は低下しているどころか、むしろ上昇しているということだ。高学歴や専門的な仕事を求める女性が増えるにつれ、結婚の先延ばし傾向が強まる。こういう言い方をするのは、女性が行う決定に焦点を当てているからだ。だがもちろん女性は結婚相手を一方的に選ぶことはできないし、結婚時期は男性または女性が単独で決めるものでもない。

大学に行く女性がごく少数だった時代をふり返ってみよう。一九四七年にはアメリカの男子大学生は女子大学生の二倍以上いた。(7) このころは、紆余曲折はあっても最後には高校の同級生と結婚する人が多かった。高校は異性の独身者をたくさん見つけられる、厚みのある結婚市場を提供したが、卒業後はそうした機会はめっきり減ったからだ。

一九八〇年ごろには、大学進学者が増えたうえ、男女比がほぼ同じになったため、大学で異性に出会う機会が増え、早く相手を決めなくてはというプレッシャーは薄れた。また最近ではインターネットの出会い系サイトが普及したことで、大学卒業後も厚みのある市場を利用できる可能性がある。この先まだ厚い市場があるときに結婚を先延ばしにするのは、それほどリスクが高くないため、成熟した花嫁と花婿がよい相手を見つけられるチャンスが高まっているのかもしれない。

このように取引のタイミングは、いま何が手に入るかだけでなく、あとで何が手に入る可能性があるかによっても変わる。たとえば混雑した街中を運転しながら路上の駐車スペースを探しているときには、リスクの大小の差こそあれ、時限つきオファーを突きつけられた法学生や、高校時代の恋人との結婚を迷う人と同じような決断を迫られる。目的地までまだ距離がある場所で、空きスペースを見つけた。ここに駐めるべきだろうか？　一周して戻ってくるころにはもう一杯で、さらに遠い場所か割高な駐車場で手を打つはめになるかもしれない。それともリスクをとって、目的地の真ん前のスペースという、よりよい選択肢が見つかるのを待つべきだろうか？　この場合、目的地の近くに空きスペースがたくさんあることを知っていれば、待つことはより安全な選択肢になる。

このように、暴走する市場はどこにでもある。本章ではスポーツ、法学生、結婚などのマッチング市場や、ナシが熟すまで待つべきか、目的地からどれくらい離れた場所の駐車スペースに駐めるべきかといった単純な選択における暴走を見てきた。

しかしこの種の市場の失敗は、私が新人医師の市場を研究中に初めて暴走に気がついた一九八〇年代には、まだ広く論じられていなかった。一九四〇年代当時、医学生は卒業の二年も前に最初の仕事を決める必要があった。逆の立場から言えば、病院は臨床実習を始めてもいない医学生のなかから新しい研修医を採用しなくてはならなかった。早く行動を起こさないとよい仕事や優秀な学生をとられてしまうと双方が懸念していたが、当時の状況ではそう思うのも当然だった。状況はそれほどひどかったのだ。

私は当初、暴走は異例なことだと考えていた。医師の市場などの特殊な市場だけに起こる、珍しい災難のようなものと思っていた。しかしこれまで見てきたように、暴走する市場は多い。実際、暴走は本書でこれまで示唆してきたよりもずっと広く見られる現象なのだ。[8]たとえば最近では一流大学の多くが、拘束力のある早期入学者決定制度を通して、入学者の半数以上を確保している。これは学生が通常の出願時期よりも早く応募し、合格したらほかの大学は受けずに必ずその学校に入学することを約束させられるという、時限つきオファーの一種だ。

そうかと思えば、生まれたばかりの子どもを生徒として登録する私立学校さえある。イギリスのウィリアム王子とハリー王子も通ったウェザビー・スクールでは、新生児のための枠が毎月早々に埋まるため、帝王切開を受ける予定の女性たちに、枠が埋まる前に席を得られるよう、月初めに手術を受けることを勧めている。

実のところ、暴走は古くからある問題だ。中世イギリスでは、市場が正式に開場する前に取引を行うことは、「先回り」という犯罪と見なされることもあった。今日では犯罪ではないが、うちの近所の農産物直売市場に来る生産者に、市場が開く前に商品を売ってほしいと頼んでも、店を早く開ける競争が始まるのをおそれて、誰も売ってくれない。

こうした生産者は、自制心を働かせている。それに決まった時間帯にしか通りの使用許可が下りないことにも、多少は助けられているのだろう。だが暴走は自制によって止められるとは限らない。たとえ法律事務所が自制して適当な時期まで採用を遅らせたとしても、ライバル事務所が抜けがけすれば苦境に立たされる。このとり残されるおそれは、開拓者が抜けがけ者《スーナーズ》と化した理由の一つでもある。

そんなことから、参加者の自制心頼みの市場で暴走を止めるのは難しい。あなたが自制心にあふれていても、ほかの参加者の抜けがけが心配になれば、やはり飛び出してしまうだろう。そうしないことは割に合わないのだ。多くの市場で、暴走は最初はゆっくり進行するが、ある時点を境に突然堰《せき》を切ったように加速する。このときになってようやく参加者は、抜けがけをするメリットが、全員がわれ先にと急ぐデメリットによって打ち消されることに気づき、暴走を食い止めようというコンセンサスが芽生える。新しいマーケットデザインの導入が検討されるのは、このときだ。

これからとりあげる市場では、市場の失敗のうち暴走だけが未解決のまま残っていたが、ある単純なマーケットデザインを通じて暴走を食い止め、逆転させることができた。このときのカギは、オファーを受ける側に多少の主導権を譲ることによって、早期オファーを出す誘惑に駆られる側から自制する必要をとり除くことにあった。

待つ勇気をもつ

これを読んでいる五〇歳未満の人は、胃腸科専門医が何をする人なのかを知らなくても、困ることはないかもしれない。胃腸科専門医は消化器系の面倒を見てくれる医師で、五〇歳になったら念のため一度診察を受けて、大腸ガンの初期症状を調べてもらった方がいいとだけ言っておこう。

胃腸科専門医をめざす医師は、フェローシップと呼ばれる研修を受けなくてはならない。これは医学部卒業後に就く最初の仕事である医療研修医（レジデント）として、一般的な内科や外科などの医療研修（レジデンシー）を修了したあとで受ける、専門医研修だ。医療研修医の市場は、私が初めて研究した暴走状態の市場だった。今日この市場はもう暴走しておらず、新人医師たちは厚みがあり混雑のない安全な市場で、医学部の最終学年に研修医プログラムにマッチングされている（第8章でくわしく説明する）。

胃腸科専門医の卵が修了しなくてはならない医療研修は内科研修で、期間は三年だ。そのため胃腸科の専門研修医（フェロー）は、建前上は三年間の医療経験を積んだあとで採用されることになっている。だが残念ながらフェローシップの市場の暴走のせいで、採用がますます早期化し、最終的には一年めの医療研修医が、フェローとして働きはじめる二年も前に採用面接を受けていた。この市場でもやはり双方が代償を強いられ、フェローシップ・プログラムの責任者はまだ経験を積んでいないうちにフェローを採用し、若手医師は自分の適性を知る間もなく専門領域を選んでいた。

私がスタンフォード大学の同僚のミュリエル・ニーダーレとともに、この市場の暴走について調査したところ、フェローシップの責任者は、同じ地域で医療研修を受けている応募者を採用する傾向にあることが判明した。病院の信頼できる同僚のお墨付きでなければ、一年めの研修医を安心して採用することなどできなかったからだ。

候補者のプールがこのように限られていたせいで、病院は多様な人材を得られなくなった。責任者たちは私たちの調査結果を見るまで気づかなかったのだが、地元の研修医の優先採用はあらゆる病院で起こっていた。彼らはこのとき初めて、自分たちだけのものだと思っていた問題が、実は市場全体の問題であることを知ったのだ。こうして採用を遅らせることへの関心が高まっていった。

ミュリエルと私は彼らに協力して、新人医師と研修医プログラムのマッチングに用いたものと似たクリアリングハウスを組織して、医療研修の後半に研修医とフェローシップ・プログラムをマッチングする計画を立てた。ところが当のフェローシップ責任者は互いを信用しておらず、クリアリングハウスの準備ができるまで協力して待とうとしなかった。誰かが早期の時限つきオファーによる採用を続けるのではないかと、全員が疑心暗鬼だった。クリアリングハウスに参加するまで待っていると、優秀な候補者が採用されてしまうのではないかと警戒していたのだ。

信頼関係がないせいで、誰もがとり残されるのをおそれて、不本意ながらも早期オファーを続けざるを得なかった。そこで私たちは胃腸科専門医の主要四団体に、クリアリングハウスが機能するまでの間、会員に早期採用を禁止してもらえないだろうかと頼んでみた。しかしこうした団体には、会員であるフェローシップ・プログラム責任者の行動を規制する権限がなかった。

そこで今度は四団体に次のような提案をした。もしも早期オファーを受け入れた応募者が、クリアリングハウスの準備が整った時点でその決定を後悔していた場合、いったん受け入れたオファーを断っていいことにしてほしい、と。この提案は懸念を呼んだ。病院側はオファーを受け入れたあとで断る研修医が続出するのをおそれた。私たちはさまざまな証拠を示して、そのような事態が起こらないことを説明した。早期のオファーと受け入れに拘束力がなければ、応募者の資質を見きわめるための情報が出そろう前にわざわざオファーを出すメリットは何もない。つまりこの方式では、研修医は早期オファーを受け入れたあとで考え直すことができるから、病院にとって早期オファーを出すインセンティブはなくなり、したがって抜けがけの懸念もなくなる。のちに開設されるクリアリングハウスによって優秀な候補者にマッチングされるのを、ただ安心して待っていればいいのだと。

私たちの示した証拠には、大学の博士課程新入生の市場から得たものもあった。アメリカのほぼすべての大学が、学生がどの大学院に進学するかを決定する期限を、毎年の四月一五日にすることで合意している。学生はこの期限より前に返事を求められたら、ひとまず受け入れ、期限までによりよいオファーが来れば、前のオファーを断ることができる。このたった一つのルールが、アメリカの博士課程応募者に対する時限つきオファーを文字通り根絶したのだ。

また実験から得られた証拠もあった。実験室でこのようなルールを設定し、単純な人為的市場で試したところ、時限つきオファーは出されなくなった。

そのほか、理論的な証拠もあった。参加者全員が市場で十分な経験を積み、どんなことが起こるかを知っているとき、時限つきオファーは出されない。このようなとき、経済学では市場が「均衡している」という。この場合の均衡とは、早期オファーを出すフェローシップ・プログラムが、最終的に期待を下回る成績の研修医しか採用できないと、全員が予想するような状況を言う。なぜ期待を上回る成績をあげた研修医を獲得できないかと言えば、そうした研修医はのちによりよいオファーを受け、早期オファーを断ってそれを受け入れるからだ。早期の時限つきオファーを行う主なメリットは、待った場合に採用できる応募者よりもよい人材を「囲い込む」ことにあった。時限つきオファーがその目的をもはや果たさないとなれば、プログラム責任者はそうしたオファーを出す意味がない。早期オファーを出しても求めるものが得られないなら、それをやめるのにさほどの自制心は必要ないというわけだ。

このやり方は胃腸科専門医に効果があった。専門医は私たちの主張を認めて助言を実行に移し、それからクリアリングハウスを組織した。現在このクリアリングハウスは、胃腸科のフェローの勤務開始時期にずっと近い時期に稼働している。時限つきオファーはもはや問題ではなく、クリアリングハウスは研修医の市場と似た方法で、より遅い時期にマッチングを行い、ほぼすべての病院と研修医がマッチングされている[9]。大学という、厚みをもつ結婚市場があれば、幼なじみのなかから結婚相手を探さなくてはと焦らずにすみ、目的地の近くに駐車スポットがたくさんあることを知っていれば、遠くのスポットをあきらめやすくなるのと同じように、このクリアリングハウスは待つだけの価値がある、厚みをもった市場を提供しているのだ。

このような方法で新人胃腸科専門医の採用にまつわる問題を解決できたことで、マーケットデザインの重要な事実が浮き彫りになった。すなわち、どのようなデザインが成功するかは、参加者の文化や心理状態をはじめとする、市場の細部《ディテール》によって大きく変わるということだ。その後の数年間で私たちが調査した市場のなかには、胃腸科専門医の市場と一見まったく同じに見えて、最終的にまったく異なる解決策を必要とした市場も多くあった。

文化の変革

この典型的な例が、整形外科医の市場だ。当初この市場は、胃腸科専門医の市場とほとんどそっくりに思われた。

マサチューセッツ総合病院の整形外科医と少し話しただけで、市場が暴走の問題を抱えていることが私にははっきりわかった。彼らはフェローシップが始まる三年も前の、研修医が外科研修を始めてまもないころに採用を行っていたのだ。外科医たちは、研修医が若すぎて手先の器用さを判断できないことはそれほど気にしていなかったが、採用した研修医が専門医として働きはじめるころには協調性のない人物になり、看護師が一緒に働きたがらない場合があることを懸念していた。このせいで人繰りが大変になり、士気にも悪影響がおよんでいた。外科研修の三年めまで採用を待ち、後期研修医としてより多くの責任を担う様子を見ることができれば、研修医がツールの扱いに長けているかどうかだけでなく、同僚としてふさわしいかどうかを判断しやすくなるだろう。

ミュリエルと私が問題をくわしく調べたところ、整形外科医の採用は、早期の時限つきオファーや地元の研修医の優先採用の問題が見られるなど、胃腸科専門医の採用とほぼ同じように思われた。そこで私たちは当然のように、胃腸科専門医市場に効果のあった解決策が、整形外科医にも効果があるはずだと提案した。一度受け入れた早期オファーを断る権利を応募者に与えれば、早期オファーは行われなくなり、のちの都合のよい時期に秩序あるクリアリングハウスを稼働させればよい。

ところが整形外科医の団体（少なくとも九つの下位専門領域を含む）は、年長の外科医との合意を翻す権限を、若い外科医に与えるわけにいかないと、即座にはねつけた。そんなことはあり得ないと彼らは言った。そもそも若い外科医にとって、年長の外科医は強力で威圧的な存在だから、誰になんと言われようと一度受け入れたオファーを断れるはずがないというのだ。だがその一方で、早期オファーを出したフェローシップ責任者に制裁を科すことについては、何の障害もなかった。ある団体は、早期オファーを出す医師に年次総会での論文発表を禁じたほどだ。そんなわけで、整形外科医はより直接的な方法によって時限つきオフアーを食い止め、専門領域別のクリアリングハウスを組織することができたのだ。

このように整形外科医の市場は、胃腸科専門医のケースと似た市場の失敗を修正するために、多少異なるマーケットデザインを必要とした。その理由は、これらの専門医がまったく異なる文化をもっていたからだ。しかしどちらのケースでも、時限つきオファーを阻止する方法を見つけることができた。

助手の市場で連邦判事が抱える問題は、解決がより難しい。この市場の独自の文化は、胃腸科専門医と整形外科医の問題が交じったものだからだ。「司法会議」と呼ばれる判事の組織は、判事の早期オファーを阻止する手段や、オファーを出す判事を罰する手段を何らもたないという点で、胃腸科専門医の団体と似ている。その一方で、法学生が連邦判事との約束を破れる立場にないという点が、若い整形外科医と年長の外科医の力関係に似ている。このような状況で、判事たちが互いを信頼してルールを守ることは期待できない。

多数の参加者が一堂に会し、多くの機会を比較検討できる、厚みのある市場は、万人に利益をもたらすが、それでも市場は暴走する。適切なマーケットデザインがなければ、個々の参加者は早めに行動を起こし、一種の違法占拠を行うことが利益にかなうと考えるかもしれない。だからこそ、自制心では問題を解決できないのだ。あなたがコントロールできるのは自分だけで、他人の抜けがけまでは阻止できない。そして誰かが抜けがけすれば、追随することがあなたの利益になるだろう。こうして早く行動を起こす人たちは、オクラホマ・ランド・ラッシュの抜けがけ者《スーナーズ》と変わらなくなる。

胃腸科専門医の市場でも整形外科医の市場でも、市場を運営する時期を定めるだけでなく、そのときまでに適切にデザインされた市場を整備しておくことが、成功のカギになった。次章で見ていくように、ただ市場の運営期間を短くするだけで、市場に秩序をもたらす何らかの機構――クリアリングハウスなど――を提供しなければ、暴走の問題は解決できないことが多い。そのような場合、統制のとれない集団が一斉に杭を打ち込もうとすれば混雑が生じ、その結果違う種類の市場の失敗が生じかねない。すなわち、参加者が早くではなく、速くオファーを出さなくては（かつ速く返事を要求しなくては）という強迫観念に駆られるのだ。混雑した市場は崩壊し、市場参加者は不運なウォルター・クックと同じ運命をたどるおそれがある。クックは早く杭を打ち込んだが、速く登記できなかったために、オクラホマ・ランド・ラッシュの最大の勝者でありながら、最大の敗者になってしまったのだ。

第5章　速すぎる取引

はやさのせいで市場が成功に必要な厚みを実現できないのは、タイミングが早すぎる場合だけではない。市場が速く動きすぎる場合もあるのだ。

速さ次第で、市場は成功することも崩壊することもある。市場が速く動けば、参加者は厚みのある市場で多くの潜在的な取引をすばやく検討し、処理することができる。だが速く動きすぎるせいで、市場の機能が損なわれることもある。

ここまで見てきたように、早さ——行動を起こすタイミングが早すぎるという意味の早さ——のせいで、本来厚みをもてたはずの市場が暴走することがある。それはなぜかと言えば、市場に厚みがあるのは誰にとっても好都合というわけではないからだ。一般に、買い手は多くの売り手のなかから選ぶことを好み、売り手は多くの買い手に出会うことを好む。しかし、買い手はほかの熱心な買い手が買値をつり上げるのを好まないし、売り手は競争相手に売上を奪われるのを嫌う。市場に厚みがあっても、こうした傾向は変わらない。

参加者が競争相手より少しだけ早く、かつ速く動こうとするせいで、金融やスポーツの市場、法学生や医学生の雇用市場が変容を遂げている。これらの市場を順に見ていこう。まずは最も動きの速い金融市場からだ。

1 （ミリ）秒を争うゲーム

小麦先物が取引されているシカゴ商品取引所（CBOT）にほど近い場所に、シカゴ・マーカンタイル取引所（CME）という、別の市場がある。これらに近いシカゴ大学では、私の元教え子で革新的なマーケットデザイナーのエリック・ブディッシュが、二つの取引所での超高速取引を研究している。

ブディッシュが注目しているのは、コンピュータ・アルゴリズムの利用の広がりと、それが金融市場におよぼす影響である。また彼は、金融市場のデザインを変えることが、古くからある構造的問題の解決に役立つのではないかと考えている。

CMEは、ニューヨーク証券取引所（NYSE）と多くの点で似ている。第一に、どちらの取引所も似たマーケットデザインをもっている。取引は電子化された連続的な指値《さしね》注文台帳を通じて行われ[1]、この台帳に買い注文（ビッド）と売り注文（アスク）が、最も高い買値

／最も低い売値から順に記録される。最も高い買い注文（ベストビッド）／最も低い売り注文（ベストアスク）を受け入れるか、取引されている金融商品のX単位の成行《なりゆき》の買い注文／売り注文を入れるかすれば、誰でもいつでも売買ができる。

CMEとNYSEは、取り扱う金融商品も似ている。たとえばどちらの市場でも、アメリカの株式市場全体の動きを判断する指標として用いられる、スタンダード&プアーズ総合五〇〇種株価指数（S&P500）を構成する全企業に投資することができる。NYSEでは、S&P500連動型上場投資信託（S&P500ETF、「SPY」のティッカーシンボルで上場されている）を購入すれば、手軽にこうした投資ができるし、CMEではEミニS&P500先物（「ES」として上場）（S&P先物の五分の一の取引単位で取引できる）を買うことで、同様のポジションをとることができる。NYSEのSPYとCMEのESの価格には強い相関があり、同じタイミングで上下する。同じ企業集団への投資なのだから当然だ。

SPYとESの市場には厚みがあり、日々数百万単位の先物や上場投信が取引される。市場が開いているどの一時間、どの一分にも、買い手は多くの売り手を、売り手は多くの買い手を見つけられるため、価格競争は熾烈である。

しかし時間や分、秒でさえなく、一秒の千分の一、すなわちミリ秒に目を向けると、違う実態が見えてくる（ちなみに一日は八六〇〇万ミリ秒で、まばたき一回は百数十ミリ秒だ）。

金融という超高速の世界でさえ、まったく何の取引も行われないまま数ミリ秒が過ぎることがあるのだ。

そんなわけで、人間の時間の尺度では厚みがあるように思える市場、たった一秒間に取引の機会が数百回あるような市場が、コンピュータにとっては相対的に厚みがないように見えることがある。取引が行われず、最も高い買値と最も低い売値が変わらないまま、何ミリ秒もが過ぎていく。

また同じくらい重要なことに、シカゴでの価格変動の知らせがニューヨークのトレーダーに届くまでには（またその逆も）数ミリ秒かかる。別の言い方をすると、SPYやESの価格がどちらかの都市で動くと、その知らせを聞いた人がこの数ミリ秒の時間差《タイムラグ》を利用して、安い方の市場で買って高い方の市場で売ることにより、利ざやを稼ぐことができるのだ。

この方法で利益をあげるには、どれほどのスピードが必要なのか？ 二〇一〇年以前は、シカゴ・ニューヨーク間で市況を伝えるには、道路や鉄道路線沿いに敷設されたケーブルを使うのが最速だった。だがこの年にスプレッド・ネットワークスという企業が、数億ドルを投じて高速光ファイバーケーブルを敷設した。このケーブルは直線に近いため、二都市間の情報や注文の往復伝達時間が、一六ミリ秒からわずか一三ミリ秒にまで短縮された。この三ミリ秒の差のおかげで、新しいケーブルを用いるトレーダーだけが、シカゴとニューヨークのほんの一瞬の価格差を利用して利益をあげられるようになった。

電子式注文台帳――現在のマーケットデザインにおける重要な要素である――は「先着順」のため、先に注文を出した人が約定する。そしてこの鞘《さや》とりによって得られる利益は大きい。したがって、二〇一〇年以降さらに高速のケーブルに数十億ドルが投資されていると知っても、驚くにあたらない。これを書いている二〇一四年半ば現在、価格情報が最も速く伝わるのはマイクロ波通信網で、二都市間の往復遅延時間（レイテンシー）はたった八・一ミリ秒である。

さて、高速トレーダーが利ざやを稼いでいることはともかくとして、市場をよりよくするわけでもなく、ほかの社会的便益をもたらすわけでもない高速ケーブルに、数十億ドルの資金が費やされているのは、決してよいこととは言えない。実のところ、ケーブルの高速化によって市場の機能が損なわれ、その他の参加者が害を被っているのだ。

理由を説明しよう。金融市場は特定のプロのトレーダー集団に「流動性供給者」になるインセンティブを与えることによって、一般の市場参加者に厚みを提供している。この集団は、証券を買いもちして値上がるのを待つのではなく、すばやく取引を行うことによって、マーケットメイカーの機能を果たしている。マーケットメイカーは、金融商品の買値と売値をつねに提示して、市場を形成するプレーヤーである。つまり同じ時に売りにも買いにも応じるということだ。このような流動性供給者は、買値と売値の間にスプレッド（売買の差額）を設けることで、利益を得ている（低く買って高く売る）。スプレッドの幅は、市場の動きに応じて常時調整される。流動性供給者のスプレッドが狭いほど、かつそのスプレッドで売買できる量が多いほど、取引を求めて市場に来る人たちのニーズによりよく応えることができる（し、競合他社から取引を勝ちとれる可能性も高い）。

　だが市場に高速トレーダーがいる場合、流動性供給者は新しい超高速ケーブルを利用するトレーダーに「狙い撃ち」にされるのを少しでも避けるために、スプレッドを広げるか、取引量を減らさざるを得ない。高速トレーダーが彼らの古い（最新のものではない、つまり「陳腐化」した）売値で買い、その直後に更新した高い買値で売り戻してくるかもしれないからだ。流動性供給者のスプレッドが開いていればいるほど、高速トレーダーがこの方法で利益を得るには、より大きな価格差をまたがなくてはならない。このように、流動性供給者が自らの身を守るためのコストは、スプレッドの乖離《かいり》というかたちで一般投資家に転嫁されるのだ。

　超高速取引のせいで市場が不安定になることもある。よく知られる例が、ＥＳとＳＰＹの高速取引が原因と考えられる、二〇一〇年の「フラッシュクラッシュ」だ。たった四分の間に、ＥミニＳ＆Ｐ５００先物とそれと連動する上場投信のＳＰＹ（そしてＳ＆Ｐを構成する多くの株式）の価格が数パーセント急落し——大きなニュースがないなかでは非常に激しい動きである——それから同じくらい急激に回復した。

その後のアメリカ証券取引委員会（SEC）と商品先物取引委員会（CFTC）の調査により、人間の監督をかいくぐる超高速のコンピュータ・アルゴリズム取引が、誰も反応できないまま瞬間的に制御不能になったために、一時的な価格の歪みが生じたことが判明した。フラッシュクラッシュのあとも、未消化注文や不正確なタイムスタンプ（取引データに打刻される時刻）のせいで混乱に拍車がかかった。取引所のコンピュータのなかには高速トレーダーの速さについていけないものがあり、そのために実際に成立した取引とそうでない取引を区別するのが難しかった。

もちろん、高速ケーブルやコンピュータを利用する以外にも、市場の情報を入手し、それをもとに人より早く行動する方法はある。企業の役員などが職務上知り得た情報に基づいて取引をしたり、公表される前の情報を利害関係のあるヘッジファンドマネジャーに漏洩したりすることは、インサイダー取引に関する確立した法律によって禁じられている(2)。この種の発表は、トレーダーに情報を吸収し消化する時間を与えるために、市場が閉じてから行われるのが一般的だ。だがアメリカの刑務所には、待てなかった金融界の有力者が大勢収容されている。なかにはウォール街を管轄地域とする、ニューヨーク州検察当局によって収監された人たちもいる。

なぜ検察当局が関わるかと言えば、インサイダー取引を禁じる法律の狙いが、競争条件を公平にし、一般投資家が株式の売買を安全に行えるようにすることにあるからだ。スピードを軸とした競争が、価格を軸とした競争にとって代わるときにも、同様の懸念が生じる。この種のいたちごっこは、(すべての人がまだ入手できない情報を利用して利益をあげる点が)インサイダー取引とよく似ていて、株式市場に悪影響をおよぼす。情報に精通したトレーダーの間でくり広げられる価格競争は、市場を健全に保つ要素の一つなのだ。

こうした危機の高まりを受けて、エリック・ブディッシュと共同研究者のピーター・クラムトン、ジョン・シムは、価格競争を回復し、数ミリ秒早く情報を得る必要をなくすために、ある単純な変更を金融市場のデザインに加えることを提案した。彼らが提唱したのは、最も速く注文を入れたトレーダーが約定する、連続時間のザラ場方式をやめて、一秒ごとに取引を行う(3)、不連続時間での板寄せ方式に変更することだ。

提案された市場モデルでは、市場が停止してから次の市場が開始するまでの一秒間(一〇〇〇ミリ秒という、果てしなく長く思える時間)に注文が蓄積され、需給が一致した価格で、その価格で注文を出したトレーダーの間で取引が行われる。したがって最速のトレーダーではなく、最も高い買い注文と最も安い売り注文を出したトレーダーが約定する。

この「一秒おきの市場」では、人間の時間感覚で言えば誰もそれほど待たされない。経済ニュースに反応するのが一秒遅くなったところで、市場の効率性は損なわれない。このような市場では取引が把握しやすくなるため、市販のコンピュータでも十分対処できる。

スタンフォード大学教授でマーケットデザイナーのマイク・オストロフスキー（彼も私の元教え子だ）が用いるたとえ話を少し脚色して、「スピードによる競争」と「価格による競争」の違いをわかりやすく説明してみたい。

シカゴのオヘア国際空港への飛行経路に、フットボールの競技場があるとしよう。ある日、空港を発着するすべての飛行機が、年間一〇億ドルにものぼる紙幣を競技場に落としはじめ、拾った人がもらっていいことになった。さて何が起こるか？　競技場には人が殺到し、落ちてくる札をわれ先に拾おうとするだろう。

言うまでもなく、年間一〇億ドルという金額は大金だ。ほどなくして、足の速い人を雇いはじめる企業や、機械に投資して高速のドローンで落ちてくる紙幣をひっさらおうとする企業が出てくる。

手早い収益を求めるこの競争に、企業はいくら投資する価値があると考えるだろう？　おそらく合計すると一〇億ドルに非常に近い金額だ。また紙幣を回収するドローンにほかの意外な用途がたくさん見つからない限り、投資はその時々の最速企業に大きな収益をもたらしこそすれ、社会全体として見ればその大部分が資源の浪費になる。

さて今度は高速競争の代わりに、空港当局が競技場を閉鎖して、落ちてくる紙幣をすべてかき集め、毎日の終わりにオークションにかけたとしよう。このときも競争は生じるが、その形態は異なる。この方式で日々の収穫を得るのは最高額入札者だ。一ドル札を五〇セントで買えれば破格だから、競争はどんどん過熱して、毎日の落札額はオークションにかけられる紙幣の額面金額にあっという間に近づくだろう。一年を通して見ると、一〇億ドル分の紙幣は一〇億ドルに近い金額で売られる可能性が高い。これは適正な市場価格と言って差し支えないし、競争的な価格であるのは間違いない。

ここで留意してほしいのは、入札に参加するには、ドローンを購入したりオリンピック級のスプリンターを雇うのとは違って、大した資源は必要ないということだ。企業は日々落ちてくる金額を正確に推定するための投資は行うが、その金額が二七三万九七二七ドルなのか、はたまた二七三万九七二六ドルなのかを知ることの価値には限りがある。なぜならどんなに推定能力が高い企業でも、年間一〇億ドルの利益は得られないからだ。実際、日々の利益は数ドルにとどまり、フルタイムの入札者の給料すら払えないだろう。

このシナリオでは、入札者がスピードでなく価格で競争するとき、毎年の収穫にかかるコストは収穫の価値に見合っている。そのため入札者が、そのほかには何ら役立つものを生み出さない競争に大金を投じたいという衝動に駆られることはまずない。またもしこのようにして回収された資金が落とし主の乗客らに返金されるなら、市場は最速トレーダーの懐を豊かにする代わりに、空の旅のコストを減らすことにより社会的便益を高めることができる。

一秒おきの市場という、エリック・ブディッシュらによる賢明な提案が近いうちに採用され、一秒おきの価格競争がミリ秒単位のスピードへの欲求にとって代わる可能性がどれほどあるかはわからない。金融市場は規制下にあるため、規制当局によってアイデアが採用されれば、多くの変化がまたたく間に起こり得る（このアイデアは実際にニューヨーク州検察当局の支持を得ている）。だが規制当局から十分な圧力がなければ、まったく新しいマーケットデザインが導入されることはまれだ。もちろん、市場がひどい機能障害を起こし、市場参加者が新しいデザインを切望する（または起業家精神あふれるマーケットメイカーが、既存市場に対抗するためのよりよいデザインを考案する）[4]となれば、話は別だ。だが現在の金融市場がそのような機能障害の状態に達しているかどうかは不明である。

これらの金融市場の物語を通して明らかになったように、優れたマーケットデザインが必ずしも採用されるわけではない。よくとれるネズミとりをつくっても、ネズミに発言権がある状況では設置が許可されるとは限らない。

金融市場は巨大な業界の一部分だ。現時点でのスピード競争の勝者は、現行のマーケットデザインでの勝者でしかない。彼らは高速マイクロ波通信網への巨額の投資が無駄になるのを喜ばないが、より高速の通信網が新設されれば早晩そうなるのは承知のうえだ。したがって競争条件を公平にするためのルール変更が行われても、市場はそれほど動揺せず、また一定期間をかけて段階的にルール変更が導入されれば、市場の支持さえ得られるかもしれない。たとえば今後一年以内に一秒おきの取引方式が導入されることが発表されれば、スピード競争への大規模な投資にただちに歯止めがかかり、現時点での最速トレーダーはルールが変更されるまで、もうしばらくの間は優位でいられるだろう。なぜこんなことを言うかといえば、マーケットデザインを考える際には、よいアイデアがあるだけでは必ずしも市場を修復できないことを肝に銘じる必要があるからだ。アイデアが採用され実行されるには、参加者の幅広い支持が得られなくてはならない。

したがって、こうした問題は犯人探しをすればすむわけではない。新しいマーケットデザインを通してできるだけ多くの人に便益をもたらすには、幅広い参加者の利害を考慮に入れる必要がある。

ビクトリア朝時代のインターネット

金融取引のスピードを、人間の適応できるスピードにまで落とすことは、金融市場にとってはよいことかもしれないが、世の中の変化や取引需要の変動に対応できないほど遅くなるようでは困る。外部の業者に頼らずに、自らコンピュータで取引を処理する金融取引所が増えているのは、このためでもある。だが歴史をさらに遡れば、情報の流れを速めることが——とくにミリ秒単位ではなく、日数単位で速めることが——市場に有益な影響をもたらし得ることがわかる。

一九世紀当時、綿花市場は世界最大の市場の一つで、アメリカは主要生産国として大きな影響力をもっていた。アメリカが綿花を生産し、それがイギリスの工場で綿布や綿製品に加工された。一八五八年に世界初の大西洋横断電信ケーブルが敷設されると、英米間の情報のやりとりは船でなく電信によって——数日ではなく数時間のうちに——行われるようになった。ジャーナリストのトム・スタンデージが電信を「ビクトリア朝時代のインターネット」と呼んだことはよく知られている。インターネットが現代に情報革命をもたらしたように、電信は南北戦争前後の数年間に革命を起こした。

大西洋横断電信ケーブルが敷設される以前は、価格情報がイギリスからニューヨークに船で届けられるのに一〇日、綿花を満載した船がリバプールに戻ってくるのにさらに一〇日を要した。そのためアメリカの生産者は多くの場合、イギリス市場の（需給を反映した）価格にほぼひと月遅れで対応するしかなかった。

ケーブルが完成すると、価格情報は大西洋を一日でわたるようになった。その結果、生産者は市場変動に応じて綿花の出荷量を調整できるようになり、綿花市場の価格変動性は低下した。海底ケーブル敷設以前は、ニューヨークに届く情報は一週間以上も前のもの――当時のペースからしても遅かった――で、需要に合わせて供給を調整するのは並大抵のことではなかった。情報が速く届くようになると、取引業者は市場動向に対応しやすくなった。スピードのおかげで、綿花市場はよりよく機能するようになったのだ[5]。

しかし次に見ていくように、よりよい情報をもとに決定を下せるように情報の到着を早めることと、情報が届く前に早く意思決定を行うよう強いることは、まったく別の話だ。

それではもう一度、判事助手の市場を簡単に見てみよう。なぜならここには、早く行動しすぎることと、速く行動しすぎることの関係――と違い――がよく表れているからだ。この市場では、判事が早期オファーを控えたことで、暴走の問題が一時的に解決したが、その後判事が別の方法で時間を戦略的に利用するようになると、市場は再びひどい暴走状態に陥った。この事例を考えることで、市場が成功するためにいくつもの問題を同時に解決しなくてはならない理由がよくわかる。起こり得るすべての失敗を一つひとつ潰《つぶ》していくことによって、鎖の輪を強化し、どの輪も切れないようにしなくてはならない。

判事への返事の遅れは判事を拒否することに等しい

（「裁判の遅れは裁判の拒否に等しい」という、裁判が迅速に行われる必要性を説くことわざをもじったもの）

二つめの面接に向かうフライトの間に、携帯の留守電にオファーが入っていた。実際、判事は三件のメッセージを残していた。一件めでオファーを出し、二件めで返答を求め、三件めでオファーをとり消していた。三五分間のフライトの間にだ。(6)

——二〇〇五年度連邦判事助手の応募者

これは連邦控訴裁判事の助手に応募していた法学生の発言である。彼がこれらのメッセージを受けたのは、ボストンで最初の面接を終え、同じ日に予定されていた二つめの面接のために、ニューヨークに急ぎ向かっていたときだ。飛行機に搭乗して携帯電話をオフにしたときは、まだオファーを受けていなかった。飛行機が着陸した三五分後、オファーはもうなくなっていた。

調査では話を聞いた全員に匿名を保証したため、ここでは数人の著名な判事の名前を伏せる。だが共同調査者は匿名ではない。クリス・アベリー教授、クリスティン・ジョルス教授、シカゴの連邦第七巡回区控訴裁判所リチャード・ポズナー判事である。ポズナー判事は、連邦控訴裁判事がロースクールの新卒者を助手として雇う市場に長年にわたって参加している当事者だ。この市場はこれまでさまざまなルール変更を経ており、その一つひとつが前章で説明した暴走を止めようとする試みだった。

いずれの場合にも、オファーの解禁日を徹底するルールが設けられた。そしていずれの場合にも、試みはそれなりの成功を見たが、やがてルールを回避したり完全に無視する判事が増え、最後にはいち早く採用しようとする競争に逆戻りした。これを書いている現在、市場は再び暴走を始めようとしている。この章を読み終えるころには、この暴走がどのような終わりを迎えるかがあなたにもわかるはずだ。

判事たちは暴走を止めようと長年奮闘してきたが、オファーの早期化という問題にしか目を向けてこなかった。また彼らは早期化の悪影響について雄弁に語りながらも、その原因を単に自制心が足りないせいと見なしていた。これまで助手の応募者へのオファー解禁日を設定するルールが何度も設けられている。

だがその一方で、オファーが行われる仕組みを変えようとする試みはなされていない。別の言い方をすると、解禁日を設けることでオファーが行われる時期をコントロールすれば市場は厚みをもつが、その結果として生じる混雑に対処する手段は参加者に与えられていないのだ。そのため、驚くほど短期の時限つきオファーがいまだに横行している。

判事たちを思いとどまらせるのは簡単なことではない。オファーを出す時期に関する似たようなルールが、一九八三年、八六年、八九年、九〇年、九三年、二〇〇二年にそれぞれ提案、施行され、そのうちの直近のルールは二〇一三年に正式に廃止された。毎回判で押したように市場が暴走状態に陥り、ルールを無視する判事があまりにも多くなった時点で、試みは正式に放棄されている。

だがこのセクションの冒頭で引用した時限つきオファーに関する発言は、市場がまだ暴走状態に戻っていなかった二〇〇五年のものだ。この年のすべてのオファーはほぼ同じ時期に出された。このことから、混雑の問題が浮き彫りになる。混雑とは、参加者がよりよい意思決定を行うためにできるだけ多くの機会を獲得、考慮する時間を十分に確保できない状態を言う。混雑は、市場が暴走する原因の一つなのだ。

市場の混雑は、大都市のラッシュアワー時の交通渋滞に似ている。誰もが同時に職場に向かえばひどい交通渋滞が発生し、なかなか職場にたどり着けない。個人として混雑を避ける方法の一つが、早く家を出ることだ。だが大勢がそれをやると、ラッシュアワーが早く始まり、長く続くことになる。通勤に時間がかかるため、さらに早く家を出る人が現れる。集団として交通渋滞に対処する方法はいろいろある。道路や橋の整備を進めれば交通の流れが速くなるし、よい公共交通機関があれば道路交通量が減るだろう。

判事助手の市場をつねに悩ませている混雑のような、観念上の「交通渋滞」が起こっているとき、時限つきオファーが出されると、「オファーの交通」が少々速く流れるようになる。だが時限つきオファーを出すことには、単にオファーの流れをよくすること以外にも、あまりほめられたものではない理由がある。採用候補者がこの先さらに魅力的なオファーを受ける可能性が高い場合、即答を要求して候補者を「囲い込む」ことが判事にとって得策になるのだ。

二〇〇五年当時、助手の採用対象は三年生と決められていた。つまりその年度の終わりにロースクールを修了し、卒業する見込みの学生だ。そしてオファーはレイバー・デー（九月の第一月曜日）まで出されないはずだった（アメリカの多くの大学はレイバー・デーの翌日から新年度が始まる）。二年生に上がる前の法学生が採用される事態が何年も続いたのち、とうとう二〇〇三年にレイバー・デー・ルールが導入された。つまり二〇〇五年当時、判事たちはこの制度を経験ずみだった。彼らがそこから学んだのは、いったんレイバー・デーが来れば、仲間の判事たち――またはその一部――があっという間に助手を採用してしまうということだった。

そんなわけで、例の学生に電話をかけてきた判事は、オファーの有効期間を長く置けば最終的に断られ、しかもそのころには二番めにほしい学生が売れてしまっているおそれが高いことを知っていた。彼にとって待つことは安全でなかった。そこで判事はすばやくオファーを出し、たったの三五分間すら返事を待てなかったのだ（それに、電話にすぐ出ない学生はすでに別の面接を受けている可能性が高いから、待っても仕方がないと判断したのかもしれない）。

連邦第九巡回区控訴裁判所のアレックス・コジンスキー判事は、一九九一年に「腐ったリンゴの告白」と題した論説を発表し、仲間の判事から問題視されていた自分の行動を正当化して、こんなふうに書いている。「これはわが国のとびきり優秀でとびきり有望な若い弁護士のキャリア形成を決定する市場である。そんな市場が、メヌエットのように優雅に運営されていたら驚きだ。なんと言っても私たちが養成しているのは法廷戦士であって、社交ダンサーではないのだから(7)」。

社交ダンサー、法廷戦士に出会う

だが堂々と抜けがけをしていたコジンスキー判事でさえ、もしも採用時期を遅らせることができれば、自分自身を含むすべての当事者が恩恵を受けるだろうと、あっさり認めている。

それでも、ルールを調整する試みが一九八三年以降六度も行われているのに、そのたびに抜けがけが横行し、ルールが完全に無視されているのだ。ルール変更直後は、抜けがけをする判事は少ししかいない。だがほんの数人が抜けがけをしたとたん、堰を切ったように次々と追随者が出てくる。なぜそうなるとわかるのか？　それは、抜けがけをした人たち自身が、匿名の面接や調査でそう言っていたからだ。

新たなルールが施行されてから一年経った二〇〇四年の調査では、回答した判事の実に四六％が、ルールを守らない判事を多く知っていると答えた。二〇〇五年にこの数字は五八％に上昇した。学生を対象とした二〇〇四年の調査では、解禁日以前に面接が予定、あるいは実施されたという報告があった。二〇〇四年には、解禁日以前に明白なオファーを受けたと報告した学生はわずか一二％だったが、二〇〇六年になるとこの割合は二倍以上に上がった。

ルールの徹底を求める声が高まると、多くの一流ロースクールが問題に介入し、候補者の推薦状を解禁日前に出さないよう、自校の教授たちに申し渡した。だがこれは教授たちには従いづらいルールだった。判事から要請があったときに推薦状を出さなければ、学生の首を絞めることになるからだ。教授が「申し訳ありません、判事、すばらしく優秀な助手になりそうな学生がいるのですが、レイバー・デーまではくわしいことをお教えできません」などと判事に言うのは、ライバル校の協力的な教授の学生を雇ってくれと言うに等しい（ちなみに、学生が一流の助手の職を得ることは、学生自身だけでなく、教授やロースクールにとっても利益になる。大学の評判に磨きがかかり、優秀な学生を集めやすくなるからだ）。採用をめぐるこのような迷走や、またそうした迷走と明文化されたルールとの関係性は、多くの学生が初めて目にした判事たちの実態であり、ショックや失望を感じた学生もいた（「社交ダンサー」が「法廷戦士」とダンス《ダンス》をしたら、きっと同じようなショックを受けるに違いない）。判事の高潔さについて抱いていた理想が打ち砕かれたのだから当然だろう。学生のコメントにも、そのことが表れている。

「判事が自分たちのつくったルールに従わないのは残念な（ひどい）ことだ。『法と秩序』の概念にまるで反している」

「（判事Zの）助手の一人に、『きみは大学の決めたスケジュールを厳密に守りすぎている』と責められ、同じ大学のほかの学生は喜んで解禁日前に面接を受けようとしていると言われた。あれは実につらいジレンマだった。抜けがけをするか、助手職につけないリスクを負うかの選択を迫られているように感じた」

「規範とフェアプレーの鑑《かがみ》であるはずの連邦判事が、自ら定めたルールを破っているのを知ってがっかりだ。(中略)こんなにひどいと思わなかった」

ルールに従うのをやめた判事たちが、オファーを出す時期をほんの少しだけ早めたことに注意してほしい。「ほんの少し」抜けがけをするのは、実は最も魅力的な選択肢なのだ。ライバル判事より先にオファーを出して助手を確保できるうえ、ずっと早くオファーを出していれば手に入らなかったはずの、候補者に関する重要な情報をもとに決定を下せるのだから。

また抜けがけに最も熱心だったのが、DC巡回区をはじめとする、最も権威ある控訴裁判所の最も高名な判事たちではなかったことも、注目に値する。だが序列の下位に近い判事たちでもなかった。いち早く採用を前倒しし、毎年ほんの少しずつ時期を早めていったのは、ほんのわずかに格下の裁判所の一流判事であることが多かった。カリフォルニアの第九巡回区控訴裁判所のコジンスキー判事が、その好例だ。

なぜそうなのかは理解に難くない。候補者のロースクールでの活動に関する全情報が出そろってから採用活動が始まった場合、最も大きなメリットを得るのは序列トップの判事たちだ。すべての判事が解禁日まで待てば、最高の判事が最高の候補者を採用することになる。だから彼らには抜けがけをする必要がそもそもない。

他方、序列の下方にいるステイタスの低い判事が早期オファーを出しても、大した成果は得られない。優秀な候補者は、こうした判事の助手職を受け入れればよりよいオファーを逃すことになると考え、必ず断ってくる。そのためいち早くオファーを出しても、思い通りにはいかないだろう。

だがほぼトップの判事にとっては話がまったく別だ。学生に関する情報が出そろうまで待って、超一流の判事と人材を奪い合えば、最高のローレビューの編集委員や成績優秀者を採用できるはずがない。もちろん、とても優秀な助手を採用することはできるが、将来九人の最高裁判所判事に採用されるような、超優秀な人材を確保できる見込みは大幅に下がるだろう。

ロースクールの三年めを始めようとしている学生にとって、わが国で最も輝かしい職でないというだけの理由で、輝かしい職を断ってしまうのは、とても勇気のいる（または愚かな）ことだ。だからこそほぼトップの判事は、三年めが始まる時期に最も優秀な学生の採用に動けば、将来大物になりそうな人物――実際、自分の評判から「ほぼ」のただし書きをとり除いてくれそうな人材――を雇える可能性があるのだ。

そんなわけで暴走の口火を切ったのは、ほぼトップの判事だった。そして彼らが最優秀な学生を多く獲得するようになると、序列の頂点に立つ判事たちも、自衛のために採用を早めざるを得なくなった。

こうして年を追うごとに抜けがけが増えていき、一部のロースクールは助手候補者の情報を早期に提供してはいけないというお達しをいつの間にか出さなくなった。一流ロースクールを擁するスタンフォード大学は、遅まきながらも二〇一二年六月に合衆国司法会議宛てに公開書簡を送り、ルール違反が横行している現状を鑑み、今後は判事の要請を受け次第推薦状を発行することを明らかにした。

スタンフォードの書簡は、抜けがけが進行している様子を、次のように指摘した。「ますます多くの判事が――一部の裁判所では全員、そうでなくとも多くの判事が――『計画』の定めるはるか以前に、助手の面接と採用を行うようになっている(8)」。

採用に関する諸ルール――まとめて「計画《プラン》」と呼ばれた――に正式に終止符が打たれたのは二〇一四年一月、すべての裁判所のなかで最も権威あるDC巡回区裁判所が、次のような公告を行い、計画が形骸化したという判断を示したときだ。

本巡回区裁判所の判事は、連邦判事助手採用計画に従いながら助手を採用し続けることを一様に希望するものではあるが、計画がもはや機能していないことが明らかになった。(中略)われわれはほかの巡回区裁判所の判事とともに、現行計画の適切な後継を策定する用意がある。しかしそれまでの間、本巡回区裁判所の判事は、各自が適切と定めた時期に助手を採用するものとする。またわれわれはただちに受け入れなければ消滅する、「時限つきオファー」を出さないことで合意した。(9)

このくだりから、権威とその限界について多くを学ぶことができる。わが国の最も権威ある裁判所であるDC巡回区控訴裁判所は、採用時期をできるだけ遅らせることで最も得をする立場にある。また同裁判所は採用時期を遅らせるためのルールを最後に放棄した裁判所であり、かつこうしたルールを将来的に復活させることを強く望んでいた。それは単に公正を期すためというだけでなく、秩序ある市場から最も利益を得るのが、同裁判所だったからでもある。DC巡回区控訴裁判所は時限つきオファーを出さないことに合意することで、気高い犠牲を払ったかのように見えるが、実のところ最も権威ある巡回区裁判所の判事は、そもそも時限つきオファーを出す必要がない。ほかの裁判所の判事とは違って、学生に断られる心配がほとんどないと確信しているのだから。しかし、誰もが抜けがけをしている状況では、最も望ましい職を学生に提供できる裁判所の判事でさえ、採用を前倒しせざるを得なかった。

そんなわけでDC巡回区控訴裁判所は、二〇一四年度の助手の採用時期をレイバー・デー以前に速やかに前倒しした。たとえばメディアでも大きくとりあげられたように、同裁判所のジャニス・ロジャース・ブラウン判事は、長年服役したのちにロースクールに入学したという異例の経歴の学生、ショーン・ホップウッド[10]を、二〇一三年八月の第一週に助手に採用した。だがやがて採用の前倒しはごくあたりまえの慣行になり、二〇一五年度の助手は、実際に働きはじめる一年半も前の二〇一四年二月に採用された。

私の見るところ、判事助手市場の暴走はこれからも続き、数年もすればDC巡回区をはじめとする裁判所の判事たちは、再びロースクールの二年めを半分も終えていない法学生を採用しはじめ、時限つきオファーを迫るようになるだろう。

この市場がたどってきた経緯[11]を見ると、市場の失敗の根本原因に対処しないまま、対症療法的にデザインを少しずつ変更するだけでは、まるでうまくいかないことがよくわかる。このケースでの「変更」は、判事にオファーを待たせようとする一連のルールにあたる。しかし現実の市場では、判事にとって待つことは安全でなかったのだ。

スローモーションの爆発

このように、判事はまるで木槌を叩くようにたやすく時限つきオファーを出す。時限つきオファーは多くの市場で見られるが、ときには目立たないかたちをとることもある。日本のある市場では、時限つきオファーは数カ月かけて「爆発」していた。

時限つきオファーの本質は、早く消滅することではなく、応募者がほかのオファーを受ける前に返事を迫ることにある。日本では早くも一九五三年に、新卒就職市場の暴走を食い止める目的で、採用解禁日を定める試みが始まった。この年に大学と業界団体、関係省庁は、大学生の推薦開始時期を四年生の一〇月一日以降とすることを決めた（日本の学年は四月に始まり三月に終わるため、四年生の後半ということになる）。

このケースでもやはり解禁日の設定には何の効果もなかったが、新卒就職市場の関係者はあきらめなかった。一九七〇年代には企業、大学団体、関係省庁の間で、採用に関わる活動の解禁日に関する一連の協定が取り決められた[12]。

これらの協定は、いまとなってはわかりきった理由から失敗した。取り決めを完全に無視する企業もあれば、早期に非公式の採用保証[13]（内定）を出すなど、ルールを迂回する巧妙な方法を見つけた企業もあった。早期オファーを出す企業が現れると、もっと早くオファーを出さなくてはという焦りが広がった[14]。一九八〇年代に労働省（現厚生労働省）は、現行協定の遵守を図る有効な方法がないため、協定の監視をやめると発表した（第４章でＮＣＡＡが、ボウルゲームのカードを決定する時期を遅らせる試みを放棄したのと同じだ）。だがルール違反がこれほど横行するなかにあっても、日本の企業は解禁日以前に正式な採用通知を出すのは外聞が悪いと考えた。
そこで企業は代わりに「スローモーションの時限つきオファー」のようなものを出した。要するに、内定を出した学生を拘束するために、たとえば公務員試験の日に、絶対に出席しなくてはならない会社の催しをぶつけるといった方法である。この行事に出席しない学生は、正式な採用解禁日になっても約束された内定を与えられない。その結果、早期オファーを受け入れた学生は、たとえば大蔵省（現財務省）に就職するのに必要な試験を受けられなくなった。つまりこれは、ほかの選択肢を検討するためには断らなくてはならない、時限つきオファーということになる。

一九八四年の調査では、日本の主要企業の八八・四%が、新卒採用に関する当時の協定が継続されるべきだと考えていたが、その一方で八七・七%の企業が協定に従っていないことを認めていた。

このように日本の新卒就職市場でも、アメリカの法律事務所への就職や判事助手職を希望する新人弁護士の市場と同様、多数の参加者が多数の選択肢から選べる厚みのある市場を実現するのは難しかった。早期オファーを阻止するルールを導入するだけでは不十分だった。オファーがほぼ同時期に出されていたときでさえ、オファーは時限つきになり、それを受け入れる学生はほかの選択肢を検討できなかった。参加者が厚みのある市場のメリットを受けるには、厚みのある市場につきものの混雑が解消されなくてはならない。つまり、どうすれば限られた時間内に多くのオファーが行われ、検討されるようになるかを考える必要がある。

次章ではこの混雑という問題を見ていこう。

第6章 混雑――厚みのある市場がすばやく機能しなくてはならないわけ

速さに関する限り、市場は「ゴルディロックスの原則」のようなものに従うことが多い。童話「三びきのくま」に出てくる女の子ゴルディロックスが見つけた、熱すぎず冷たすぎもしない適温のスープのように、速すぎず遅すぎもしない適度な速さがよしとされるのだ。前章では、速すぎる取引が市場に害をおよぼすおそれがあることを見てきた。だが遅すぎる取引も、市場に悪影響をおよぼしかねない。意外にも、インターネット上の市場でさえ、遅くなりすぎる、つまり混雑することがあるのだ。インターネットはコンピュータの処理速度で動作するが、それを利用する人間は、考えをめぐらせ、行動を起こすための時間を必要とする。したがって市場がデジタル速度で動作するには、すべての過程から人間の介在を排除しなくてはならない。たとえば、人間の熟考が必要なプロセスをより早い段階に移す方法がある（これが、機器が人間の好みを学習し、相互に通信し、人間のために決定を下す仕組みである、「インターネット・オブ・シングス〔IoT〕」という新しいトレンドの根底にある考えだ）。

提示（オファー）と応答（レスポンス）を伴う市場では、双方向のやりとりが容易に行われなくてはならない。多くのインターネット市場が発展するうえで、モバイル通信の発達が重要な役割を果たしてきたのは、このためである。スマートフォンのおかげで、応答時間が短縮されているのだ。

一例として、安くて快適な宿を求める旅行者と、空き部屋や住宅を貸したいホストをつなぐ市場を提供するサービス、Airbnb（エアビーアンドビー）を考えてみよう。

エアビーアンドビーがサンフランシスコで創業した二〇〇八年当時、ほとんどの人はパソコンを使ってインターネット通信をしていた。いまから一週間後に自宅の部屋を貸したい人は、出勤前の朝、ノートパソコンを使ってエアビーアンドビーに部屋を掲載した。夜、帰宅してから、関心を示してくれた人がいたかどうかを調べ、連絡が入っていれば予約を確認した。簡単なことだ。

今度は取引の相手側に立って考えよう。宿を求める客は、希望の部屋がまだ空いているかどうかを知るには、一日待たなくてはならなかった。夜になって空いていないことがわかれば、また一からやり直しになった。

どこに問題があるのかわかるだろう。エアビーアンドビーのビジネスモデルは、最初のうちはうまくいっていた。当初はまだ市場規模が小さかったし、時間がかかっても格安な宿を探したい、予算の限られた冒険好きな若者が主な客層だったからだ。当時のエアビーアンドビーの競争相手は、ロンドンを拠点とするCrashpadder（クラッシュパッダー：二〇一二年にエアビーアンドビーに買収された）やトロントのiStopOver（アイストップオーバー：二〇一二年にベルリンの9Flats〔9フラッツ〕に買収された）をはじめとする、類似のウェブサービスだった。このころの競争は、できるだけ多くのホストと旅行者を集めて、市場に厚みをもたせることに軸が置かれていた。大きな魚が小さな魚を買収したのも、このためだ。

しかしエアビーアンドビーが巨大化し、膨大な数のホストと旅行者を集めるようになると、宿泊客とホストは予約を確定するまでに何度も手順をくり返さなくてはならなくなった。他方エアビーアンドビーは、もはやほかの小規模なインターネット宿泊サイトの競争相手ではなくなり、ヒルトンやマリオット、ベスト・ウェスタンといった巨大なホテル運営会社と競い合うようになった。そして旅行客にとって、大手ホテルチェーンを利用する大きなメリットの一つが、すぐに予約をとれることにある。大手ホテルの取引は迅速で、電話やウェブサイトですぐに空室状況を確認し、希望日を予約することができる。たとえばヒルトンホテルなら、ホテルのすべての客室が中央コンピュータシステムによって管理されているから、一本電話をかければ全室を同時にチェックできる。

仮に、ヒルトンでは部屋を一つひとつ個別に問い合わせなくてはならないとしよう。一度電話をかけると、予約係が教えてくれるのは、たとえばサンフランシスコ・ヒルトンの一二二六号室が希望日に空いているかどうかだけ。空いていなければ、電話をかけ直して一二二七号室の空き状況を照会し、だめならまた別の電話で一二二八号室をチェックしなくてはならない。エアビーアンドビーのホストの部屋を予約するのは、言ってみればそんな感じだった。

したがってエアビーアンドビーは、膨大な数のホストが部屋を一つずつ提供する市場が、どうすればホテルに太刀打ちできるかを考える必要があった。価格が重要なのは間違いない。だがエアビーアンドビーがスピードのハンデを縮められたのは、スマートフォンが普及したおかげだった。もしかするとスピードは、価格より大きな決め手になったのかもしれない。最近のホストはスマートフォンで予約を管理するため、帰宅するまで待たなくても出先で予約を確認できる。それに予約が確定したらすぐにエアビーアンドビーの掲載ページを更新して、空き状況を「利用不可」に変えることもできる。おかげで部屋を探している宿泊客は、まだ一部屋ごとに個別に問い合わせる必要があるにせよ、宿泊可能な部屋をずっと探しやすくなった。

このように空き部屋貸し出し市場は、スマートフォンのおかげでよりよく機能するようになったが、それはホストが前より早く返答できるようになったからだけではない。予約状況をすばやく更新して、より有用性の高い情報を提供できるようになったからでもある。このことにも、混雑を緩和する効果がある（予約可能と表示された部屋が減り、かつ予約可能と表示された部屋が実際に予約可能である確率が高くなる）。その結果、旅行者は誤った情報で時間を無駄にすることが減り、(1)より効率的に部屋を探せるのだ。

エアビーアンドビーが寝室の市場を形成することでホテルと競争しているのと同様に、運送サービスのUber（ウーバー）はリムジンや自家用車の配車市場を形成することでタクシーと競争している。都市部では多くの場合、流しで客を拾えるのはタクシーだけで、リムジンサービスは事前に予約をした客のみを運ぶことができる。昔はリムジンの予約には時間がかかった。そのため空港に行くことが前から決まっているときや、会議のために黒塗りの車を何台も手配するときなどにはリムジンが適していたが、外に出たら雨が降っていた、あるいはゆったり朝食をとってからホテルをチェックアウトした、といったときは、流しのタクシーをつかまえる方がずっと便利だった。

スマートフォンが普及したことで、事情は一変した。最近ではリムジンもタクシーと同じくらい簡単に呼べるため、かつて遊休化していたリムジンの多くがすぐに利用できる状態になっている。それだけではない。ウーバーXやLyft（リフト）などのサービスは、さらにエアビーアンドビーに似ていて、自家用車の空いている座席のための市場を形成しようとしているのだ。こうした市場が、既存のリムジンの「一日前」市場と異なる機能を果たすには、スピードが肝心になる。このサービスは、ある意味ではタクシーより速い。到着後の支払いに時間がかからないのだ。料金は、車を呼ぶのに使ったアプリで自動的にクレジットカードから引き落とされる。なぜこんなことができるかと言えば、クレジットカード情報が保存された中央クリアリングハウスを通して、配車のリクエストが行われるからだ。

ここであるパターンに気づいた人は、まだ存在もしない市場を予見することが（立ち上げることさえ）できるかもしれない。リムジンは昔からあるし、友人に紹介された人を空き部屋に泊めることも昔からよくあった。だがコンピュータとスマートフォンが普及したことによって、ウーバーとエアビーアンドビーはこれらの市場を、より厚みがあり速く大きく混雑の少ない市場に変え、結果として数十億ドル規模の事業を築くことができたのだ。

好機が訪れる

価値があるのに埋もれている資源があり、それを探し当てて譲り渡すのが大変なとき、適切なマーケットプレイスを構築できれば成功できるチャンスがある。

たとえばせっかく買ったのに行けなくなった試合やショーのチケットや、どうしても手に入れたかったのに売り切れてしまったチケットはどうだろう？ StubHub（スタブハブ）は目下、こうしたチケットを取引する市場を形成しようとしている。同社は二〇〇七年にイーベイに買収されたが、そのイーベイは、ガレージや屋根裏に眠るお宝の市場を世界で初めてつくったインターネット企業だ（ちなみにイーベイにとっても、スピードの重要性は増している。当初イーベイではほとんどの商品がオークション形式で出品されていたが、最近では固定価格での出品がほとんどだ。これは顧客がほしいものをほしいときに買えるようにするという意味で、取引を速くする方法の一つである。この方式では、顧客はオークションが終わるのを待たなくてもいいし、競り負けて別のオークションに入札しなくてはならないリスクを負うこともない）。

かなり前からの予約が必要な人気レストランでの食事も、いらなくなったチケットと似ている。これを書いている二〇一四年半ば時点で、レストラン予約のための大規模な市場をつくった企業はまだなく、いまだにダフ屋やコンシェルジュを利用するしかないが、予約をとるレストランと共同でこれに挑戦している新興企業はいくつかある。この話は少しあとにするので、このまま読み進めてほしい。

それにあなたの家の空き部屋が、エアビーアンドビーによって市場がつくられるまでは使われずに眠っていたように、あなたが日中職場にいる間は自宅のＷｉ－Ｆｉも遊休化している。私があなたの家に泊まっていればパスワードを教えてもらえるかもしれないが、あなたの家の前を車で通りかかっただけなら、たとえ私の携帯電話がパスワードで保護されたあなたのＷｉ－Ｆｉを検知しても、それにアクセスすることも、料金を払って利用することもできない。だがこれを書いているいま、私が経営諮問委員を務めるBandwidthX（バンドウィドゥスX）という企業が、この「隠れた《ダーク》Ｗｉ－Ｆｉ」に携帯電話会社が自動的にアクセスする方法を開発している。これが実現すれば、旅行者は電波状況が悪いときやシステムに負荷がかかってつながりにくいときに接続を改善することができ、住宅所有者は自宅Ｗｉ－Ｆｉへのアクセス権を売って接続料金の割引を受けられるようになる。

これらの新しい市場のすべてで、起業家は次の方法を考案する必要があった。

①大勢の買い手と売り手を集めて市場の厚みを増す方法
②その結果起こり得る混雑を解消する方法――つまり、厚みのある市場をすばやく機能させる方法
③安全で信頼性の高い市場にする方法（のちの章で説明する）

ウーバーとエアビーアンドビーにとって、混雑の解消は死活問題だった。車と乗客のマッチングに手間がかかるようになれば、多くの利用客がまたタクシーを使いはじめただろうし、誰かの空き部屋を予約するのが大変になれば、旅行客はもとのようにホテルを予約しただろう。混雑は、両社をビッグビジネスたらしめている市場の厚みそのものを脅かしていたのだ。

混雑の危険性は気づきにくいことがある。なぜなら成功している市場のほとんどが混雑に対処する方法を見つけているし、混雑に対処できない市場のほとんどが人目につくほど大規模で厚みのある市場になっていないからだ。しかし混雑は、たとえ市場の厚みを損なわず、両サイドに大勢の参加者がいるときでさえ、市場の機能を阻害することがある。

公立学校に子どもを割り当てるマッチング市場を考えてみよう。ニューヨーク市には多くの学校があり、多くの生徒がいるため、市教育局にとってはどちらを失う心配もさほどない。それでも、教育局が生徒を学校に適切に割り当てられるようになったのは、混雑に対処する方法を見つけてからのことだ。ニューヨークの事例を考えることで、混雑のせいでどのような問題が生じるか、そうした問題のせいで通学校が決まらない生徒たちがどんなに暑く長い夏を過ごすはめになったかがよくわかる。

ニューヨークで成功できるなら……

インターネットやスマートフォンを利用する市場でさえ遅すぎることがあるなら、郵便を媒介とする市場がどんなに混雑するかは、推して知るべしだ。郵便は新しい通信手段に比べて、のんびりしたところがある。大事な手紙が届くのを今か今かと待ちわびることはあっても、自分が返事をする段になれば、多少時間をとってもかまわないだろうと思いがちだ。

私がこの問題を知ったのは、二〇〇三年のある日に電話が鳴ったときのことだ。電話の相手は、ニューヨーク市教育局の戦略企画責任者を務めるジェレミー・ラックだった。ジェレミーの上司である教育局長のジョエル・クラインは、マイケル・ブルームバーグ市長の命を受けて、アメリカ最大の市立学校制度を市長の直接管理下に置こうと腐心していた。

ニューヨークの公立学校は長年にわたって分権的に運営され、各学校の校長と地区教育委員会に自治権が与えられていた。ブルームバーグ市長とクライン教育局長は、毎年約九万人の新しい九年生(日本の中学三年生)が数百の公立高校から通学校を選ぶ際、有意義な選択を行えるようにしたいと考えていた。

それからほどなくして、以前ハーバード大学で私のマーケットデザインの授業をとっていたとびきり優秀な大学院生のパラグ・パサクが、研究プロジェクトを探しに私のオフィスにやってきた。そこで私は経済理論を「現実的なこと」と結びつけたいと言う彼に、ニューヨークの学校についてくわしく調べるのを手伝ってくれないかともちかけた。その彼はいまマサチューセッツ工科大学（ＭＩＴ）経済学部教授で、学校選択の専門家である。私たちはアティラ・アブドゥルカディロールにも協力を求めた。彼は現在デューク大学経済学部教授だが、当時は好都合なことにニューヨークのコロンビア大学にいた。

これほど多くの生徒を数百もの学校に配分する必要があるため、ニューヨークの学校選択の市場にはかなりの厚みがあった。だが同時に、信じられないほど混雑していた。

当時ニューヨークでは、複雑な書類ベースの入学者選抜制度によって、生徒の通う学校が決められていた。高校への入学を希望する生徒は、家庭で相談して最大五校までの志望校をリストに記入し、教育局がこれを回収して、リストに載っている高校に写しを送付した。この写しが、生徒から高校に対する出願書類になった。

一部の学校は抽選方式で入学者を決定することを義務づけられていたが、それ以外の学校は応募者のうちの誰を合格にし、誰を補欠にするかを独自に決定することができた。学校が決定を下すと、教育局は生徒に書面で結果を通知した。生徒はそれを見て、複数の学校から入学を許可された場合はどれか一校を選び、合格した学校よりも補欠になった学校を希望する場合は、一校の補欠者リストに入ることを選んだ。

生徒は入学許可を受け入れることができるのは一校まで、補欠者リスト入りを希望する場合も一校までと、ルールで定められていた。続く第二ラウンドでは、前のラウンドで入学を許可した生徒に断られた学校が、合格者を新たに決定し、その結果が生徒に通知された。生徒が返信すると、最終の第三ラウンドで再び通知と返信が行われた。第三ラウンド終了後に学校が決まっていない生徒は、教育局によって、一般には定員が埋まっていない学校のうち最も自宅に近い学校に割り当てられた。

この複雑な制度は混乱を招いていた。多くの生徒が志望したどの学校にも入れず、学校が始まる直前の八月になってようやく通学校を指定された。そうしたことから、このプロセスに最初から参加せず、混乱と混雑をよそに、裏ルートで入学する生徒も多かった。

実のところ、九万人の生徒の出願を処理する三回のラウンドでは、全員を学校に割り当てることができなかったのだ。

その一方で、制度には混雑も生じていて、ラウンドの回数をこれ以上増やす時間はなかった。第一ラウンドで入学許可を得た生徒は五万人ほどしかおらず、そのうちの約一万七〇〇〇人が複数の許可を得、次のラウンドまでにどこを受け入れどこを断るかを決めなくてはならなかった。

このせいでどれほどの遅れが生じていたかは想像がつくだろう。第一志望校に合格した生徒でさえ、入学承諾書を送るのはひとまず置いて、まずは一日（か三日）お祝いをしてから教育局に返事をするかもしれない。また第一志望校に入れなかった生徒は、近所の人や友人、教師と相談してから、どの学校の補欠者リストに入るかを決めたいだろう。これも時間がかかる。そんなわけで問題は、郵便がカタツムリのように遅いことだけでなく、決定に時間がかかることにもあった。そして学校選択のプロセスでは、多くの決定が多くの人によって下される必要があった。

第三ラウンドが終了した時点で、約三万人の生徒が志望校への入学が決まらず、事務局によって学校を割り当てられることになった。考えてもみてほしい。三万人の子どもとその親が、高校入学前の残暑厳しい夏が終わるまでの間、人生のとくに重要なできごとの結果をやきもきしながら待っていたのだ。

これだけでも十分歯がゆかったが、問題は混雑だけではなかった。多くの親の目には、制度そのものがリスクが高く、安全でなく、信頼が置けないものに映っていた。この制度では、引っ越しなどの理由で新学期までに通学校が決まらない生徒のために、陳情のプロセスと「個別交渉」のプロセスが正式に定められていた。だが事情通の親たちは、校長と直接交渉できることを知っていた。学校はすべての定員を集権的なプロセスを通して埋めるつもりはなかったからだ。そんな事情から、よく言っても不可解な、悪く言えば偏った、または不正な制度を迂回しようとする積極的な親たちの「灰色市場《グレーマーケット》」が活況を呈していた。

「実力以外のところで合否が決まっていると、局長のジョエルは感じた」とトニー・ショーリス企画担当副局長は言う。「よい人脈に恵まれた子どもが有利だった」。

また旧制度には、志望校選びを難しくしている側面があった。各校の校長は、生徒の提出した選好順位を見て、生徒が自分たちの学校を何番めに志望しているかを知ることができた。この結果、多くの学校が第一志望の生徒しか受け入れないという事態が生じていたのだ。

ニューヨークの公立高校に専門的な教育を行う学校があることを考えれば、この方法は理に適っているように思えるかもしれない。たとえばあなたがニューヨークのラガーディア空港とケネディ空港の間にある、航空高等学校の校長だとしよう。あなたの任務は、航空関連の仕事に就くための技能を身につけた生徒を育成することだ。そこであなたはこの仕事を天職と感じている生徒だけを受け入れたいと考え、そういう生徒は関心をアピールするために、航空高校を第一志望にするはずだと想定する。だがもしそうした生徒しか入学を許可されないとなれば、航空高校を第二志望に書いた生徒は誰も入学できなくなってしまう。また航空高校を第二志望以下に考えている生徒は、本心を偽って航空高校を第一志望と書くべきかどうかという、戦略的意思決定を迫られる。

ある生徒の真の第一志望校が倍率の高い人気校だった場合、志望順位を正直に書けば、航空高校に入れる望みは完全に絶たれてしまう。教育局は二〇〇二年度の高校要覧のなかでこのことを暗に認め、生徒は志望順位を書く際に、「その学校の席を得られる可能性がどれくらいあるのかを考え」なくてはならないとしている。言い換えればこの学校選択制度では、親子はどの学校に入りたいかを考えるだけではなく、抜け目なく状況を分析して戦略を立てることを求められていたのだ。したがって、たとえ航空高校の校長が第一志望の生徒だけに入学を許可したつもりでも、入学した生徒が航空高校を本心から第一志望と考えていたという保証はどこにもない。実際それは、第一志望と書けば入れそうな学校のなかでの第一志望でしかなかったのだ。

戦略を練ったのは家庭だけではない。この制度は、各校の校長にとっても安全でなかった。そのため校長は制度の裏をかかざるを得ないと感じ、生徒が割り当てられるまで定員の一部を留保しておき、その後割り当てに不満をもつ生徒たちで残りの枠を埋めていた。ニューヨーク・タイムズ紙は、のちに副局長のこんな発言を引用している。「旧制度では、一〇〇名の九年生をとろうとする学校が、定員を四〇名と公表して、残りの六〇名の枠をプロセスを介さずに埋めることがあった」(2)。

だが最も切実な問題、私が協力を求める電話を受けるきっかけとなった問題は、三万人という膨大な数の生徒が、自分の選んだどの学校にも入れず、入学間際になって通学校を事務的に決められているという事態だった。これも、混雑の問題である。生徒を希望の学校に割り当てるために、高校が十分な数の入学許可を出し、生徒が家族の助言のもとに十分な回数の受け入れと拒否を行うだけの時間がなかったのだ。

混雑解消策

厚みのある市場はすばやく機能する必要があるが、参加者が誰かの決定や行動を待ってから決定を下さなくてはならない場合、どんなに高速のテクノロジーがあってもすばやく機能することはできない。ニューヨーク市の学校選択プロセスの開始時点では、学校は誰のことも待たずに入学許可を出せる。だがいったん許可を出したあとは、返事が来るまで次のラウンドの入学許可を出せず、そのせいで市場は混雑してペースが落ち、期間内にすべての生徒を処理できなかったのだ。

それでは住宅の売買市場について考えてみよう。ここでは誰かが家を売りに出すと、市場のすべての買い手に売却希望価格が提示される。また家を買う人は、市場に出ているすべての家を検討できる。

だが、たとえばあなたがある家に購入のオファーをすることに決めたとする。その際には、オファーが真剣なものであることを示す手付金を添えて、特定の価格で家を購入するという署名ずみオファーを出すのが一般的だ。またオファーを検討する時間を売り手に与えるために、二四時間などの有効期間を指定することが多い。この期間は動きが遅い市場では長めに、活況を呈している市場では短めに設定される。私がいま参加しているシリコンバレーの住宅市場が後者の一例だ。

オファーの有効期間中は、たいていの買い主は別の家にオファーをする金銭的余裕がないため、回答を待たなくてはならない。だが過熱した市場では、その間に目をつけている別の家が売れてしまうおそれがある。同様に売り主は、あなたのオファーに対して正式な署名ずみのカウンターオファー（売り主からの条件提示）を出した場合、あなたの決定を待たなくてはならないが、必要以上に長い時間をとりたがらない。このようにこの市場では、当初参加者全員の間で行われていたやりとりが、ある時点を境に突然一人の買い主と一人の売り主の間の非公開の対話に変わるのだ。

先に見た通り、就職市場も同じだ。重要なポストに人材を募集する企業は、市場を調べて多くの応募者を面接してから、誰にオファーを出すかを決める。だがいったんオファーを出すと、相手に検討する時間を与えなくてはならず、その間にほかの候補者がほかの企業に決まってしまい、採用したくてもできなくなるかもしれない。第5章で見たように、これがとくに激しいのが、時限つきオファーの横行する市場だ。このような市場では、オファーがすぐに失効するため、市場のペースが非常に速く、誰もが自衛のために時限つきオファーを出さなくてはという強迫観念に駆られる。

マッチング市場は、混雑に対処しなくてはならない場合が多い。こうした市場で出される個々のオファーは、単なる条件の羅列ではなく、特定の相手に対するマッチングの提案だからだ（住宅市場では、買い主は売り主の素性はさほど気にかけなくても、買おうとする家には当然こだわりがあるため、この市場でもマッチングが行われる必要がある）。これに対してコモディティ市場では、混雑に対処するのはそう難しいことではない。というのも、株式や小麦の売買のオファーは市場全体に出され、買い手や売り手は誰のことも待たずにいつでも買値や売値を変更できるからだ。しかしマッチング市場では、他人の決定を待ってから出されるオファーがある。

ニューヨークの学校選択制度のペースを速めるには、ただプロセスをコンピュータ化するだけでは不十分だった。もちろんコンピュータは速いから、それも一つの手ではある。しかし人間は遅い。そして市場が成功するためには、人間が適切な決定を下し、かつわが子にとってベストな学校を決めるために必要な情報を得ることが欠かせない。

ニューヨークの市立高校の混雑解消のカギは、応募者に学校の志望順位をすべてまとめて提出させ、その順位に基づいて、学校の決定をすばやく処理することにあった。志望順位が前もって提出されていれば、生徒が二校から入学許可を得たとき、どちらの学校を選ぶかは、コンピュータ化されたクリアリングハウスにはすでにわかっている。

この方式はほかのマッチング市場にも応用できる。たとえば就職市場なら、求職者が応募しているすべての仕事の選好順位をまとめて提出する。

これまで私はさまざまな研究者とともに、コンピュータ化されたクリアリングハウスのデザインに関わってきた。これらのクリアリングハウスによって、コンピュータの電源が入れられる前に人々が決めた学校や仕事、求職者などに対する選好が処理されている。コンピュータによって、オファー・拒否・オファーのサイクルが高速で処理されるため、必要なだけのオファーを処理する時間があるのだ。

クリアリングハウスが成功するカギは、参加者が正直な選好順位を安全に提出できるようにすることにある。そこで、私たちの構築したクリアリングハウスを説明する前に、まずは安全性についてもう少し考えてみよう。

第7章　高すぎるリスク
――信頼性、安全性、簡便性

市場を安全にすることは、マーケットデザインの古くからの課題の一つで、その起源は農業が発明されるはるか以前に遡る。狩猟民が交換した斧頭《ふとう》や矢じりなどが、つくられた土地から何千キロも離れた場所で、現代の考古学者によって発掘されている。

もう少し時代を下ると、中世ヨーロッパでは市場や定期市への安全な往来を確保することが、王の責務に数えられていた。買い手と売り手が、追いはぎに待ち伏せされ略奪される（あるいはもっとひどいことをされる）ことなく、市場に安全に参加できることが、交易が発展するための条件だったからだ。実際、「待ち伏せ」という言葉は、市場を往復する旅行者から金目のものを略奪する行為をよく表している。安全な通行が何らかのかたちで保証されなければ、リスクのせいで参加者が集まらなくなり、市場は失敗していただろう。また市場が失敗していれば、王国は市場とそこから上がる税収がもたらす繁栄を享受できなかっただろう。

第4章で紹介したオクラホマ・ランド・ラッシュの混乱をぬって、希望する土地に杭を打ち込んだ抜けがけ者《スーナーズ》でさえ、所有権を登記するために公有地管理局のあるイーニッドに向かう際には、危険な目に遭うことが多かった。多くの権利者が、追いはぎをひるませるために、大人数で馬車に乗り合わせた。

一部の市場には、強奪や身体的危害のリスクがいまも存在する。とくに買い手と売り手が人気《ひとけ》のない治安の悪い場所で会うことが多い、違法薬物やセックスの市場がそうだ。このような市場にリスクをもたらすのは、市場を襲い、金品を強奪する部外者だけではない。取引相手を食い物にする買い手や売り手が、リスクをもたらすこともある。実際、ドラッグや売春を合法化する根拠として昔からよく挙げられるのは、「たとえ法的に禁止しても、市場が無法状態の危険な犯罪の世界に移るだけ」というものだ(これについては第11章でくわしく述べる)。

もちろん、危険なのは違法市場だけではない。たとえば大都市のタクシー運転手は、治安の悪い場所で乗客に現金を強奪されるリスクがある。それに宝石店やガソリンスタンド、コンビニエンスストアなどの小売店で働く人たちが強盗に遭いやすいことは、ニュースを見ればすぐわかる。中世のヨーロッパと同様、現代の市民も市場の繁栄に不可欠な基本的安全を、政府に頼っている。

だがそれ以外にも、市場につきものの一般的なリスクがある。たとえば代金を支払ったのに商品が手に入らなかったり、期待した品質のものでなかったりすることがある。クレジットカード情報が盗まれ、買った覚えのない商品の代金を請求されるかもしれない（クレジットカードの発行銀行が不正利用による損害を補償するのは、まさにカード利用を安全にするためだ。ただし不正利用に対処するわずらわしさまでは補償されないが）。

合法市場で身元を確認しやすい業者からものを買うことが、違法取引よりもほぼ必ず安全なのは、このためだ。合法市場では、公正な扱いを受けられると安心していられる。さもなければ法に訴えることができるのだから。

いまからずいぶん前、イリノイ州のファーマーシティという人口二〇〇〇人ほどの小さな町に住んでいたころ、妻と私は大きな町のショッピングセンターの家具店でダイニングテーブルを買い、手付金を払った。それから数カ月の間、テーブルの配送か手付金の返金かを求めて不毛なやりとりを重ねた末に、私はとうとう郡の首都にある少額裁判所に足を運んだ。判事助手は用紙をくれ、その店に対して出された多くの訴状から店の住所を書き写せばいいと、親切に教えてくれた。

家具店の引き延ばし戦術のせいで何度か裁判所に出向くはめにはなったが、最後には有利な判決を得て、店が廃業する直前に手付金までとり戻すことができた。というわけで、あの不誠実で杜撰《ずさん》な売り手とのやりとりは、単なる不愉快なできごとですみ、店を廃業に追い込んだことで地元の市場の改善に一役買うことさえできたかもしれない（もちろん、店主は別の町でまた手付金詐欺を働いている可能性もあり、そこで悪い評判が立てばまた移転するのだろう）。

評判は大切だ。イリノイ州のあの界隈では、私が三〇年前に離れたときにあった家具店が、二世代め、三世代めの顧客を相手に、いまも商売を続けていることだろう。古くから続いていることは、誠実さと信頼性の証になる。同じ土地で長く続いている店は、それなりに評判がよいのだろうし、不安なら実際に買い物をした人を探して、話を聞くこともできる。

誰もが同じ土地に住み続ければ、誠実な経営者は自然によい評判を得るだろう。だが（パソコンの前に座る犬を描いた有名な風刺画の表題（「インターネットでは君が犬だってことは誰にもわからない」）をもじって言えば）「インターネットでは、あなたが評判のよい経営者かどうかなんて誰にもわからない」。売り手のユーザー名しか知らず、ほかの顧客の素性もわからないような状況で、客が売り手の評判を調べるのは並大抵のことではない。またインターネットで開業する側は、自分が信頼の置ける売り手で、地球の裏側のインターネットカフェを足場にする怪しい詐欺師でないことを客に信じてもらう方法を見つけなくてはならない。

そのためほんの数年前まで、オンライン市場の最大の課題と言えば、見知らぬ人との取引を安全にすることと、取引が安全であることを顧客にわかってもらうことだった。

たとえばイーベイが——とくに詐欺事件が広く報道されたことを受けて——心がけたのは、注文した通りのものが確実に届くという安心感を、日々数百万人の顧客にもってもらうことだった。同様に、エアビーアンドビーで見知らぬ人に部屋を貸そうとするホストや、ウーバーで配車リクエストに応じるドライバー、コミュニティサイトのCraigslist（クレイグズリスト）で見知らぬ人にものを売ろうとする人は、買い手について何らかの保証がほしいと思うだろう。また買い手も、ホストやドライバー、個人の売り手に関して何らかの保証がほしいところだ。

ここまでは、主に市場の安全性について見てきた。だが信頼性についても触れておきたい。安全性と信頼性は、どちらも市場の信用を高めるものとしてひとくくりにできる。ウーバーで車を呼ぶ人は、ドライバーが安全運転で、車がおんぼろでないというだけでなく、指定した場所に時間通りに来てくれるかどうかを知りたい。同様に重要なこととして、ウーバーのアプリをスマートフォンにダウンロードする人は、バグが多く反応が遅く不正確なシステムでないこと（つまりドライバーに自分の居場所を確実に見つけてもらえること）を確認したい。それにクレジットカード番号などの個人情報を提供する際には、情報漏洩によるなりすまし被害の心配がないことを知りたい。もしもウーバーのアプリがこうした懸念を一つでも解消できなかったなら、顧客は携帯電話からすぐにアプリを削除しただろうし、ウーバーは企業として存続できなかったはずだ。

同様に、ウーバーのドライバーは客が信頼できるかどうかを知りたい。顧客が配車をキャンセルしないままタクシーに乗ってどこかへ行ってしまったりしないこと、また降車後に料金をきちんと支払ってくれることを知りたい。

このように、市場が真に信用に足るものであるためには、安全でなくてはならないし、取引の両サイドがお互いを、そして市場の技術を信頼できなくてはならないのだ。

評判

インターネット市場を安全確実で信用できるものにするための方法は、絶えず進化している（それは、悪人たちが抜け目なく変化に適応し続けているからでもある）。これまで信用を高めるためのマーケットデザインは、安全な決済方法を提供し、問題が生じた取引に補償を与え、利用者の意見を収集するフィードバックシステムを通じて信頼できる売り手や買い手がよい評判を築き、表示できるようにすることに主眼を置いてきた。

イーベイはこれらの問題にいち早く対処したインターネット企業である。インターネット市場の黎明期には、多くの売り手がインターネット上で活用できるような定評のある実店舗をもっていなかった。ほとんどの業者がゼロから評判を確立する必要があった。

信用の問題は売り手に関わる問題というだけでなく（説明通りの商品を提供しないかもしれない）、買い手に関わる問題でもあった（きちんと支払いをしないかもしれない）。売り手は受け取った小切手が不渡りになると、現金や郵便為替を要求したり、小切手が現金化されるのを待ってから商品を出荷するなどの方法で、ただちに自衛するようになった。

イーベイが初期のフィードバックシステムを立ち上げた背景には、こうした懸念があった[1]。まだペイパルなどの便利なオンライン決済手段がなかった時代である。このシステムの狙いは、買い手と売り手の双方から取引相手に対するフィードバックを収集し、その後の取引に活かしてもらうことにあった。当初のフィードバックは、「よい」「どちらでもない」「悪い」の評価と、文章でのコメントだったが、その後経験をもとに、評価の人為的なかさ上げを防ぐようなかたちにルールが変更された。最終的に、評価者のユーザーIDが明記され、また落札者と売り手だけが互いに関するフィードバックを残せるようになった。こうすることにより、一個人による「フィードバックの水増し」で評価を歪めることが難しくなった。

しかしそれにもかかわらず、やがて評価は過度に高くなり、その結果有用な情報が得にくくなった。これが起こった理由を考えると、市場の細部にまで目を向けることによって、本来隠れていて見えないはずの人間行動の側面をあぶり出せることが改めてわかる。このケースでは、ほとんどのフィードバックが返礼的になった。つまり、買い手が売り手にフィードバックを与えると、売り手はお返しにそれに見合ったフィードバックを買い手に与えた。買い手と売り手は「もちつもたれつ」という、イーベイ文化の不文律を忠実に守っていたのだ。その結果、取引後のフィードバックの大多数が互いに高評価を与えるものになり、否定的なコメントはわずかに散見されるだけとなった。

イーベイは、ゲーリー・ボルトンとベン・グライナー、アクセル・オッケンフェルスの三人の経済学者（全員私のかつての教え子と博士研究員だ）の助けを借りて、新しいフィードバックシステムをデザインした(2)。新しいシステムでは、売り手による商品説明が正確だったか、発送が迅速だったかといった点について、買い手が匿名でより詳細な評価を与え、その結果評価の情報有用性が増した。突如として──驚きだ！──誰もがすべての取引に満足しているわけではなさそうなことがわかった。

イーベイの経験を通して、優れたマーケットデザインの原則がもう一つ明らかになった。すなわち、市場は信頼性の高い情報に依存するということだ。評判に関して言えば、買い手は売り手について、ほかの買い手の経験というかたちの信頼できる情報を求める。だがもしこの情報の提供にコストやリスクが伴うなら、買い手は情報を提供しなくなり、市場全体が打撃を受けるだろう。イーベイでフィードバックが匿名制でなかったころは、不満をもった買い手が、ほかの買い手の参考になるように不満を公表した場合、売り手に報復されるリスクがあった。返礼的なフィードバックによって恩恵（または罰）を与え合っていた買い手と売り手はいたが、正確な情報が十分に提供されないせいで、市場は全体として見れば不利益を被っていた。イーベイがより安全に不満を公表できるようにすると、売り手についてのよりくわしく役に立つ情報が提供されるようになった(3)。

私は二〇一四年にイーベイを訪れ、同社が市場の進化に合わせてさらなるルール変更を検討していることを知った。イーベイでは地下室や屋根裏部屋に眠るお宝を売る個人の出品者による売上よりも、新品を売る販売業者による売上が増えているのだ。市場がこのようなかたちで変わっていけば、イーベイが個々の取引に提供する補償によって、買い手は従来のリスクの多くから解放されるかもしれない。その一方で、イーベイは業者化する売り手の行動を見守ることにより、高評価の売り手をより目立つように表示し、不正な売り手や無能な売り手を排除できるだろう。つまり、販売業者がイーベイの市場で大きな役割を担いはじめ、従来型店舗のようになるにつれ、イーベイはショッピングモールのような方法で――市場の評判をおとしめる参加者を追放することにより――悪質な売り手から買い手をよりよく保護できるようになるかもしれない。

多すぎる情報

市場が適切に機能するためには膨大な情報が必要だが、ときには過度な情報共有が問題になることもある。市場参加者はプライバシーの保護を求め、必要とするからだ。参加者に十分なプライバシーが与えられなければ、市場は安全でなくなり、その結果失敗することもある。

この最もわかりやすい例が、銀行口座とクレジットカード番号の情報保護だ。インターネット通信は昔に比べれば情報保護が進んでいるが、いまも個人情報の漏洩には注意しなくてはならない。ペイパルが開発した決済システムによって、取引のたびにクレジットカード情報を入力する必要がなくなり、イーベイなどのインターネット市場での決済における個人情報保護の問題が解決した。だが人はそれ以外の情報の開示にも抵抗を覚えることがあり、それが市場運営の障害になる場合がある。

たとえばイーベイのオークションでは、あなたが支払ってもいい上限金額の入力を求められる。イーベイはこの情報を使って、あなたが最高入札者になるぎりぎりの金額で、あなたに代わって自動的に入札してくれる。あなたはこの情報の利用について、イーベイが約束を守るものと（つまり入札状況を無視して上限金額を請求してくるようなことがないものと）信頼しなくてはならない。こうした信頼がイーベイのビジネスモデルの要であることを考えれば、イーベイが信頼を悪用したという話が聞かれないのもうなずける。

だがあなたが支払ってもいい上限金額の開示をためらう理由は、ほかにもある。ほかの入札者（または入札者のふりをした不届きな出品者）が入札金額を競り上げて、あなたの（自動）入札を試そうとするかもしれないのだ。その目的は、あなたの上限金額を知るためかもしれないし、単に値をつり上げるためかもしれない。そしてもしかするとあなたは形勢の逆転を図ろうとして、誰かが入札して最高入札者になるのを待ち、オークションの終了間際にいきなりそれより高い金額を入札して、取引を横どりするかもしれない。終了ぎりぎりにこれをすれば、相手には応札する時間がないため、入札合戦にならずにすむ。

実際、イーベイでは多くのオークションが、終了間際の入札によって「狙い撃ち《スナイプ》」されている。このプロセスを自動化する、スナイプ入札専用のソフトウェアさえある。

スナイプ入札は暴走の逆だと思う人がいるかもしれない。取引が早期化するどころか、非常に遅い段階で起こるからだ。だがどちらの現象も、主要市場のリスクが高くなりすぎたために、別の種類のリスクをとる価値が生じたことの表れである。イーベイのオークションでは多くの入札者が、支払ってもいい上限金額を早くから明らかにするのはリスクが高すぎると感じている。これを避けるために別の種類のリスクをとって、終了間際に入札するのだ。この場合のリスクとは、入札するのを忘れる場合があることと、入札が遅すぎて記録されない場合があるという失敗だ。

アクセル・オッケンフェルスと私はイーベイがまだできたばかりのころ、イーベイオークションのスナイプ入札者について調査した[4]。その結果わかったのだが、ほぼすべてのスナイプ入札者が、オークションの終了間際の入札を画策した際に、この両方の種類の失敗を経験したことがあった。それでも彼らは自分の上限入札価格を早く明らかにするリスクを負うより、終了間際に入札する方が安全だと感じていたのだ（スナイプ入札専用ソフトウェアの市場が存在するのは、このためだ）。

市場参加者が重要な情報の開示を渋るとき、市場は非効率的になることがある。イーベイの場合で言えば、スナイプ入札によって入札情報がほかの入札者から隠されることにより、価格が予測不能になる。またスナイプ入札が横行すると、オークションは最も高い金額を支払う用意のある入札者によって落札されるとは限らなくなる[5]。

イーベイ・オークションの参加者はスナイプ入札を行うことによって、市場に壊滅的な打撃を与えることなく、個人情報を保護しながら入札することができている。だが参加者が公開するのを安全と感じていない情報の開示を強要した結果、失敗した市場もある。

たとえばCovisint（コビシント）は、自動車メーカーとサプライヤーのための透明性の高いオンライン市場をめざして、二〇〇〇年に大手自動車メーカーの企業連合《コンソーシアム》によって設立された企業だ。しかし自動車部品サプライヤーは、自動車メーカーや競合企業に取引価格を公開するのを渋った。自動車メーカーは二〇〇四年には失敗を認め、投資額のわずか数分の一の金額でコビシントを売却した。

これに関連する問題に悩まされたのが、ピッツバーグに本拠を置くオークション会社、Free Markets（フリーマーケッツ）である。同社は企業の資材調達方法に変革をもたらすことをめざして一九九五年に設立された。同社の主催する資材調達のオークションでは、売り手であるサプライヤーが特定の注文の見積もり価格を提示し、最も安い価格を提示した者からの購入が決定した（リバースオークション）。また別のサービスとして、クライアントのニーズに応えられる調達先を紹介するサービスを提供した。クライアント企業は購入したい商品の詳細条件を指定し、それをコモディティとして提示すれば、多数のサプライヤーが参加するオークションでそれを購入することができ、調達コストを大幅に削減できるという仕組みである。

しかしフリーマーケッツが望むように事は運ばなかった。というのも、企業は価格だけが重要な購入基準となる、コモディティを購入しているのではないからだ。企業はサプライヤーと長期的な関係を結び、コモディティ市場ではなくマッチング市場に身を置いていることが多い。サプライヤーが慣例的な値引きや商慣行を競合企業に開示するのはリスクが高いと感じたため、調達オークションは普及しなかった。

インターネットバブルの最中に、一時フリーマーケッツの時価総額はピッツバーグの同じ地区にあるUSスチールを超えた。だが快進撃は続かず、フリーマーケッツは二〇〇四年に売却された。

イーベイ、フリーマーケッツ、ニューヨークの公立学校制度という千差万別な市場を見てきたことで、ほぼすべての市場が対処しなくてはならない課題が浮き彫りになる。すなわち、情報の流れをいかに管理するかということだ。どんなに適切にデザインされた市場であっても、市場参加者がほしいものを手に入れようとする行動を安全にする仕組みがなければ、参加者にほしいものを提供するのは難しい。

ボストン公立学校

ボストンの公立学校の席を割り当てるための制度では、この原則がないがしろにされていた。しかしこの制度の最大の問題は、問題の存在さえ認識されていないことだった。

これに対してニューヨークの学校選択制度をリデザインする取り組みは、ある意味で心臓発作の治療に似ていた。患者は早急な処置が必要なことを理解していて、先延ばしにするという選択肢はなかった。マッチングされずにいる三万人の生徒を放っておくわけにはいかない。ニューヨークの学校の重大な問題は、混雑だった。生徒の家庭にとって、選好を表明するのが安全でないという問題は二の次だった。

これと比べると、ボストンのマーケットデザインの取り組みは、高血圧患者の治療に似ていた。危険な病気だという点では心臓発作と同じだが、症状は外からわかりにくい。ボストンはニューヨークと違って、コンピュータ化されたシステムがすでに順調に稼働していて、子どもたちは家庭が提出した学校の志望順位リストに基づいて、一つの学校から入学許可を受け取った。そのため混雑は問題でなかった。主要な割り当てが終了したあと、人気校の補欠者リストはなかなか繰り上がらなかったが、それでも全員が迅速に学校を割り当てられた。

ボストン公立学校（BPS）は、この割り当てアルゴリズムを高校のほか、幼稚園（アメリカの義務教育は、日本でいう幼稚園の年長から始まる）と中学校にも用いていた。このアルゴリズムによって、親たちが第一志望校に選んだ学校に多くの生徒が割り当てられているように思われた。ここまではよかった。

しかしこのような成果の陰に、別の問題が隠れていた。親たちは制度を信用していなかった。BPSは家庭の希望をできるだけ叶えようと腐心していたが、BPSが採用していた方式では、家庭が本当の希望を正直に表明するのはリスクが高すぎたのだ。

ボストンの制度の基本となっていたのが、学校が各生徒に与える優先順位を決めるルールである。典型的な学校では、定員の半数については年上のきょうだいが同じ学校に通学している子どもが最も優先され、次に学校の「通学区域」内に住む子どもが優先された。またそれぞれの子どもに無作為に抽選で決定した番号が与えられ、優先順位が同じ子どもは、抽選番号をもとに順位をつけ直された。たとえば通学区域内に住むすべての子どもを受け入れられない場合は、この番号をもとに一部だけが入学を許可された。

残る半数の定員については、抽選番号だけで優先順位が決められた。

ボストンの学校で定員が半々に分けられていたことには、政治的現実が暗に表れていた。親たちは学校選択制度を通して二つの「派閥」に分かれた。よい学校の近くに住む「徒歩通学派」と、それ以外の地域に住む「学校選択派」だ。いまから数十年前に人種差別撤廃政策の一環として始まった強制バス通学をめぐる対立（いわゆるバス通学戦争）がまだ記憶に新しいボストンでは、優先方針は両派間の妥協の産物だった。そしてこの妥協策は、派閥の力関係を反映して、毎年細部が調整された。

こうして優先順位などが調整されると、現在もほかの多くの都市で用いられているボストンの旧制度は、次のように進行した。各家庭は三校以上の選好順位を事務局に提出する。続いてアルゴリズムによって、できるだけ多くの子どもが第一志望校に割り当てられた。ある学校を第一志望にした生徒の数が定員を超えた場合、その学校における優先順位の高い生徒から順に、定員が埋まるまで割り当てられた。つまり、学校は第一志望の生徒を優先順位の高い順に定員一杯まで即時に受け入れ、残りを拒否した。次に、同じ「即時受け入れ」アルゴリズムによって、残った生徒のできるだけ多くがそれぞれの第二志望校に割り当てられ、同じプロセスが第三志望以下の学校についてもくり返された。どの志望校にも割り当てられなかった生徒は、最終的に事務局によって、定員がまだ埋まっていない最寄りの学校に割り当てられた。

ここまで読んだあなたは、こんな疑問をもっているかもしれない。できるだけ多くの生徒を第一志望校に割り当てようとする制度のいったいどこが悪いのか、と。

この方法はたしかに害がなく、合理的で、単純に思える。だが説明しやすいことと、実際に利用しやすいことは別物だ。ニューヨークの旧制度でと同様、ボストンの制度でも、家庭は難しい戦略的意思決定を迫られ、真の選好をそのまま正直に提出することが安全でない場合が多かった。

どういうことだろう? 一例として、とても人気の高い半日制幼稚園が付属する小学校の通学区域内に住む子どもを考えよう。子どもの親は、この学校を第二志望に考えている。第一志望は少し離れたところにある全日制幼稚園が付属する小学校で、ここもやはり人気が高い。

子どもは半日制幼稚園に通学区域優先権があるため、ここを第一志望にすれば必ず入れるはずだと親は考えている。だがもし真の選好通り、全日制プログラムを第一志望に、半日制を第二志望にすれば、どちらにも入れないかもしれない。全日制プログラムにはきょうだいも通っていないし、通学区域内でもないから、おそらく入れないだろう。そしてそうなった場合、第二志望校にも席は得られない。このプログラムも人気が高いため、ここを第一志望にした子どもで定員が埋まってしまうからだ。このように、人気校には定員を超える数の第一志望者が集まるため、できるだけ多くの生徒を第一志望校に割り当てようとするアルゴリズムでは、定員が即座に埋まってしまう。

そしてそれ以降はさらにひどくなる。第二志望校に漏れた子どもたちは、第三志望校にも入れそうにない。その学校を第一志望か第二志望にした子どもたちで定員が埋まらない場合にしか、入学を許可されないからだ。第四、第五志望と、リストの下方に行けば行くほど状況はひどくなる。実際、ボストンの旧制度では四校以上書こうという人はごく少数だった。第四志望以下の学校に入れる見込みはほとんどなかったからだ。

ではいまの例をおさらいしよう。もし子どもの親が全日制幼稚園を正直に第一志望に書けば、結果は次のうちのどちらかになるだろう。

①第一志望校に入れる（運がよければ）。

②どの志望校にも入れず、全員が志望校に割り当てられてもなお定員が埋まらないほど不人気の学校に割り当てられる。

これは教育版ロシアンルーレットだ。大勝ちするか、大負けするしかない。不人気の学校には不人気になるだけの理由があるため、そうした学校にしか席を得られなければ、（可能な場合は）子どもを私立の学校に入れたり、郊外に引っ越す人も出てくるだろう。ここで注意してほしいのは、ボストン市の一機関であるBPSには、不満をもつ親たちが制度から離脱するのを阻止しようとする強いインセンティブがあるということだ。不満は混乱を招き、次の選挙で現行政府に痛手となるし、そうした親たちがボストンに見切りをつけて転出すれば、税収にも打撃となる。このような理由から多くの経済学者や都市計画者が、よい公立学校で学ぶ権利を保証することを、都市を健全に保つためのカギと見なしている。

こうした複雑な選択に迫られて、多くの親が安全策をとったのは無理からぬことだった。約八〇％の子どもが、親が第一志望として申請した学校に割り当てられていた。ほとんどの参加者が第一志望校に割り当てられていたことから、この制度は表面上は大きな成功を収めているように思われた。だが実情はまったく違った。多くの親が、無難で戦略的な選択肢を選んでいたのだ。

このように周到な戦略を立てるのは当然に思える。第4章で参加者が早期の決断を迫られる暴走について説明した際にも、このことに触れた。駐車スペースを探しながら混雑した道を運転しているときも、こうした決断を迫られる。だが今度は、どの駐車スペースが自分の第一希望かを申請しなくてはならないとしよう。仮にボストン市民は公立学校に応募するのと同じ方法で駐車スペースに応募し、市はできるだけ多くの人に第一希望のスペースを与えるものとする。さていま、駐車スペースを見つけたが、それを（第一希望であるかのように）確保するべきだろうか、それともリスクを冒して、たとえ可能性は低くても目的地近くのスペースという、真の第一希望が見つかるまで待った方がいいのか？

もしも駐車スペースを得るために、なるべく多くの人を第一希望に割り当てようとするクリアリングハウスを通す必要があるとしたら、あなたは第一希望として申請すれば確実にとれそうなスペースを、第一希望に指定するかもしれない。そうすれば、それよりずっとひどい事態は避けられるのだから。

この単純な選択でさえ、やはり戦略的な選択だ。他人がどのような決定を下す可能性があるか、その結果としてどのスペースの人気が高く、埋まっている可能性が高いかを考慮に入れる必要があるからだ。

アティラ・アブドゥルカディロールとタイフン・ソンメズは、二〇〇三年初めに発表した経済論文のなかで、ボストンの学校選択制度を分析した。この論文は同じ年に記者のギャレス・クックによって、ボストン・グローブ紙の記事にとりあげられた。クックは親たちに取材を行い、制度の裏をかかなくてはならないことが問題だとする研究成果を裏づける証言を得た。(6)ある親はこう述べている。「私たち親が学校選択制度に感じる大きな違和感は、まさに自分の第一志望を第一志望にできないということから来ています」。

この年の一〇月にアティラ、タイフン、パラグ・パサクと私は、BPSの最高責任者に招かれ、ボストンの学校選択制度の問題点と、それらを解決する方法について説明することになった。このような会合に呼んでもらえたのも、マッチングのなせるわざだった。このマッチングはお見合いのようなもので、著名な教育経済学者のキャロライン・ホクスビーが、ハーバード教育大学院の学長に、BPSの最高責任者トム・ペイザントへの口添えを依頼してくれたのだ。学長は私たちの話には聞く価値があると、ペイザントに伝えてくれた。

一〇月九日の朝、私たち四人は「T」(ボストンの公共交通機関MBTA)の地下鉄に乗って、コートストリート二六番地のBPS本部に向かった。家庭が真の選好を安全に表明できるようにするために、学校選択制度をどのように再編するべきかを説明した資料を、私たちはすでにBPSに送っていた。だがBPSの職員は疑わしげに言った。「経済学の教授なら制度の裏をかこうとするかもしれないが、一般家庭がそんな細工をするもんですか」。これを聞いたとき、彼らと会合をもつのもこれが最後になるだろうという思いが脳裏をよぎった。

しかしタイフンが、共同研究者のヤン・チェンとともに行った実験室実験[7]の説明を始めると、その場の空気が一変した。経済学では人間の行動に経済的環境がどのような影響を与えるかを示すために、実験の利用が進んでいる。研究室に人工的な経済環境をつくり出し、参加者に実験での成果に応じて報酬を支払うのだ。実験はフィールドでの観察の代わりになるものではなく、補足するものだ。実験室実験のよいところは、フィールドでは推測するしかない環境の多くの側面を自由に変更し、計測できることにある。そんなわけで、実験室では、現実の親たちの行動が現実の学校選択にもたらしている複雑な問題をすべて検討することはできないが、希少資源を配分するために現在用いられている方式――この場合で言えば即時受け入れアルゴリズム――が望ましいのかどうかを、非常に明快な方法で検討することができる。

現実の世界では、親がBPSに提出する志望校リストを見ても、そこに書かれているのは表明された選好であって、真の選好はわからない。しかし被験者に架空の学校の席が割り当てられる実験では、実験者はそれぞれの被験者に付与された特性に応じて、どの学校が望ましいか（真の選考）を決定し、実際に割り当てられた学校ごとにいくらの報酬が得られるかを、被験者に伝えることができた。実験者はこうして、被験者が表明した選好と、彼らが実際に得た報酬とを比べることができた。

　これがボストンの学校を模したものだということは、被験者には伏せられた。彼らはできるだけ望ましい割り当てを得ることによって、実験室で小遣いを稼ごうとしていたに過ぎない。そして実験者は、学校ごとの報酬を被験者に伝えることによって、どの割り当てが望ましいかを教えた。つまり、現実のボストンの学校をとり巻く複雑きわまりない環境のなかではなかなか知り得ない被験者の真の選好を、実験室内の実験者は知っていた。

　タイフンとヤンが行った実験の一つでは、ボストンの生徒役の被験者が、ＢＰＳの従来方式によって学校を割り当てられた。彼らが被験者に支払った報酬は、最も望ましい学校に割り当てられた場合には一六ドル、二番めなら一三ドル、三番めなら一一ドルと減っていき、最も望ましくない学校は二ドルだった。各被験者にとってどの学校が望ましいか（真の選好）を設定したのはタイフンとヤンだったから、被験者が提出した志望順位のリストが、真の選好と食い違っていれば、二人にはわかった。

BPSの幹部は実験の結果にショックを受けた。タイフンとヤンの実験では、報酬額が最高でない学校を第一志望と表明して、そこに割り当てられた参加者がいた。つまり、最高額の一六ドルを得ようと一か八かの賭けに出て、稼ぎが大幅に減ってしまうリスクを負うよりも、次善校を第一志望として申請すれば、より望ましいマッチングを得て、より高い報酬を得られることを、参加者は直感的に理解していたことになる。

それからは、BPSの職員は私たちの提案を聞く耳をもってくれた。

私が「ボストンで一番よい幼稚園はどこですか」と尋ねると、ウエストロックスベリー地区のリンドンスクールだろうという答えが返ってきた。そこで、「誰もがリンドンを第一志望にしていますか」と聞くと、いや、そんなことをするのは愚かだと彼らは言った。リンドンは超人気校だから、高い優先権をもっていない限り、第一志望をみすみす無駄にすることになると。

「まさにそれですよ」と私たちは答えた。

問題に気づく

この最初の会合の収穫は、ボストン公立学校の幹部が、現行の制度に問題があるかもしれないと気づいたことだった。私たちは彼らの求めに応じて、問題が実際に生じていて、深刻な影響をおよぼしていることを証明することにした。

それから何年もたって、すでに最高責任者の職を退いていたトム・ペイザントに、このときどのような思いでいたのかを聞く機会があった。彼は一九九五年に就任したその瞬間から、ボストンの公立学校が裁判所命令によりバス通学を強制されていた一九七〇年代と八〇年代のように、学校選択をめぐる政治的駆け引きに翻弄されたまま任期を終えることになるのを懸念していたという。BPSがニューヨーク市のように、実績ある外部専門家の協力を得て、専門的かつ政治とは無関係な方法で問題を解決できる可能性があることを知り、ぜひやってみようと思ったそうだ。

次の一年をかけて、私たちはボストンの学校選択に関するデータを徹底的に分析した。その結果わかったのは、家庭が選好順位を正直に提出するのをためらう強いインセンティブをもっていたこと、またそのような状況でとる行動は家庭によって違っていたことだった。旧制度に精通しているが、それでも人気校に子どもを入れたい親たちは、その学校を第一志望校として申請しつつも、安全策として第一志望者で定員が埋まりそうにない学校を第二志望に書いていた。

どの学校が人気が高いかを知らなかったり、制度をきちんと理解していなかったために、周到な策を講じなかった親たちは、残念な思いをすることが多かった。約二〇％の親が、第一志望校にしなければ入れる見込みのない人気校を第二志望に書いていた。このような場合、子どもたちはリストに書いたどの学校にも割り当てられないことが多かった。親たちがこのような間違いを犯さずに、たとえば真の第三志望校を第二志望として申請するなどの対策を講じていれば、志望校のどれかに割り当てられていた可能性が高かった。

一例として、学区のなかでも比較的裕福な西地区では、親たちが地域の遊び場での井戸端会議などで、人気の高い幼稚園の志望状況や、同じ学校に通うきょうだいがいる応募者の数といった「機密情報」を収集することに余念がなかった。同じ学校に通うきょうだいがいる子どもは最も優先順位が高いため、その人数をつかんでいれば、それ以外の子どもが何人くらい入れそうか、わが子が入れる可能性がどれくらいあるのかを割り出すことができた。だがそのような情報の収集は骨が折れるうえ、間違いが生じやすく、親たちは当然のように嫌がっていた。

この調査結果をもって、私たちは学校選択制度を変更する必要があることをようやくBPSに納得させることができた。私たちの話に耳を傾ける価値があることを率先して説いて回ってくれた、BPSの上級職員バレリー・エドワーズは、「公教育制度の使命は、すべての生徒に均等な機会を与えることにあります」と言う。「BPSの生徒割り当て方針のせいで、参加者が制度の裏をかかざるを得なくなったこと自体が、制度の失敗を示していました。公立学校制度は本来の目的を果たしていなかったのです」。

ボストンで最終的に公立学校制度に採用された改革案は、私たちがニューヨークの市立高校のために考案した方式とよく似たものだった。またこれらの方式は、現在アメリカの新人医師のほとんどを最初の仕事にマッチングしているクリアリングハウスでも用いられている。

では続いてこれらの解決策を見ていこう。

第III部

市場をよりスマートにし、より厚みをもたせ、より速くするためのデザインの発明

PART III

Design Inventions to Make Markets Smarter, Thicker, and Faster

第8章 病院と研修医のマッチングはどう進化したか

マーケットデザインの問題の解決策は、発明されることもあれば、発見されることもあり、またその両方であることも多い。多くの市場のデザインは、人間の長い歴史のなかで、試行錯誤を通じて進化してきた。そのため新たな市場の失敗の解決策が、別の市場で開発されたデザインのなかに発見されることもある。

とはいえ、一般にそのような解決策には、問題となっている市場の実情に合わせて、何らかの新たな変更を加える必要がある。

これは医学にたとえるとわかりやすい。人間は、人間のつくった市場よりもさらに長い進化を経ていまの姿になった。たとえば私たちの免疫系は、体を病気から守るように進化してきた。だが免疫系が正しく働かず、病原菌が勝ってしまうことがある。その場合どうするか?

いまでは抗生物質によって、体の自然な防御機能を助けることができる。世界初の重要な抗生物質はペニシリンである。ペニシリンは発明されたのではなく、スコットランドの免疫学者アレクサンダー・フレミングによって一九二八年に発見された。パンなどに生えるアオカビ（ペニシリウム）が抗菌作用のある物質を生成することに、フレミングは目を留めた。つまりペニシリンは、アオカビが細菌と戦うために発達させた自然の仕組みだった。だがペニシリンが実用化され、医薬品として広く利用されるようになったのは、ハワード・フローリーとエルンスト・チェーンの重要な貢献によって、その医学的特性に関する理解が進み（二人は一九四五年にフレミングと共同でノーベル賞を受賞している）、より繁殖力の強い種類のアオカビが開発され、工業生産の方法が考案されてからのことだ。

アオカビが細菌の発育を阻止する方法を発達させ、人間がそれを利用して人間の免疫系の失敗を修正できるようになったのと同様に、市場の失敗を是正するためのアイデアは、ほかの市場が「野生環境」でどのように発展してきたかを観察することによって得られることがある。

それではまず第４章でとりあげた、新人医師の市場を見てみよう。この市場がとくに参考になるのは、発展の各段階でマッチング市場にありがちな失敗の多くに苦しめられてきたからだ。したがって、この市場がどのような病気に苦しめられてきたのか、それに対して医師たちがどのような治療法を発見したのかを理解するために、市場の初期に遡ってみよう。あの解決策が、多くのマッチング市場にとってのアオカビになったのだ。

医師たちの悩みに効く薬

アメリカでは一九〇〇年ごろから、医学部を卒業した研修医がインターンやレジデントと呼ばれる初めての仕事に就いて、年長の指導医の監督のもとで研修を行う制度が始まった。この研修は過去一世紀の間に、医師免許を得るための要件になった（一九〇〇年以前は医学部を卒業すれば、それ以上の指導を受けることなく、ただちに医師として仕事ができた）。

研修医の仕事はやがて病院の労働力の重要な一翼となり、また医師にとっても医学部卒業後の教育の欠かせない一部として、キャリア形成に大きな影響をおよぼすようになった。言うまでもないことだが、病院と新人医師の双方が、適切なマッチングを得なければという大きなプレッシャーを感じている。医学生はよい最初の仕事に就きたいし、病院の研修プログラムは優秀な新人医師を採用したい。

だが研修医の市場は初めからうまくいっていなかった。初期の症状として、数少ない貴重な医学部卒業生を確保するために、病院はライバルの病院に先駆けて研修医を採用しはじめた。その結果、医学生は医学教育のまだ早い段階で、研修に関する決断を迫られるようになった。また学生と病院の交渉は個別に行われ、学生はほかの病院で研修を受けられる見込みがどれだけあるのかを知らないまま、オファーを検討することを強いられた。この問題は次第に深刻化し、市場が暴走していたことは傍目にも明らかだ。

この暴走により、採用時期の早期化がますます進んだ。最初は徐々にだが、その後一気に早まり、一九四〇年には卒業のほぼ二年前に採用が決まることもあった。第4章で見た通り、レギュラーシーズンが終わる前にノートルダムをボウルゲームの出場チームに選ぶことのリスクが高かったように、医学生を卒業の二年も前に採用することはリスクを伴った。とくに、医学部の最初の二年間は教室での講義が中心で、生身の患者を相手にしないため、この段階で医師としての資質を見きわめるのは難しかった。

そして当然ながら医学生も、自分が二年後にどんな仕事に就きたいかを知るのは難しかった。解剖学で好成績をとった学生が外科医を志望するも、三年生でようやく手術室に入り、外科手術を間近に見て、血を見ると失神するたちだったことを知るかもしれない。だが一九四〇年当時は、それでは手遅れだった。このころには、以前希望していた外科の研修医としてすでに採用が決まっていたからだ。これは学生にとっても、採用した側の外科医にとっても、望ましくないマッチングだった。

採用の早期化は学生と研修プログラムの両方に悪影響をおよぼしていたが、これまで見てきたように暴走は自制心では解決できない。一九四五年になると第三者である医学部が、指定された日までは学生の情報を病院に提供しないことに合意し、ようやくオファーの時期が規制されるようになった。医学部は指定日になるまでは成績証明書や人物証明書はおろか、学生の在籍確認さえ与えなかった。この措置によってたしかに採用日の管理は容易になった。医学部の二年生を終えたばかりの学生を採用するのはかなりリスクが高いが、医学生かどうかも確認できない人物を採用するとなると、もうばかげているからだ。

採用日が管理され、すべての病院が同時にオファーを出しはじめると、新たな問題がもちあがった。病院がオファーを出した学生が、熟慮の末に断ってきた場合、次にオファーを出そうと思っていた学生はもうほかの仕事に決まっていることが多かったのだ。言い換えれば、最初のオファーでしくじった病院は、とくに学生に待たされた挙げ句断られた場合、採用競争から弾き出された。

そこで病院は当然のように時限つきオファーを出すようになり、候補者はほかにどんな機会があるのかを知らないまま、即答せざるを得なくなった。市場は混乱して年々短期化し、病院は学生を採用し損ねるだけでなく、採用した学生に辞退されるケースも出てきた。すなわち、市場は混雑に見舞われた。ほかの病院が採用を早めている以上、悠長なことはしていられない。うかうかしていると多くのオファーを出す時間がなくなり、目をつけていた候補者をほかの病院にとられてしまう。

この種の混雑に五年も悩まされた末に、医師たちは思い切った策に出た。市場の大がかりな再編である。完全に分散化されていた市場に代わって、集権的なマーケットプレイス、一種のクリアリングハウスを通して、市場の最終段階をとりしきることを提案したのだ。これは重要な、歴史的とも言うべき決断だった。

新方式では、医学部の三年生は以前と同じように自分で研修プログラムに応募し、研修プログラムも以前と同様、彼らを面接に呼んだ。だがそこから先が違った。面接が行われたあと、オファーを出すプロセスは、新しい集権的なクリアリングハウスを通じて行われた。学生は面接を受けた研修プログラムの希望順位を第一希望から順にリストアップし、研修プログラムは採用したい学生の希望順位をリストにして、それぞれクリアリングハウスに提出した。

クリアリングハウスへの提出の前に、学生と病院は職務内容（給与その他の条件を含む）や応募資格に関する情報を交換し、これをもとにそれぞれが熟慮のうえ希望順位を決定した。注目してほしいのは、これが前もって行われたということだ。そのためクリアリングハウスはこの情報を利用して、応募者と仕事のマッチングを提案することができた。

新方式の一環として、提出された希望順位がどのように処理されて推奨マッチングを導き出すのか、その仕組みが参加者に説明された。ここで、日の目を見なかった当初案と、採用された改定案の両方をくわしく見ていくことに意義がある。なぜならこうした細部こそが、マーケットデザインの中核をなしているからだ。この場合の当初案は、参加者が希望順位のリストを提出する際、真の選好を正直に申告することが安全かどうか（ここまで見てきた通り重要な要因である）という、重大な懸案があった。

当初案では、学生は面接を受けた研修プログラムの希望順位を提出し、研修プログラムは面接した学生を希望順位別にグループ化した。つまり、一位グループには募集人数を上限として最も望ましい学生を入れ、二位グループには次に望ましい学生を、三位以下のグループにはその次に望ましい学生を入れていった。このとき提案されたアルゴリズムでは、最初にお互いを第一希望とする研修プログラムと学生がすべてマッチングされた（一位－一位のマッチング）。続いて各研修プログラムの二位グループの学生のうち、そのプログラムを第一希望とする学生がマッチングされ（二位－一位のマッチング）、次が研修プログラムの第一希望と学生の第二希望（一位－二位）、その後二位－二位、三位－一位、一位－三位、三位－二位、二位－三位……の順にマッチングが決められた。この方式の狙いは、学生に有利な扱いをすることにあったように思われる。双方の希望順位が一致しない場合は、学生の第一希望が研修プログラムの第一希望よりも先に考慮されたからだ（学生をオファー側とする方式）。

しかし試験運用を経て、学生はクリアリングハウスに真の選好を表明するのは安全でないことに気づいた。この数十年後にニューヨークとボストンに導入された学校選択制度でそうだったように、第一希望として申請した研修プログラムの一位グループに入れなかった学生は、第二希望のプログラムにも決まらない可能性が高かったのだ（たとえそのプログラムの一位グループに入っていたとしてもである）[1]。

当初案のデザインにこの欠陥を発見した学生の一人が、ハーディ・ヘンドレンだ。彼はクリアリングハウスが導入されようとしていた一九五二年に、ハーバード大学医学部の卒業を控えていた。それから何十年も経ってから、マサチューセッツ州ケンブリッジで昼食をとりながら、彼にこのときの話を聞いた。このとき彼はすでに（一九九八年に）ボストン小児病院の外科部長を退任していた（長く複雑な手術を得意としていたため、同僚たちに「ハードリー・ヒューマン」のあだ名で呼ばれていたという）。ハーディは第二次世界大戦中の一九四三年に一七歳で海軍に入隊してパイロットになるための訓練を受け、終戦後、大学に復学したのち、医学部に進学した。こうした経歴をもつ彼が、医師としての最初の仕事を探そうとしていたとき、クリアリングハウスが学生にとって安全でないという懸念を誰はばかることなく表明したのは想像に難くない。

それにハーディは、役人がなんとかしてくれるのをじっと待つようなタイプでもなかった。

彼は仲間の学生たちと全国学生研修医マッチング委員会を結成して、提案されたアルゴリズムへの反対運動を組織し、別の手法で選好リストを処理してマッチングを決定することを提案した。のちに「ボストン・プール・プラン」として知られるようになった手法である。実際この手法こそ、一九五二年に学生と仕事をマッチングするために導入されたクリアリングハウスで、最終的に採用されたアルゴリズムだった。またこの手法はその後の多くのマーケットデザインの枠組み、言うなればアオカビになった。私が一九九五年に新たにデザインを行うよう依頼を受けた、研修医のマッチング方式自体、この手法をベースとしていた。

一九五二年当時、新しく導入されたこのクリアリングハウスは、カード分類機を用いて処理を行い、成功を収めた（コンピュータはまだ一般的ではなかった）。「成功」とはどういうことか？　一つには、この年に多くの学生と研修プログラムが希望順位を提出し、クリアリングハウスの推奨する相手と契約を交わすに至ったということだ。ここで「推奨する」と言ったのは、当時はすべてが完全に任意ベースで行われていたためである。希望順位の提出は強制ではなかったし、提出してもクリアリングハウスが推奨するマッチングに従う必要はなかった。それでも「マッチ」と呼ばれたこのプロセスは、まもなく研修医のマーケットプレイスの重要な一部になり、集権的なクリアリングハウス以前の市場の失敗が嘘のように、新たな問題を生じることもなく、長期にわたり高い参加率を誇っていた。

私はこのクリアリングハウスをはじめ、ほかの雇用市場で成功しているクリアリングハウスを研究したとき、成功の秘訣を発見した。それは、これらのクリアリングハウスによって生み出されたマッチングが安定だったということだ。すなわち、「現在互いにマッチングされていないが、いまの相手よりも互いをより望ましいと思い合うような応募者と研修プログラムのペアが存在しない」という意味での「安定」である。

推奨されたマッチングが安定でない場合、つまり現在マッチングされていない相手とのマッチングを望むような応募者と研修プログラムのペアが一つ以上存在する場合、この不満をもっているペアをブロッキングペアと呼ぶ。ブロッキングペアが存在するマッチングが不安定と呼ばれる理由は、ブロッキングペアは現在のペアを解消して互いと組み直すことによって、推奨されたマッチングを妨害《ブロック》し、不安定にすることができるからだ。一九五二年に「マッチ」によって生み出されたマッチングのような安定な結果には、ブロッキングペアは存在しない。

安定なマッチングを生み出せないクリアリングハウスに、自発的な遵守を求めるのがなぜ難しいかはわかるだろう。たとえば互いにマッチングされていない医学生と病院の数組のペアが、マッチングされた相手よりも互いの方をより望ましく思っている――つまり、これらのペアがブロッキングペアだったとしよう。ある医学生がクリアリングハウスによって第三希望の病院とマッチングされたが、彼の第一希望または第二希望の病院のどちらかが、クリアリングハウスによって推奨された医学生よりも、彼の方を望ましいと考えているとする。この医学生は、自分がブロッキングペアなのかどうかを知るには、より望ましい二つの病院に電話をかけさえすればいい。電話を受けた病院は彼の方を望ましいと思えば、クリアリングハウスに推奨されたマッチングの少なくとも一部を無視して、代わりにこの医学生にオファーを出す十分な理由がある。

このような事態が頻発すると、病院はシステムの外で交渉した方がよい人材を採用できることを知り、そのうち募集する定員の一部ないしすべてをクリアリングハウスを介さずに採用しはじめるだろう（前に説明した通り、ニューヨークでも同じことが起こった。学校選択の旧方式では、高校の校長が定員枠の一部を教育局に報告せず留保していた）。やがてアルゴリズムが不安定な結果をもたらすようになれば、「マッチ」の結果を受け入れるよりも互いにマッチングされたいと考える医学生と病院のペアが出てくる。こうした不満を抱いたブロッキングペアは、プロセスを迂回するインセンティブをもつようになる。

このような観点から考えると、安定な結果とは、参加者全員が各自の目標を精力的に追求できる、きわめて競争的な市場に期待すべき結果だということがわかる。ブロッキングペア——現在のマッチングを解消して互いとマッチングされたがっている雇用主と求職者のペア

――が存在する場合、彼らを押しとどめているものは何か？　もし押しとどめているものが何もないなら、市場は不安定な結果をもたらさないと予想すべきだろう。なぜなら、ブロッキングペアがそのような結果に同意しないからだ。しかしこれまで見てきたように、ブロッキングペアが現在のペアを解消して新しくペアを組み直すのを押しとどめる要因はいろいろある。市場の厚みがなさすぎる、混雑しすぎている、ペアを組み直すのはリスクが高すぎる、などだ。

もちろん、ここまでは単なる仮説だ。しかし安定な結果を生み出すクリアリングハウスの方が、そうでないクリアリングハウスより適切に機能するという仮説は、強力な証拠に裏づけられている。

一例を挙げよう。イギリスの研修医の市場で採用の早期化が進んでいた一九六〇年代には、国民健康保険（ＮＨＳ）の各地域が、独自のクリアリングハウスによって集権的にマッチングを行っていた。一部の地域で用いられていたアルゴリズムは、アメリカの研修医マッチングで当初提案されたが学生にとって安全でないとして却下された仕組みに非常によく似ていた。イギリスでは、このような不安定なクリアリングハウスは適切に機能せず、やがて不満をもった医学生と病院、すなわちブロッキングペアが制度を迂回するようになったために、廃《すた》れていった。対照的に、安定なマッチングを生み出すクリアリングハウスは成功し、存続していたのだ。[2]

一九五二年当時、経済学者がこうしたことをまだ一つも解明していなかったことを考えると、ハーディ・ヘンドレンの慧眼と、彼の組織した委員会の地道な活動になおさら驚かされる。安定性という概念は、それから一〇年後の一九六二年にデイビッド・ゲールとロイド・シャプレーが発表した、「大学入学と結婚の安定性」という興味をそそるタイトルの論文[3]において、初めて明確に打ち出されたのである。ゲールとシャプレーは当時「マッチ」のことは知らなかったが、安定マッチングを実現するアルゴリズムを考案した。そしてのちに私は、それが医師たちによって一九五二年にクリアリングハウスに採用されたものと実質的に同じであることを発見した。ゲールとシャプレーが「受け入れ保留アルゴリズム」と名づけたこのアルゴリズムは、やがて失敗したマッチング市場を修復するのに欠かせない、アオカビの最も重要な菌株になった。とくに、このアルゴリズムがつねに安定マッチングを生み出すことを彼らが証明したことが大きい。ただし複雑な事情、たとえば同じ地域でそれぞれが仕事を探している夫婦の研修医などが存在する市場は、この限りでない（先走ってしまったが、あとで説明する）。

ロイド・シャプレーはゲーム理論の分野を創始した巨匠の一人だ。彼は、この研究分野全体を切り拓く多くの論文を書いたが、彼が二〇一二年ノーベル経済学賞を受賞する決め手となったのは、この論文である。もしデイビッド・ゲールが存命だったなら、ロイドと私と共同でノーベル賞を受賞していたのは間違いない。ゲールとシャプレーは受け入れ保留アルゴリズムの最初の発見者ではなかったが、最後の発見者だった。彼らの発見は二度と忘れ去られることはなかった。

その仕組みを説明しよう。ここでは便宜上、応募者と雇用主がいちいち行動を起こしているかのように説明するが、実際に彼らがとる行動は、最初に（ステップ0で）選好を提出するだけだということに留意してほしい。その後（ステップ1以降）はすべてがコンピュータ内で処理されるため、決定と伝達による遅延は発生しない。

●ステップ0：応募者と雇用主がクリアリングハウスに対し、希望順位のリストのかたちで自らの選好を非公開で提出する。

●ステップ1：各雇用主は第一希望の応募者に、定員の範囲内でオファーを出す。各応募者は受け取ったすべてのオファーのなかから、最も望ましいもの（希望順位が最も高いもの）を暫定的に受け入れ、それ以外のものを（応募者が受け入れがたいと判断し、選好リストから除外した仕事にオファーが来た場合は、それを含め）拒否する。

…

●ステップn：前のステップでオファーを拒否された雇用主が、次に希望順位の高い応募者（まだいれば）にオファーを出す。各応募者はいま保留しているオファーと、新しく受けたオファーを合わせて検討し、それらのうちの最も望ましい（希望順位の高い）ものを暫定的に受け入れ、それ以外のオファーを――前に暫定的に受け入れたが、もはや受け取ったなかの最善のオファーではなくなったものを含め――すべて拒否する（応募者はアルゴリズムのどのステップでオファーを受けたかは考慮に入れないことに留意してほしい。新しく受けたオファーが、それまでに受けたオファーよりも望ましいかどうかだけに注目する）。

●どのオファーも拒否されなくなり、それ以上オファーを出す雇用主がいなくなった時点で、アルゴリズムは終了する。この時点で各応募者は最もあとに暫定的に受け入れたオファーを正式に受け入れ、これによって応募者と雇用主が（ようやく）マッチングされる。裏を返せば、これ以上オファーが出されなくなる最後の時点までは、すべての受け入れが保留されるということだ。

ゲールとシャプレーが証明した驚くべきことは、この方式で生み出される最終結果が、雇用主と応募者の提出した選好に対して、それらがどのような選好であろうとも、必ず安定マッチングになるということだ。つまり、アルゴリズムが終了し、それぞれの応募者が拒否せずに保留していたオファーを受け入れた（かつオファーを保留していない応募者と、保留されていないオファーが、マッチングされないまま残っている）時点でのマッチングは、安定である。したがって互いにマッチングされていないが、マッチングされることを望んでいる応募者と雇用主の組み合わせ、すなわちブロッキングペアは存在しない。

どうしてそれがわかるのか？（ここからの議論は数学的だが、ごく単純なため数式は使わず、論理的思考だけで説明する。そしてこの仕組みが、ノーベル賞をもたらす決め手になったのだ）。

たとえばある応募者、ドクター・アロースミス（A）と、雇用主であるマサチューセッツ総合病院小児科（P病院）の研修プログラムは、互いにマッチングされていないとする。その場合、どうしてAとP病院が互いとのマッチングをともに望んでいないとわかるのだろう？

ここでのキーワードは「ともに」だ。AはランスフィールドCクリニック（R病院）の研修プログラムにマッチングされたが、R病院よりもP病院で働くことを望んでいるかもしれない（実際、選好リストにはP病院をR病院より上位に書いた）。だがこのケースでは、P病院はアルゴリズムの実行中にAにオファーを出したはずがない。なぜなら、もしもP病院がAにオファーを出していれば、AはP病院を受け入れ、R病院を拒否したはずだが、Aは現にいまR病院にマッチングされているから、R病院を拒否してはいないのだ。ではなぜP病院はAにオファーを出さなかったのか？　それは、P病院がAにオファーを出すまでもなく、定員枠をすべて満たしてしまったからだ。つまり、P病院はAよりも望ましい応募者で定員枠を満たしていることになる。したがって、AがP病院とのマッチングを望んでも、P病院はその思いに応えてくれない（この議論は、ついていくのは難しくないが、まったく自明ではないことを理解するのに役立つ、きわめて数学的な議論だ[4]）。

私たち（あなたと私）はこの議論をたどることによって、ゲールとシャプレーの驚くべき発見を再現した。現在マッチングされているものとは別のプログラムを希望するどの医師に対しても、プログラムの方はその思いに応えてくれないことを示した（これは、現在マッチングされている医師とは別の医師を希望するどのプログラムに対しても、医師の方はその思いに応えてくれないことを示したのと同じである）。ブロッキングペアが存在せず、マッチングが安定であることを、これらの事実のいずれもが示している。

この単純かつ重要なアイデアの束――安定マッチングのモデル、受け入れ保留アルゴリズム、そしてそれがどんな選好に対しても安定マッチングをもたらすという証明――は、二〇一二年にストックホルムで鳴りもの入りで――比喩ではなく、本物のトランペットによるフアンファーレ[5]が鳴り響くなか——表彰されたのである。

「マッチ」がなぜマーケットプレイスとして成功したかと言えば、市場を組織するための従来の方法を失敗に至らせていた、いくつかの問題を解決したからだ。「マッチ」は、学生と病院にとって魅力的だったからこそ、市場に厚みをもたせることができ、待つだけの価値があったからこそ、参加者に暴走を思いとどまらせることができた。また事前に参加者に意思決定を求め、その決定に添ったマッチングを探すプロセスをすばやく実行したからこそ、混雑を避けられた[6]。そして「マッチ」は、医師たちが真の選好を安全に表明できるようにした。最後の点については次章で説明する。

カップル

医学生のための「マッチ」は、数十年にわたり順調に機能していた。だが女性の医学部入学者が増えるにつれ、問題が生じるようになった。

医学生はとかく多忙だが、勉学の合間に同級生とつき合うくらいのことはできる。一九七〇年代から「マッチ」に既婚のカップルがちらほら参加するようになった。カップルは一つではなく二つの研修プログラム、しかも一緒に暮らし続けられるよう、同じ地域のプログラムを希望した。その結果、マッチングにそれまでになかった問題が生じた。カップルは「マッチ」によって推奨されたオファーを断ることがあったのだ。やがて「マッチ」に最初から参加せず、雇ってくれそうな病院と直接交渉するカップルが出てきた。

そのような場合、マッチングされた医学生をさしおいて、カップルのどちらかを雇おうとする病院があった。少数とはいえ、「マッチ」を通さずに最初の仕事を取り決めるカップルが出てくると、システム全体に影響がおよび、長らく成功を収めていた制度が、独身の学生にとっても（マッチングされた病院に採用されない場合があった）、研修プログラムにとっても（「マッチ」の前または後に、優秀な候補者を見つけられる場合があることに気づきはじめた）、うまく機能しなくなった。

「マッチ」の管理責任者はカップルのニーズに応えるため、マーケットデザインに変更を加えようとした。一九七〇年代には、次のような措置がとられた。カップルはまず医学部長によって「正式な」夫婦であるとの認定を受け、カップルのどちらか一人が「主要メンバー」に指定された。カップルは独身者と同様、仕事の選好順位のリストをそれぞれ提出したが、最初は主要メンバーだけが「マッチ」を経た。彼／彼女が仕事にマッチングされると、それに合わせてもう片方のメンバーの選好順位が修正され、同じ地域の仕事だけがリストに含められた。

しかし、このプロセスを経て同じ地域の別々の仕事にマッチングされたのに、それでも仕事を断るカップルがいた。そういうカップルは病院に直接電話をかけて仕事を探し、実際に気に入った仕事を手に入れることが多かった。なぜか？　これは私が「結婚の鉄則」と呼ぶものの実例と考えられる。すなわち、夫は妻より、妻は夫より幸せになってはいけない、というものだ。

どういうことか？　たとえば若い夫婦がボストンでそれぞれ仕事を得たが、片方がとても魅力的な仕事で、もう片方がそれほどでもなかったとする。結婚の鉄則によれば、夫婦はあちこち電話をかけて、別の場所で二人そろってよい仕事を見つけた方が幸せになれるのだ。

だがもしも「マッチ」がまだ安定マッチングを導いていたなら、カップルは自分たちにとって望ましく、かつ自分たちを望ましく思ってくれる雇用主の仕事を、「マッチ」の外で見つけられなかったはずだ。しかし現に彼らはそうした仕事を見つけることができた——ここにこそ、カップルが近くでそれぞれの仕事を探すようになったとき、新人医師の市場が根本的に変化したことが見てとれる。「マッチ」の安定性は、現在マッチングされていない相手とのマッチングを望むような応募者と研修プログラムのペアが存在しない結果を確実に生み出したが、医学生にカップルが含まれる場合には、同等の結果をもたらすことができなかった。その理由は結婚の鉄則にある。カップルは見ず知らずの二人の求職者ではない。お互いが、自分の仕事だけでなく、相手がどんな仕事を得るかを気にかけているのだ。クリアリングハウスは、カップルが「ペアの仕事」への選好を表明できるようにしない限り、カップルの仕事に関しても安定な結果を決して生み出せないことがわかっている。だがそれは思った以上に厄介なことだ。私は一九八〇年代に初めてこの市場を研究した際、たとえカップルに「ペアの仕事」への選好を表明することを認めても、一部の選好に対しては安定マッチングが存在しない場合があることを証明した。どの応募者と雇用主のマッチングも安定でない反例を生成することによって、これを示した。[7]

カップルが含まれる市場をデザインするという問題は、一九五〇年代の単純な市場の問題とも、ゲールとシャプレーが一九六二年に取り組んだ単純なモデルとも異なる、困難なものになりそうだった。また医学部卒業生に占める女性の割合が上昇するなか、今後問題が深刻化するのは目に見えていた（いまではアメリカの医学生の五〇%が女性である）。

一九九五年にオフィスの電話が鳴った日のことが、いまもまざまざと思い出されるのは、おそらくそのせいだろう。この電話に出たことで、私の職業生活は一変した。電話をかけてきたのは「マッチ」、最近の名称では全国研修医マッチングプログラム（NRMP）の事務局長、ボブ・ベランだった。「マッチ」は――カップルの扱いに限らず、いくつかの理由から――危機的状況にあり、ベランは私にリデザインを依頼してきたのだ。

彼の用件を理解したとき、まっ先に頭に浮かんだのは、「なぜ私なのか？」という疑問だった。もちろん、彼が私に頼んできた理由はわかっていた。私は「マッチ」と安定マッチングを研究していて、クリアリングハウスの成功にとって安定性が経験的に重要であることを証明していた。一九九〇年には友人のマリルダ・ソトマイヨールとともにマッチングに関する本[8]を執筆し、高い評価を得てもいた。だがその一方で、その本のなかで唯一「マッチ」のリデザインと直接関係があるのは、反例だけだということも、私にはわかっていた。その反例とは、たとえばカップルのマッチングに関する反例などであり、それらは「マッチ」をうまく機能させることがいかに大変な仕事になるかをまさしく物語っていた。またゲールとシャプレーが導いたような、複雑な事情のない市場のための単純な数学的結論が、カップルが市場に含まれる場合は一般にあてはまらないことも私は知っていた。この仕事を引き受ければ、未知の領域に足を踏み入れることになる。

あの電話が私の職業生活を変えたというのは、そういうわけだ。「マッチ」のリデザインを引き受けるまで、私の研究はほとんどが理論的なものだった。理論家の私でさえ、カップルの交じるマッチングが困難な問題だということは十分わかっていた。これからはその難問を自ら解決する任を負うことになる。

この年「マッチ」にカップルとして参加した人は約一〇〇〇人だった（約五〇〇組。今日その数は倍増している）。このような人たちに希望に添う「ペアの仕事」を割り当てつつ、それ以外の卒業間近の医学生やその他の応募者にもよい仕事を割り当てることのできる、エレガントな方法を見つけることが、私の仕事になる。ものごとが機能する仕組みや失敗する仕組みを解明する科学者でいればよかった時代は終わった。いまひとたび、ものごとをよりよく機能させる責務を担う、エンジニアとマーケットデザイナーになろうと、私は心に誓った。(9)

思えば私は仕事を引き受ける際、一つだけ重要な条件をつけた。「マッチ」を長年にわたって技術的に支えてきた、エリオット・ペランソンと一緒に取り組みたいと所望したのだ。エリオットは優れた独学の実践的なマーケットデザイナーである。彼は勤めていたコンサルティング会社が「マッチ」に関する契約を獲得したとき、半ばなりゆきでこの仕事に携わるようになった（契約が結ばれた数年後に独立起業し、以来さまざまな雇用市場のクリアリングハウスを組織している）。

年々新たな問題が生じ、また医学教育のあり方が構造的に変化するなか、エリオットは「マッチ」のルールに細かな変更を加えてきた。これまでの試みで何がうまくいったのか、いかなかったのかを、彼は知り尽くしている。実際、当初のカード分類機を利用した「マッチ」の仕組みを、コンピュータ化したプロセスに変えたのも、エリオットだった。

以来、私が複雑な市場を適切にデザインしたときには、その陰でいつもエリオットが重要な役割を担ってくれた。彼は熟達したガイドのような存在だ。新しい市場に取り組む経済学者の私は、専門家というよりはゼネラリスト、いわば新しい山を攻略しようとする経験豊富な登山家のようなものだ。距離を置いたところから市場を研究してはいたが、細部についてはまだ学ばなくてはならないことが多い。なにしろマーケットデザインにおいては、細部こそが肝心なのだ。第3章で見た通り、腎臓交換のマーケットデザインでは、フランク・デルモニコとマイク・リースが私たちのガイドとなり、のちには擁護者になってくれた。だがデザインのパートナー[10]になってくれたのは、エリオットが初めてだった。

次の一年をかけて、私たちは独身者とカップルに限らず、最も単純なかたちの受け入れ保留アルゴリズムでは適切に処理できない、さまざまな「マッチングのバリエーション」(たとえば必要な専門的知識を得るために研修先を二つ探さなくてはならない独身者や、複数の研修プログラムの間で職務を柔軟に切り替える必要のある病院など)に対処する方法を考案した。できる限り安定マッチングを導く必要があることを、私たちは知っていた。またカップルに適切に対処できる妥当なアルゴリズムは、単なる受け入れ保留アルゴリズムとは違うものになることもわかっていた。それはカップルを含むブロッキングペアを特定し、修正できるアルゴリズムでなくてはならない。

最終的に私たちは「ロス＝ペランソン・アルゴリズム」と呼ばれるようになった、混合型のアルゴリズムを開発した[11]。この方式では、まず受け入れ保留アルゴリズムによって、医学生と研修プログラムをあらかじめマッチングさせる。このマッチングにはブロッキングペアがいくつか含まれているため、続いてそれらを一つひとつ修正していく。

エリオットと私はいくつかの理由から、前に説明した受け入れ保留アルゴリズムを逆にして、雇用主が第一希望から順に応募者にオファーを出していく代わりに、応募者が第一希望から順に仕事に応募していく方式をとった（応募者をオファー側にする方式）。この理由については、のちに学校選択のクリアリングハウスを説明する際に説明したい。

どんなにアルゴリズムに力を注いでも、そもそも安定な結果が存在しなければ、それを得られるはずはない。だが嬉しくも驚いたことに、データを分析した結果、「ペアの仕事」の選好順位を提出するカップルが市場にいるときでさえ、この方式でほぼ必ず安定マッチングが得られることが判明した。

今日、数十の雇用市場のクリアリングハウスが、私たちのアルゴリズムを用いてカップルの仕事探しを手伝っているが、安定な結果が見出せないことはまずない。これは、エンジニアリング（工学）が科学的理解に先行した典型例だと言える。実際、最近になって同僚の小島武仁《ふひと》とパラグ・パサク、イタイ・アシュラギらが、カップルの割合がそれほど高くない大規模な市場で、ほとんどの場合に安定マッチングが存在すると期待できる理由を解明している。[12]

これまで数万組のカップルを含む数十万人の医師が、「マッチ」を通して数千の研修プログラムに職を得ている。このことはとりもなおさず、市場が人間の複雑な営みの調整を図るツールとして十分な柔軟性を備えていることの証左である。医学教育や雇用が変化し、労働力プールに多くのカップルが含まれるようになったが、「マッチ」はそうした変化に合わせて基礎となるデザインを変更することによって、いまも大勢の参加者を集めるマーケットプレイスであり続けている。

しかし、市場への自由な参加を促す要因が、他方では市場の能力を制約することもある。

集権的な市場と中央計画

私が「マッチ」のリデザインに取り組みはじめた当初は、市場を中央集権的に計画管理するような仕組みを期待する医療責任者もいた。とくにアメリカの医療現場では、地方の病院に若いインターンや研修医が集まらないことが問題になっている。若手の医師は最新の診断・治療用機器を駆使して、さまざまな病気をもつ多くの患者の治療に関わりながら仕事を覚えられる、大都市の病院を好む傾向があるのだ。

そんなわけで私が受けた要望の一つに、「『マッチ』をどうにか調整して、定員割れの続く地方の病院に研修医を送り込めないだろうか？」というものがあった。

私は「マッチ」のリデザインを依頼されるかなり前、「僻地《へきち》病院の定理」(13)として知られるようになった数学的結果を証明した際に、この質問に対する答えが「ノー」であることを発見していた。安定マッチングが複数あるとき、どれか一つの安定な結果において定員が埋まらない病院は、どの安定な結果が選ばれても、得られる医師の集合はまったく同じことがわかっている。「マッチ」が、医学生と研修プログラムが双方の希望に基づいて自由にマッチングされる競争的な市場として機能しなくてはならない以上――つまり、安定な結果を生み出さなくてはならない以上――希望している以上の数の医師を地方の病院に送ることはできない。たとえ送ったとしても、そうした医師は希望するほかの病院とブロッキングペアになるため、市場の力だけでは彼らを地方にとどめることはできない。

ここで留意してほしいのが、研修医は給与を支払われ、その金額が仕事の望ましさを判断する基準の一つとして、彼らの選好に反映されているということだ。だが医師の将来のキャリアを大きく左右する最初の仕事においては、給与は望ましさの最も重要な判断基準にはほど遠い。だからこそ、地方の病院は単に給与を上げるだけでは多くの研修医を集められないのだ。地方の病院にとっては、キャリアがすでにある程度固まった中堅の医師を雇う方が安くつく。中堅の医師は研修医に比べて給与は高いが、技能に長《た》け、ベテラン医師のきめ細かな指導を必要とせず、報酬の一環として幅広い教育を求めることもないからだ。

教育

教育の話が出たところで、次章では子どもを家庭の希望する公立学校に割り当てる、学校選択制度のデザインという問題を考えよう。この問題でも、私たちは受け入れ保留アルゴリズムを用いた、コンピュータ化されたクリアリングハウスのデザインを手伝った。この仕組みを通して、家庭が学校に対する選好を正直に表明することがなぜ安全になったのかを、次章で説明する。そうすれば、医学生のための「マッチ」がなぜこれほどよく機能しているのかを十全に理解できるだろう。それは、「マッチ」が厚みのある市場を生み出し、混雑を防いでいるからだけでなく、新人医師が仕事に対する正直な選好を安全に表明できるようにしているからにほかならない。

公立学校は、子どもの通学校を決定するにあたり、価格がいかなる役割を担うことも許されないマッチング市場である。これは、公立学校と私立学校の相違点の一つだ。親は公立学校の席を金で買うことは許されないし、公立学校は（すべて無償であるため）学費の値引きによって生徒を争奪することはできない。しかし医学生と研修プログラムが互いに対してもつ選好が新人医師の市場を動かしているように、公立学校の選択においても家庭の選好に一定の役割を担わせることで、市場のメリットをいくらかとり入れることはできる。

このプロセスを適切に機能させることがきわめて重要だ。民主主義社会は教育の無償化と義務化を図り、幼い市民に上質な教育を提供するという重大な責任を、社会全体として負っている。これを実現するのは並大抵のことではない。また教育の成否は子どもに生涯にわたる影響をおよぼす。子どもの通学校に対する選択権を親たちに与えることは、一人ひとりニーズの異なる子どもたちを、異なる強みをもつ学校に適切に割り当てようとする取り組みの一環である。研修医のためのマッチング市場が、医師たちのキャリアにおけるとくに重要な節目を支えているように、学校選択の市場も、子どもたちの将来に多大な影響をおよぼすのだ。

第9章　安心できる学校選択へ

二〇〇三年にニューヨーク市教育局からかかってきた電話は、いろいろな意味で「マッチ」のリデザインを依頼する一九九五年の電話を思い起こさせた。実際、ジェレミー・ラックがニューヨーク市の高校選択制度の問題に対処する責任を与えられたとき、私のことを思いついてくれたのは、私が「マッチ」のリデザインで成功を収めていたからだ。彼の思いつきは功を奏した。今日ニューヨークの生徒は、医療分野の「マッチ」と基本的に同じ原理を用いた高校選択プロセスを満喫して（耐え忍んで？）いる。

パラグ・パサク、アティラ・アブドゥルカディロールと私がこの問題を調べはじめた当初、ニューヨークの公立学校がどんな問題を抱えていたかを（第6章から）思い出してほしい。当時この制度は混雑のひどい、紙ベースのシステムで、情報は郵便でやりとりされていた。生徒が真の選好を表明することすら安全でなかった。なぜなら第一志望の生徒しか受け入れない高校があったし、高校の校長はあとでよりよい生徒をとるために、定員の一部を制度に報告せず留保していたからだ。そんなわけで多くの生徒が、正規の制度を介さずに高校に席を得ていた。制度に欠陥があったせいで一種の闇市場が横行し、制度が機能不全を起こしかけているのは明らかだった。だが最も差し迫った問題は、どの志望校にも割り当てられずに、入学間際になって通学校を事務的に決定される生徒が、三万人もいたことだ。

私たち経済学者が何らかの助言を与えられるようになるには、まずニューヨークの高校や生徒について調べるべきことがたくさんあった。調査を始めてまもなく、話に聞いていた通りの実態が明らかになった。多くの学校が混雑の問題を抱え、そのせいで人気校には熾烈な競争が生じていた。だが全体としてみれば、生徒の人数と学校の定員はほぼ同数だった。

それならなぜ入学許可が来ない生徒が三万人もいたのか？　それは一つには、ほかの約一万七〇〇〇人もの生徒が複数の学校から入学許可を受けていたからだ。彼らが通学校を決め、それを通知するのに時間がかかっていた。複数の入学許可を得る生徒がいたせいで全体の流れが滞り、混雑が生じていたのだ。まっ先にやるべきことは、各生徒が得る入学許可を一つに限定することだった。

だが私たちはこの措置を提案する前に、旧制度で複数の入学許可を受けた子どもたちが、実際にどのような選択をしているのかを知る必要があった（それに、「ニューヨークの公立高校から中産階級の子どもたちを完全に追放した経済学者」として名が残るようなことは避けたかった）。結果、複数の学校に入学を許可された生徒の大多数が、その中で最も志望順位の高い学校を選んでいることが判明したため、そうした場合はその学校だけから入学許可を受けるようにしても支障はないだろうと結論づけた。その一方で、この単純な変更によって、一部の生徒に集中していた入学許可が、ほかの子どもたちにも行きわたるはずだった。

それに加えて、もし各生徒が一校から入学許可を得る制度に「耐戦略性」があれば――つまり、もしも新制度で生徒と親が真の志望順位を安全に表明できるようになるのであれば――旧制度でなら複数の入学許可を得られたはずの子どもにもメリットがあるはずだ。なぜか？　生徒は入学できる見込みがほとんどない人気校を志望校に含めても、先に挙げた例で言えば、航空高校のようなほかの志望校に合格しにくくならないからだ。

最後の点として、新制度が適切に機能するには、校長がすべての定員枠を報告し、一席たりとも留保しないことが重要だった。旧制度では、校長は定員枠を一部留保することによって、集権的なプロセスを通じてすべての生徒を受け入れた場合よりも望ましい生徒を確保できた。理想的には、新制度は集権的なプロセスを通じて得られる生徒が、定員枠を留保した場合に得られる生徒と同等かそれ以上に望ましいことを、校長たちに保証するものでなくてはならない。

このような理由から、私たちは最終的に医学生の「マッチ」と同じ、受け入れ保留アルゴリズムを基本とする、コンピュータ化されたクリアリングハウスの設置を提案した(1)。このアルゴリズムの特性は、とくに(学校をオファー側にする方式ではなく)生徒をオファー側にする方式を軸とした場合に、ニューヨーク市の問題の解決に大いに役に立つはずだと、私たちは考えた。

新しいクリアリングハウスでは、生徒は行きたい学校の志望順位を提出し、学校は(生徒の志望順位のリストを見ていない状態で)最も望ましい生徒の希望順位を提出する。この新しい学校選択アルゴリズムのステップ1では、まず生徒が第一志望の学校に出願する。学校は最も希望順位の高い生徒を最大で定員一杯まで保留し、残りの生徒を拒否する。拒否された生徒は続いて第二志望校、第三志望校……と出願していき、学校は各ステップで同様に生徒を希望順位の高い順に最大で定員一杯まで保留する。拒否される生徒がいなくなるまですべての入学許可は保留され、いなくなった時点で各校は保留している生徒を正式に受け入れるというやり方だ。

新制度を旧制度と比べてみよう。

ここでは架空の年子の兄弟、エイモスとザックを例にとって考える。エイモスは旧制度の最終年度である二〇〇三年、ザックは新制度の初年度である二〇〇四年に、それぞれ高校を受験したとしよう。

エイモスが最も行きたい学校はクイーンズのタウンゼント・ハリス高校（T校）。旧制度では、同校を第一志望にした生徒しか選考の対象にしなかった、人気の高い高校だ。二番めに行きたい学校は別の人気校、マンハッタンのビーコン高校（B校）。母の職場の近くにあり、やはり第一志望の生徒で定員が一杯になってしまう。三番めに行きたいのはクイーンズの自宅近くのカードーゾ高校（C校）、四番めは同じくクイーンズのフォレスト・ヒルズ高校（F校）だ。T校とB校の両方に出願すれば、選択肢が一つ無駄になることを、エイモスは知っていた。第一志望にしなかった方の学校には、選考対象にしてもらえないからだ。そこで彼は第一志望をT校、第二志望をC校、第三志望をF校と書いた。結果、惜しくもT校に漏れ、本当は第三志望だがリストには第二志望と書いた、C校に入学を許可された。成績優秀な彼は、補欠のままひと夏を過ごす心配や不安とは無縁だった。

次の年に新制度下で受験したザックは、学校は生徒の志望順位を知らないため、その学校を第一志望に書かなかった生徒に不利な扱いをするようなことはないと知っていた。そこで彼は真の選好順位を正直に書いて提出した。それは兄の真の順位と同じで、上から順にT校、B校、C校、そして安全校のF校だった（とはいえ彼も成績優秀なため、あまり心配していなかった)。この年もT校には定員を超える受験者が殺到し、ザックはエイモスと同じく僅差で漏れた。したがって新しいアルゴリズムのステップ2で、自動的に第二志望のB校に出願した。

B校も旧制度では一五〇人の定員に一三〇〇人の受験者を集めていたほどの超人気校だ。そのため受け入れ保留アルゴリズムのステップ1では、上位一五〇人の受験生を除く全員が拒否された。だが新制度では受け入れが保留されるため、B校はステップ1で出願した生徒をまだ受け入れていない。ザックが出願した時点で、B校はステップ1で拒否されなかった一五〇人とステップ2で出願した生徒を比べて全員を改めてランクづけし、上位一五〇人を保留して、それ以外の全員を拒否した。

ザックはステップ2で拒否されず、その後のどのステップでも拒否されなかった。そのためアルゴリズムが終了した時点で、晴れてB校に入学を許可された。彼は兄と違って、真の選好を安全に表明し、B校を第二志望として提出することができた。だからといってT校に漏れたあとも、B校に入学できる可能性は少しも狭まらなかった。

生徒は志望校を何校でも書けるとき、受け入れ保留アルゴリズムでなら真の選好順位通りに志望校をリストアップすることができる。ほかの生徒よりも出願が遅かったというだけの理由で落とされることはない。なぜかと言えば、第一志望校に受からなかった生徒が、第二志望校に受かる可能性は、その学校を第一志望として申請した場合とまったく変わらないからだ。

同じことが、すべての志望校について言える。第七志望校まで受からない生徒が、第八志望校に受かる可能性は、その学校を第一志望として提出した場合と変わらない。生徒が志望校を好きなだけリストアップできる限り、最も単純な戦略が最善の戦略になる。自分の好きな順に、正直に順位をつければいいのだ。

医学生の「マッチ」で、エリオット・ペランソンと私がアルゴリズムを逆にして、研修プログラムが学生にオファーを出す代わりに、学生が仕事に応募し、研修プログラムが応募を受け入れるか拒否するかの決定を下すようにしたのは、この理由による。この方式にすることで、クリアリングハウスに真の選好を表明することが本当に安全であることを、生徒に保証することができたのだ（実は研修プログラムや学校にとっても、真の選好順位を正直に表明することはかなり安全なのだが、それはどの安定マッチングが選ばれてもほとんどの人が同じ相手とマッチングされるという事実と数学的に関係する、別の話だ）。

学校選択において、受け入れ保留アルゴリズムを用いると（ブロッキングペアの存在しない）安定なマッチングが得られることは、学校の校長にとっても都合がよい。これを理解するために先ほどの例に戻って、アルゴリズムが終了したあとでザックがT校に直談判したらどうなっていたかを考えよう。ザックの親がT校に足を運んで校長に直接頼んでいたら、ザックは入学できただろうか？　おそらく無理だろう。なぜなら、たとえザックがマッチングされた以外の学校を希望しても、その学校はザックより選好順位の高い生徒で定員を満たしているからだ。なぜそれがわかるのか？　ザックが第二志望校にマッチングされたということは、彼がすでに第一志望校に出願し、その学校の定員が彼よりも選好順位の高い生徒で埋まったあとで拒否されたということだからだ。これが、彼が拒否された理由である。

同様に、割り当てプロセスが終了した時点で、どこかの学校の校長が、マッチングで得られなかった生徒の多くを受け入れたいと思ったとする。そのような生徒の親がやってきて、入学を希望するようなことは起こるだろうか？　それはない。もしそのような生徒がアルゴリズムのいずれかのステップでこの高校に出願していたなら、彼らは高校の選好順位の上位にいるため、入学を許可されていたはずだ。だが彼らがほかの高校に行ったということから、アルゴリズムが終了した時点で彼らがこの高校に出願していなかったことがわかる。そしてなぜ出願しなかったかと言えば、この高校より選好順位の高い高校にすでに出願し、最終的に受け入れられたからにほかならない。

したがって、アルゴリズム終了時点でマッチングされていないが、互いとマッチングされることをともに望むような生徒と学校のペア、つまりブロッキングペアは一組も存在しない。

たとえばザックはC校を気に入っていたが、入学を許可されたB校ほどではない。だからB校に受け入れられたあとでC校に出願することはあり得ない。

注目してほしいのは、この論法が、前章で「受け入れ保留アルゴリズムで得られる最終的なマッチングが安定である」というゲールとシャプレーの発見を証明するために用いた論法と同じだということだ。

細部が肝心

先ほどニューヨークの学校選択の事情に合わせて、受け入れ保留アルゴリズムを調整した方法を説明する際、話を多少単純化した(2)。これらの単純化についても触れておきたい。なぜならマーケットデザインでは細部こそが肝心だからだ。

医学生の「マッチ」に特殊な側面(別々の仕事を探しているカップルなど)があったように、ニューヨークの学校選択にもほかとは違う側面があった。また学校選択はさまざまな制約のもとで運営されていて、新しい方式を導入するには多くの人の承認を得る必要があり、そのせいで複雑な問題が生じることがあった。避けられない問題ばかりではなかったが、腎臓交換の場合にそうだったように、私たち経済学者はアドバイザーに過ぎず、すべてのアドバイスを受け入れてもらえたわけではなかった(ちなみにこれは、マーケットデザインではよくあることだ)。

一例として、受け入れ保留アルゴリズムは、実際には複数回施行される。ニューヨークには、試験の得点やオーディションだけをもとに生徒の優先順位を決定する専門的な高校が数校あるためだ。専門高校に入学許可を得た生徒には、慣習として一校の普通高校からも入学許可が与えられることになっている。つまりこれら少数の生徒は、主要ラウンドの前に、合計二校から入学許可を得ている。そこで、まず第一ラウンドで、これら少数の生徒を含むすべての生徒が提出した選好順位に対して、受け入れ保留アルゴリズムが実行される。こうした少数の生徒は二校から入学許可を得ているため、どちらか一方の高校を選択し、入学が決定する。そして続く主要ラウンドでほかのすべての生徒を対象として、再度アルゴリズムが実行されるというわけだ。

単純化したもうひとつの点として、生徒は志望校を何校でも好きなだけリストアップできるかのように言った。私たち経済学者は、生徒にこの自由を認めるべきだと推奨したが、この重要な点は受け入れられなかった。そんなわけで今日のニューヨーク市の生徒がリストに書けるのは、市が提供する数百のプログラムから選んだ、最大一二校までの高校だ。それより多くの学校を志望する生徒は、どの一二校をリストに書くかを戦略的に選択しなくてはならない。ただしその場合であっても、真の選好順に正直に一二校を列挙するべきだということに変わりはない。そうすることはまったく安全であり、それ以上の策はないのだから。

より深刻な問題は、リストに書く志望校の数が少なすぎて、どこにもマッチングされない生徒がいることだ。毎年ニューヨークのメディアは、自分の持ち点よりも合格最低点の高い学校しか志望しなかった生徒の話をとりあげる。その場合、主要なマッチングが終了した時点でどこの学校にも決まらない。このような生徒のために補足ラウンドが実施され、生徒はその時点でまだ定員に空きがある学校のなかから最大一二校までの新しい志望順位のリストを提出し、それをもとにマッチングが行われる。だがそのころには人気のある学校の定員はもう埋まっているのだ。

二〇一一年のマッチングで主要ラウンドの結果が通知されたあとに、私はクイーンズ在住の「ジミー」という一三歳の生徒から、助けを求めるメールを受け取った。なんでも、成績は申し分ないのに、主要ラウンドで提出した五校の志望校すべてに拒否されたのだという。彼はハーバード大学に行くのが夢で、補足ラウンドで大学進学に不利な、望ましくない高校のなかから選ぶことになるのを懸念していた。私はほとんど助けになれなかった。たしかに私たちはアルゴリズムをデザインしたが、毎年の運営には関わっていないからだ。それでも、何がいけなかったのだろうと、元責任者の意見を聞いてみた。

元責任者は八五点というジミーの数学の成績にめざとく注目し、ジミーの志望校は五校とも数学が九〇点以上ないと入れないのだと教えてくれた。ジミーは志望順位のリストを作成したとき、適切な助言を得ていなかったのだ。

そこで私はジミーに、いますぐ中学の進路カウンセラーに連絡をとって、補足ラウンドについて相談するよう勧めた。そして最後に、大学受験のためのちょっとしたアドバイスをした。できるなら、彼が高校の志望校リストを作成する前に伝えたかったことだ。「ハーバード大学などの上位大学の競争倍率を甘く見てはいけないよ。安全校を含め、ほかの大学も必ず受けるようにしなさい」と。ニューヨークの高校のマッチングでは、志望校を一二校とも書いて主要ラウンドでどの学校にも割り当てられない人はほとんどいない。だから、もしあなたがジミーのような人を知っていたら、ぜひ安全策として志望校をたくさん書くよう言ってほしい。

こうした小さな問題こそあれ、新制度はそれを補って余りあるメリットをニューヨークの高校生に与えている。マッチングで学校が決まらず、志望しない高校に割り当てられた生徒の数は、前年度の三万人から、新制度の初年度には三〇〇〇人に激減した。さらに驚くべき（かつ満足すべき）進展として、第一志望校に割り当てられた生徒の数と、第二志望から第五志望までの学校に席を得た生徒の数の両方が、開始後三年間にわたって増え続けたのだ。

「多くの子どもたちが第一志望校に席を得たという意味で、予想のさらに上を行く成果が得られた」とジェレミー・ラックは言う。「子どもたちに大いに自信を与えることができた」。

新制度が旧制度をしのぐ成果をただちにあげたのは当然とも言えたが、二年め、三年めにアルゴリズムに何も変更を加えなかったのに、なぜ制度は改善し続けたのか？

高校の校長たちが定員枠を留保していたのを覚えているだろうか？　おそらく彼らは新制度を次第に信頼するようになり、マッチングが終わったあとで得られる生徒よりも、アルゴリズムによって割り当てられた生徒の方が望ましいことに気づいたのだ。その結果、留保していた定員枠を主要マッチングに放出する校長が年々増えていった。教育局が毎年安定なマッチングを提供したおかげで、校長たちは集権的なプロセスを通して生徒を確保したがるようになり、あたかも人気校の定員が何千人も増えたかのようだった。

校長たちが新制度を信頼したのは、教育局の職員が新制度の仕組みを正しく伝えたことが大きい。この取り組みのキーパーソンが、教育局高校業務部長のニール・ドロシンだ。新しいアルゴリズムを関係者全員に説明する責任は、ニールと入学手続きサービス室の職員の肩にかかっていた。彼が手ほどきしなくてはならなかった一人に、教育局長のジョエル・クラインがいた。

「ある日、局長に呼び出しをくらってね」とニールは回想する。「友人の子が第一志望校に入れなかったと言って、がっかりしていたよ。その友人のいとこの子は同じ高校に受かったが、志望順位は一番低かったそうだ。なぜこんな仕組みになっているのかを、彼に説明しなくてはならなかった」（つまり、真の選好を安全に表明できるようにするため、ということだ）。

あれから一〇年以上が経過したが、ニューヨークの高校選択制度はよくもちこたえている。私たちのデザインしたクリアリングハウスは、家庭が学校を研究し志望順位を決定する際に切り抜けなくてはならない、厳しい試練の一つでしかない。だがいま挙げたような問題はあっても、制度を正しく理解してさえいれば、家庭にとって学校選択はもはや複雑な戦略的問題ではない。最も重要なことに、この制度はもう、数万人の生徒を入学間際に志望してもいない学校に送り込む、混雑したプロセスではないのだ（志望校に入れなかった生徒も、補足ラウンドで残った学校を調べ、どこに行きたいかという選好を示したうえで、通学校を割り当てられている）。

ボストンの新制度

私たちはニューヨークで経験を積んだおかげで、事情は多少違うとはいえ、ボストンの制度に取り組む万全の体制ができていた。

ボストン公立学校（BPS）[3]も、古い学校選択制度に代わって、受け入れ保留アルゴリズムを用いた制度を採用することを決定した。第7章で説明した通り、ボストンにはすでにコンピュータ化された選択制度があり、親たちが志望順位を提出していたのだが、真の選好を表明するのは安全でなかった。旧制度は、学校が出願した生徒を即時に受け入れる、即時受け入れアルゴリズムを用いていた。定員を超える数の出願があった場合には、生徒が各学校に対してもっている優先権や抽選番号をもとに同順位にある生徒を選別して、受け入れる生徒を決定していた。

新しい受け入れ保留アルゴリズムでも、学校の通学区域内に住む子どもと、同じ学校に通うきょうだいのいる子どもに優先権があった。またこのアルゴリズムは、以前のアルゴリズムと同じように、最初に親が好きなだけの数の志望校の順位を書いて提出できたため、親や管理者にとってなじみやすかった（ボストンはニューヨークと違って、提出できる志望校の数に上限はなかった）。しかし新制度では、各学校は第一志望として出願してきた生徒のうち、より高い優先権をもつ者を即時に受け入れるのではなく、あとでより高い優先権をもつ生徒が出願してきたときのために受け入れを保留した。そしてより高い優先権をもつ生徒で定員がすべて埋まったあとでなければ、どの生徒も拒否しなかった。この仕組みによって、以前の即時受け入れアルゴリズムで家庭を悩ませていた、戦略的リスクがとり除かれたのだ。

一例として、ボストンに住む幼いマックスが幼稚園に上がる年齢になったとしよう。ボストンでは生徒が一部の学校に対して優先権をもっている。マックスは自宅のすぐそばの人気のある半日制幼稚園に高い優先権をもっているが、彼の親は優先権のない、同じくらい人気の高い全日制幼稚園に彼を通わせたがっている。

旧制度では、マックスが(正確には彼の親が)近所の半日制幼稚園を第二志望と書いて、第一志望の全日制幼稚園に割り当てられなかった場合、第二志望の半日制幼稚園はその幼稚園を第一志望にした生徒たちで定員が埋まるため、せっかくの優先権が無駄になってしまった。だが新しいアルゴリズムでは、半日制幼稚園を第二志望にして、第一志望に入園を許可されなかった場合でも、十分高い優先権があれば近所の第二志望の幼稚園に入園を許可されるのだ。

新制度のもとでは、マックスの近所の幼稚園は第一ラウンドでは入園者が決まらない。たとえ定員を超える生徒が出願しても、アルゴリズムがすべて終了するまで待ってから、その時点で拒否していない出願者を受け入れるのだ。この方式のおかげで、学校はどのような生徒が出願してくるかを見きわめてから、最も高い優先権をもつ生徒を受け入れることができる。

そんなわけでいまではマックスの親は、真の選好順位通りに安全に志望の幼稚園をリストアップできる。第一志望に入れない場合でも、第二志望に入れるチャンスは無駄にならないし、第二志望に入れなくても、第三志望に入れる可能性は何ら変わらない、等々。

これが、私たちがニューヨークでも追求した、「耐戦略性」である。生徒の家庭は他人の選好について戦略をめぐらせる必要がなくなった。旧制度では学校の志望状況を知るために、誰もが好むと好まざるとにかかわらず、他人の動向を探らざるを得なかったのだ。

耐戦略性はボストンの学校当局、政治家、住民の支持を得た。新制度が二〇〇六年九月に導入されると、ただちに新幼稚園生、六年生、九年生に恩恵をもたらした。事態が改善している兆しとして、家庭が志望校の長いリストを提出するようになったほか、第一志望以外として申請した人気校にマッチングされる子どもたちが出てきた。

親たちはもう策を講じる必要はなく、志望順位を正直に提出すればよいと気がついた。余計なことに気を回さず、どの学校が望ましいかだけを考えればよいのだ。

マリー・ゼムラー・ウーと夫のシャーマン・ウーも、二〇一一年秋の学校選択プロセスを控えて、そのような準備をした。ボストン市ドーチェスターに住むウー夫妻は、娘のミリヤにぴったりの幼稚園を見つけたかった。手始めとして近所の一〇軒ほどの親たちで何度か集まり、ボストン学校制度東地区の学校について情報を交換した。「みんなで四、五回会って協力し合いました」とマリーは言う。「リビングにイスを並べて、もち寄ったワインを飲みながら、学校の印象を話し合ったんです。みんな目をつけている学校は大体同じだったけれど、志望順位は違いましたね」。

マリーとシャーマンが最も重視したのは、教師が熱意をもち、親が積極的に関与する文化だ。外国語の集中訓練プログラムは、あればもうけものと考えた。二人はアルゴリズムが適切なマッチングを導いてくれるものと信じ、とくに策を講じなかった。

夫婦が第一志望に書いたのはヘンダーソン包括学校、第二志望はヘルナンデスK－8スペイン語イマージョン学校、第三志望はメイザー小学校だ。「とびきりいい抽選番号をとれない限り、メイザーに行くだろうと思っていました」とマリーは言う。

実際、ミリヤがアルゴリズムによって割り当てられたのは、メイザーだった。マリーとシャーマンのリビングに集まって情報交換した一二軒の家庭のうち、五軒がメイザーに子どもを入れることになった。だが彼らはメイザーの優先権を失わないためにそこを第一志望にする必要はなかった。「入学をとても楽しみにしているわ」とマリーは言った。

ボストンの学校選択制度が、ニューヨークの制度と重要な点で異なることに注目してほしい。ボストンの学校は、ニューヨークの高校の校長とは違って、どの生徒が望ましいかという選好をもたない。生徒が学校に対してもっている優先権は、BPSによって決められたものだ。この優先権は、ボストンの学校選択のデザインとして与えられた条件の一部であって、デザインを通じて対処すべきものではない。また優先権は、教育委員会や市議会、市長、住民組織の意見をふまえて、政治的に決定、変更される。優先権や各地区の住人が選べる学校の選択肢は、バスの運行コストや明白に政治的な配慮に照らして頻繁に見直される。実際、親が選べる学校の選択肢と、各学校が特定の子どもに与える優先権は、私たちがボストンの制度のリデザインを手伝うようになってからも変更されている。しかし選択のアルゴリズムはいまも制度の根幹をなしていて、親の志望順位と市の優先順位をもとに子どもたちを学校に割り当てるために用いられている。

学校選択制度の大部分が定期的に細かく変更されるのは、おそらく本来あるべきことなのだろう（し、どのみちやむを得ないことでもある）。学校は市政にとって非常に大きな問題だから、児童数や近隣環境、政治勢力の変化を受けて、可動部分の多くが調整されるのは当然のことだ。だがそうだとしても、私たち経済学者が担うマーケットデザインには、果たすべき大きな役割がある。私たちがめざしたのは、優先権や通学区域の境界をはじめ、この複雑な市場の政治的な可動部分がすべて変更されてもなお適切に機能するような学校選択制度のデザインを、ボストンなどの都市に提供することだった。

考えを広める

ニューヨークとボストンの制度を手がけたあと、私たちのもとにはほかの学区からも相談が舞い込むようになった。ニール・ドロシンは非営利団体「公立学校選択制におけるイノベーション推進機構」（IIPSC）を立ち上げて以来、まるで西部開拓時代に聖書の教えを説きながらリンゴの種を植えて回ったジョニー・アップルシードのように、学校選択のためのマーケットデザインを精力的に広めている。IIPSCはアティラ、パラグ、私とともに、デンバーとニューオーリンズの学校選択メカニズムのデザインを手がけ、ワシントンDCの学校選択に関して助言を行っている。これを書いている現在、ほかにもいくつかの都市でプロジェクトが進められている。

日本とベルギーでも、経済学者が学校選択制度をデザインすることを検討しはじめ、またイギリスでは与党である保守党の優先課題になっているようだ。

中国では省ごとに置かれた独自の集権的なクリアリングハウスを通して、毎年約一〇〇〇万人の学生が大学に割り当てられている。どのクリアリングハウスも、学生の選好と全国統一試験の点数を用いて、各学生を最大一校の大学に割り当てる。このようなデザインのせいで、学生は昔からリスクの高い選択を迫られてきた。ボストン公立学校で見た通り、第一志望校に入れなかった場合に、それ以外の上位志望校に入れる見込みが格段に下がるからだ。中国の現政権はクリアリングハウスのリデザインを含め、大学入学審査プロセスの改革を進めている。一部の省では新しいクリアリングハウスが段階的に改良され[4]、いまでは（私たちが制度改革を手伝う前のボストンに似た）即時受け入れ方式と（現在のボストンとニューヨークの学校選択方式に似た）受け入れ保留方式の中間的な方式で運営されているように思われる。

今後数十年間で、さらに優れた学校選択制度をデザインできるようになる可能性は十分あるが、家庭が安全かつ簡単に参加できるようにする、また選好に関する情報を効率的に利用するという基本方針は、これからも変わらないだろう。

これは私にとってきわめて重要なことだ。なぜなら所得格差から貧困の連鎖まで、私たちの民主主義社会が抱える重大な問題において、学校は大きな役割を担っているからだ。最寄りの学校であろうと、それ以外の学校であろうと、子どもたちが必要な教育を受けられるよう、あらゆる学校の活用を進めなくてはならない。学校選択は、私たちがすべての子どもとの約束を果たすための手段である。

しかしその一方で、学校選択制度はどんなに効率的で単純、安全なものであっても、よい学校の不足から生じる問題を解決することはない。せいぜい既存の学校をより効率的に利用することで慢性的な問題を食い止めようとする、応急処置に過ぎない。すべての子どもによい教育を授ける方法がまだ見つかっていないことは、公教育を権利として保障する民主主義社会における「開いた傷口」なのだ。貧困地域の学校は、たとえ資金が十分にあっても質の悪いものが多く、貧困家庭の子どもたちは貧困から抜け出す助けになるような教育を受けられずにいる。

この認識をきっかけに、アメリカでは大都市の教育水準を均質にし、万人に平等な教育機会を与えることをめざして、数十年におよぶ強制バス通学の取り組みが始まった。しかし裁判所命令による中央計画は（たいていの中央計画がそうであるように）暗礁に乗り上げた。人に望まないことを強制するのはとても難しいのだ（人は貧富にかかわらず、近くの学校に子どもを通わせたがる）。強制バス通学が施行されると、公教育制度を逃れ、子どもたちの必要によりよく応えてくれそうな私立学校を選ぼうとする気運が、多くの親の間で高まった。ボストンに見切りをつけて出ていく親たちもいた。

私たちが欠陥のある市場から学んだことが一つあるとすれば、それは、人は物理的に逃れるか、裏ルートや闇市場を利用することによって、そのような市場を去るということだ。いずれにしても、欠陥ある市場は地域社会だけでなく、国全体に悪影響をおよぼすことがある。ベルリンの壁はこのことを如実に示していた。

第10章　シグナリング

前章で見たように、市場のデザインに促されて、人々がそれまで胸にしまっていた重要な情報をやりとりするようになるとき、市場は劇的に改善される場合がある。だが市場はコミュニケーション過多に陥ることもある。コミュニケーションが安価で容易になればなるほど、その情報有用性が低下するのは、マーケットデザインのパラドックスだ。

コミュニケーションの電子化が進むにつれ、このことはますます顕著になっている。この好例がメールとソーシャルメディアだ。メッセージの分量が増えるにつれ、迷惑メールの山のなかから意味のあるメッセージを選り分け、丁寧な返信が必要なものと、即答できるものや放っておいてよいものとを区別するのは難しくなるばかりだ。また市場そのものがインターネット上に移動するなか、メッセージの氾濫は市場の混雑を招くことがある。

たとえば大学の出願がそうだ。最近では二、三〇年前に比べて多くの大学に出願するのがずっと簡単になっている。出会い系サイトもこの好例だ。魅力的な写真を載せている女性はあまりにも多くのメールを受け取るため、どのメールに返信する価値があるのか見分けがつかなくなる。同じことが就職市場についても言える。応募者は大量の応募書類を簡単に作成できるため、受け取る側は有能な応募者とそうでない応募者の区別をつけにくい。また有能な応募者のなかから、仕事に本当に関心をもっている応募者、つまり時間をかけて面接し、評価し、口説く価値のある応募者を見分けるのは、それに輪をかけて難しい。

いま挙げたのが、二つのまったく異なる情報のシグナルだということに注目してほしい。一つは、「この応募者は、自分たち（大学／女性／雇用主）にとって、さらに調査するに値するほどの能力をもっているのか[1]」という情報。もう一つは、「応募者はそうした労力を費やすに値するほど、自分たちに関心をもっているのか」という情報だ。混雑した市場ではすべての選択肢を検討する時間がないため、この二つの情報がとくに有用になる。そのためシグナルとそれを伝達する方法が、マーケットデザインにおける重要な要素になることがある。

大学の入学選考

手始めとして、大学の入学選考について考えよう。大学への出願は、高校の成績証明書や教師の推薦状、履歴書など、大量の情報のやりとりを伴うのがつねだからだ。入学選考について考えることで、コミュニケーションが容易になるとなぜ混雑が生じ得るのか、なぜ関心のシグナルが重要なのかを理解できるだろう。

つい最近まで、出願書類の形式は大学ごとにまちまちだった。だが最近ではアメリカの多くの大学が「コモンアプリケーション」（共通願書）と呼ばれる一元的な出願専用サイトを利用したインターネット出願を受けつけている。このサイトで必要なすべての書類を作成することができ、同じエッセイ（小論文）を使っていくつもの大学に出願できることも多い。現在では五〇〇校を超える大学が、通称「コモンアップ」[2]での出願を受けつけている。

こうして以前よりずっと多くの大学に簡単に出願できるようになり、実際に出願数は増えている。そのせいで大学は志願者の関心度を測りにくくなったため、ほかのシグナルを探すようになった。大学のキャンパスを訪問する高校生は、入学事務局にある来客名簿に記名するのを忘れずに。それもシグナルの一つだからだ。

あなたの頭にはこんな疑問が浮かんでいるかもしれない。なぜ独自の出願書類の代わりにコモンアップを利用する大学がこんなに増えたのだろう？　大学独自の願書での出願は手間がかかる分、強い関心のシグナルになるのに、と。その理由は、最上位の大学は好きなようにできても、そうでない大学は、コモンアップがとても厚みのある市場になっているという現実を無視できないからだ。利便性に惹かれてコモンアップを利用する志願者がとても増えている現状では、独自の願書にこだわっていると志願者を確保できなくなるおそれがあるのだ。

その代わり大学は、ほかの大学にも送れる共通のエッセイとは別に、補足のエッセイを要求することが多い。こうすれば文章力の見本をもう一つ手に入れられるうえ、より重要なことに、余分なエッセイを書くほどその大学に関心のない生徒を排除できる。

日本や韓国の大学は、志願者が多くの大学を併願できないようにしている。大学は独自の入学試験[3]を課し、ライバル校に試験日をぶつけることによって、生徒が受験できる大学の数を制限しているのだ。そのため生徒は特定の大学の試験を受けるだけで、とても強力な関心のシグナルを送ることになる。

アメリカの大学[4]が「早期入学許可」制度を通じて生徒を受け入れていることにも、同じ狙いがある。通常の出願は高校三年生の一月に行われるが、多くの大学がその前の一一月にも早期出願を受けつける。こうした大学の多くが、入学を許可されたら必ず入学するという条件のもとに、「拘束力のある早期入学許可」を出している。

だがこのような要件を生徒に課さない大学でさえ、早期出願が一校のみの専願であることを約束させる「早期決定」制度を通じて、多くの生徒を受け入れている。このような約束は、生徒が出願するすべての大学に推薦状と成績表を送付する高校の協力のもとで守られている。

生徒に約束を守らせることは、高校の利益になる。高校からは今後も生徒がその大学を受けるため、将来の生徒の早期出願も強力な関心のシグナルと見なしてもらう必要があるからだ。

早期出願の方が通常の出願より合格率が高いのは、それが強力なシグナルだからでもある。出願の準備が早めに整った高校生は、どこか一校に早期出願すれば——たとえ合格したら必ず入学すると約束しなくても——入学許可をもらえる見込みが高いうえ、通常の出願時期にほかの大学に出願するチャンスを残しておける。

コモンアップの影響の一つとして、どうしてもこの大学に入りたいという熱意をもたない生徒でも簡単に出願できるようになったため、大学は定員を満たすために以前より多くの生徒に入学許可を出さなくてはならなくなった。だが奇妙なことに、とくに早期の専願を除けば、全体的な合格率は低下し、一つひとつの願書が受け入れられる確率は下がっている。それはなぜかと言えば、合格者の絶対数は増えていても、出願者総数がそれをさらに上回るペースで増加しているため、合格者が全体に占める割合が下がっているからだ。そこで生徒はさらに多くの願書を出すようになり、その結果合格率は一層低下し、生徒はますます多くの願書を出さなくてはならない。要するにコモンアップのおかげで多くの大学に簡単に出願しやすくなったものの、そのせいでさらに多くの大学に出願しなくてはならなくなるという、悪循環が生じているのだ。

もちろん、大学への願書が発するのは、志願者の大学に対する関心のシグナルだけではない。大学がその志願者に関心をもつべき理由についても、多くのシグナルを発している。試験の成績は、生徒の適性に関する情報をシグナリングする。また高校の成績も同様だが、そのほかに学習習慣に関する情報も伝える。高校での選択科目と課外活動は、生徒の才能や能力、興味をシグナリングする。増え続ける願書を取捨選択する手がかりとして、大学がこれらのシグナルをますます重視するようになると、シグナルそのものが前とは違った意味をもちはじめるかもしれない。つまり、意図的に送られるシグナルは、何気なく発されるシグナルとは異なる情報を伝え得るということだ。たとえば志願者がトロンボーンを演奏するのは、ハープよりも吹奏楽が好きだからか、それとも大学が楽隊に参加してくれる生徒を求めていると、誰かに聞いたからだろうか？　ラクロスに熱中しているこの生徒は、スピードや技術に惹かれてこのスポーツを始めたのか、それとも大学のラクロス部のコーチが入学選考に力をもっていると聞いたからなのか？　大学が求めるものに合わせて高校での活動を決めることは、一概に悪いとは言えない。企業が重視するものに合わせて大学での専攻を決めるようなものだ。だがそのせいでシグナルの意味が変わってしまうことは間違いない。

求職でのシグナリング

就職活動では、大学に進学したかどうかと、大学で何をしたかが、学生の興味や能力、才能についての強力なシグナルになる。仕事内容が大学で教えるようなこととほとんど関係がないのに、大学の学位取得を条件とする仕事が多いのは、この理由による。大学に行って優秀な成績を収めたという事実は、そこで何を学んだかということ以外にも、何かを学ぶのが得意だというシグナルを送る——これはどんな厳しい仕事にも役立つスキルだ。

だが若い機械工を探している雇用主にとって、大学は最良のシグナルではない可能性がある。自動車整備士にも学習能力が必要なのはもちろんだが、それより廃品置き場で拾ってきた部品を使って、ポンコツ車を改造しながら一〇代を過ごした人の方が望ましいかもしれない。このような経歴は、自動車整備士に役立つ興味や能力をシグナリングするだろう。

高度に専門的な教育と長期の研修が求められる仕事では、そうした研鑽を積むこと自体が強力なシグナルになる場合があるが、それでも応募者は能力と関心のシグナルを送る必要がある。たとえばあなたは経済の専門家になって、博士号を取得する過程で身につけたスキルを活かせるような仕事をしたいと思っている。その場合、とても専門性の高い雇用市場に参入することになる。世の中にはさまざまな分野で高度な研修を受けた人たちのための市場が多く存在するのだ。

あなたは博士号をとりたての経済学者として、アメリカ国内の約五〇〇校の大学や、世界中の大学、政府機関、国際機関、大手銀行、それに最近ではグーグルやアマゾンといった市場形成に携わる企業での仕事をめぐって、毎年アメリカの大学院を卒業する約二〇〇〇人の新人経済学者や海外からの応募者と競争することになる。

この市場の中心にあるのが、毎年一月にアメリカ経済学会（AEA）が開催する、三日間の年次総会だ。この期間中、大学の経済学部をはじめとする雇用主の採用担当者が求職者を面接する。博士課程修了者は山のような応募書類を送る――一人で一〇〇通近く送る人たちもいる――ため、たった一つのポストに数百通の書類が殺到することもある。

この傾向はここ数十年間でますます強まっていて、最近ではほとんどの応募書類をオンラインで提出できるようになったことで、さらに激化している。市場は混雑するようになった。数百通の応募書類を受け取った経済学部が、三日間で応募者を全員面接できるわけがない。

この市場の競争がどんなに熾烈かを知らない人は、採用担当者は応募書類を審査して、一番気に入った二〇人ほどの応募者を面接すればいいじゃないかと思うかもしれない。実際、ハーバード大学やスタンフォード大学などの一握りの超一流大学にはこの戦略が有効だ。しかし、たとえば私がハーバード大学に移る前にいたピッツバーグ大学は、すばらしい大学ではあるが、アメリカの大学の頂点に君臨するわけではない。上位二〇人の応募者を面接するという戦略は、この大学ではうまくいかないだろう。

理由を説明しよう。もしピッツバーグ大学が一月の総会で二〇人しか面接する時間がなく、採用担当者が最も気に入った二〇人を面接したとしたら、候補者全員が最終的にほかのよりよいオファーを受け入れ、担当者の労力が水の泡になることもあり得る。

そのためほとんどの大学の経済学部は、面接する候補者をよく選ぶ必要がある。候補者の将来性だけでなく、その応募者を実際に雇える可能性がどれくらいあるかも考慮に入れなくてはならない。これを見きわめるのは容易ではない。そうかと思えば優秀な応募者が見すごされることも多く、面接を受けたどの学部からもオファーをもらえなかったり、雇ってもらえると思っていた学部から面接にすら呼ばれないことも珍しくない。

この状況を改善するために、私が議長を務めた委員会は「シグナリング・メカニズム」(5)を開発、導入した。応募者は公募がほぼ出そろう一二月にAEAのウェブサイトにログインして、応募ずみの学部あてに最大で二つまでの「関心のシグナル」を送ることができる。シグナルを受け取った学部は、応募者が二つのシグナルのうちの一つを使って、面接の希望を伝えてきたことを知る。

ピッツバーグ大学にいたころにこんなシグナルがあれば、どんなに助かったことだろう。

私たちは超一流の応募者だけを面接しても仕方がないことは承知していたが、もちろんそういう応募者を何人か面接するのはやぶさかではなかった。彼らがほかに受けた面接がオファーにつながらない可能性はつねにあったからだ。このシグナルは、優秀な応募者のなかの誰が冷やかしでなく本気なのかを知る助けになっただろう。

恋愛でのシグナリング

これととてもよく似たことが、多くの出会い系サイトで起こっている。魅力的な女性には返信しきれないほどのメールが殺到する。男性はめったに返事がもらえないことを知り、ますます多くのメールを送るようになる。だが数を送るのに忙しすぎて、女性のプロフィールに含まれる情報を分析してうまいアプローチの仕方を考える暇がないため、一通一通に有用な情報を盛り込めない。その結果ますます返事をもらえなくなり、さらに多くの手抜きメッセージを送る、という悪循環に陥る。

経済学ではこうした内容の薄いメッセージを「チープトーク」(くだらないおしゃべりの意味)と呼ぶ。チープトークは、いかなる情報も確実にシグナリングすることはない。件名が「アイラブユー」のメールは、多くの人に送られればほとんど意味をもたなくなる。そう考えると、なぜ高価なダイヤモンドの指輪がプロポーズに使われるのか(またなぜそれを身につける人が、自分はほかのプロポーズを受ける気がないから求愛しても無駄だというシグナルを送ることになるのか）がわかる。

私の同僚で、経済学者のシグナリング・メカニズムをデザインした委員会のメンバーでもあったミュリエル・ニーダーレは、同様のメカニズムが出会い系サイトにも役立つのではないかと考えた。そこで彼女は同僚のスヒョン・リーとともに、韓国の出会い系・結婚サイトが開催したオンラインの特別イベントに、シグナリング・メカニズムを導入する実験を行った。五日間のイベント期間中、参加者の男女は気に入った相手に最大一〇件までの問い合わせメッセージ――「プロポーズ」――を送ることができた。また参加者は仮想の「バラ」を二本ずつ与えられ、特別な関心を示すシグナルとしてプロポーズに添付することができた。参加者のうち、ランダムに選ばれた二〇％の人はさらに六本のバラを与えられ、より多くの人に関心のシグナルを送ることができた。

最初のコンタクトタイムが終わると、参加者は気に入った相手がいればプロポーズを送り、プロポーズをお互いに受け入れた相思相愛の男女は連絡先を交換した。ニーダーレとリーはこの実験によって、プロポーズの成功率にバラが与えた影響を調べ、またバラをたくさんもっていた参加者とそうでない参加者の成功率を比較することができた。[6]

このサイトはほかのサービスも提供していて、マッチングを提案するアルゴリズム用に、参加者全員を結婚相手としての望ましさでランクづけしていた。外見的な魅力のほか、財政状況や職業、学歴、家族に関する情報を確認し、評価した。ただし参加者は自分や他人の望ましさのランクを知らされなかった。リーとニーダーレはバラあり、バラなしのプロポーズの効果を、送り手と受け手の相対的な望ましさに照らして検証することができた。このとき参加者を望ましさの分布の上位、中位、下位で分類した。

その結果、バラを添付したプロポーズはそうでないプロポーズに比べて、受け入れられる確率が二〇%高かった。リーとニーダーレは、「バラを添付することのプラス効果は、望ましさの下位集団の人が送るメッセージと中位集団の人が送るメッセージの成功率の差とほぼ同等（約四分の三）である」と書いている。つまり、バラのついたプロポーズは、より望ましい相手からのプロポーズとほぼ同等に受け止められたということだ。そしてバラの効果が最も明白だったのは、送り手が受け手よりも望ましさの高い集団に属していたときだった。(7)

最後に、より多くのバラをもっていた参加者は、プロポーズにつけるバラが二本しかなかった参加者よりも、相対的に成功率が高かった。つまり「思いを花に託す」ことで、プロポーズを目立たせることができたのだ。シグナルは有効だった。

シグナルはどこにでもある

デートと同様に就職市場でも関心をシグナリングする方法はいろいろある。インターネットを利用する新しい方法もあるが、人間は何万年もかけて、わかりやすい関心のシグナルを送る方法を多く生み出してきた。興味深いことに、最もわかりやすいシグナルの多くが、ある意味では、送るのに最もコストがかかる場合がある。

生物は進化の過程で、求愛市場で役に立つ、コストのかかるシグナルを生み出すことがあると考えられている。クジャクの羽根がこの好例だ。オスのクジャクはあの大きくて重い、派手な羽根のせいで捕食者に見つかりやすく、逃げにくいため、直接的にはあまりメリットを得ていない。だがあの羽根はクジャクが健康であることを示す、強力なシグナルになっている。健康でないクジャクは大きな羽根を生やせないし、たとえ生やしたとしても安全な場所にすばやく逃げられず、キツネに食べられてしまうだろう。そんなわけで美しい羽根は、そのクジャクがすばらしい遺伝資源のもち主であることを、近くのメスのクジャクに宣伝しているのだ[8]（進化生物学者は自然淘汰を促す本能的行動として、「四つのF」を挙げる。食べること〔feeding〕、闘うこと〔fighting〕、逃げること〔fleeing〕、つがうこと〔fu……、いや reproduction〕の四つだ。大きな羽根は、最初の三つの行動ではハンディキャップになるが、健康に関するシグナルを発することから、四つめの行動では繁殖機会を増やすのに役立っている）。

「クジャクの羽根」は動物界だけのものではない。一九九四年の自由化により銀行が州を越えて多くの支店を開設できるようになる前は、銀行は広々とした大理石のロビーから鉄格子越しに巨大な金庫室が見えるような、堂々たる本館を構えていた。なぜそんな構造にしたのだろう？　銀行はお金を預かるのが仕事だから、安全にお金を置いておける信頼できる場所だというシグナルを送るために、潤沢な資金をもっていて、これからもずっと同じ場所に居続けることをアピールしていたのだ。見栄えのするロビーは、銀行にとってのクジャクの羽根だった。資金に乏しい銀行は、建物に莫大な費用をかける余裕がないし、破綻したときのためにレストランにでも改装できそうなビルを建てるだろう。

コストのかかるシグナルが有用だからこそ、多くの大学はキャンパスまでわざわざ足を運んでくれる高校生に特別の注意を払う。最近ではコストをかけずに多くの大学に出願できるため、願書を送るだけでは深い関心をシグナリングできるとは限らない。実際に訪問するのは時間がかかるし、おそらく費用もかかるため、より強力なシグナルになるのだ。

関心のシグナルは、よい学業成績や高得点などの、大学が重視し、かつ誰もが送れるわけではない、ほかのコストのかかるシグナルとは異なる。よい成績がシグナリングするのは、高い学習スキルや勤勉さ、知性、適性など、すべて大学で活躍するのに役立つ特性だ。つまりよい成績――やクジャクの羽根、銀行の巨大な建物など――は関心のシグナルではなく、望ましさのシグナルなのだ。派手な羽根がシグナリングするのは、オスのクジャクが特定のメスのクジャクにどれだけ関心をもっているかではない。メスがその特定のオスにどれだけ魅力を感じるべきかを伝えているのだ。

この両方の種類の情報が確実に伝達されるとき、市場は最もよく機能する。これまで見てきたように、混雑した市場――すべての選択肢を検討するのが不可能な市場――では、自分が相手にとっていかに望ましいかだけでなく、いかに相手に関心をもっているかをシグナリングできることが有利になる。多くの人が映画スターとの結婚を夢見ながら、自分と結婚してくれそうな現実的な結婚相手を探すことに精力を注ぐのは、こういうわけだ（求愛中の恋人とストーカーを分けるのは、互いに関心をもっているかどうかである）。

相手を一対一でデートに誘う場合、両方のシグナルを送る機会がたくさんある。これに比べると、オンラインでデートを取り決めるのは、最初の接触が簡単になるという点でデート市場に厚みをもたせるのに役立ってはいるが、その分だけ混雑をはねのけて相手に確実に伝わるシグナルを送るのが難しい。もちろんオンラインでも、画像や身元証明などを通して望ましさのシグナルを送ることはできる。あなたがどんな外見をしていて、どこで学び、どんな仕事に就き、どんな趣味をもっているかはすべて、誰かがあなたにどれだけ関心をもつべきかを判断するためのシグナルになるのだ。

一対一なら、コストのかかる関心のシグナルを送ることもできる。花を贈る、誕生日を祝う、バレンタインのカードを渡すといった心遣いは、あなたが「注意」という、貴重でコストのかかる資源を、求愛している相手に注いでいるというシグナルになるから、あなたに注意を向けることは相手にとって無駄にならないだろう。だからこそ、送れるシグナルの数を制限する仕組みは、オンラインで同じ効果を発するのだ。ほかのシグナルがチープトークかもしれない状況で、こうしたコストのかかるシグナルを送れば、あなたが誰にでも送れるわけでない希少資源を使おうとするほど相手に関心をもっていることをアピールできる。希少なシグナルはチープトークではない。機会費用がかかっているのだ。あなたは代わりにほかの人にシグナルを送ることもできたのだから。

雇用市場では、仕事の応募書類に添えるカバーレターが、強力な関心のシグナルになる。応募者が時間を費やしてその仕事について調べたり、その仕事に特別に合わせた手紙を丁寧に作成したことがわかるレターは、とくに効果が高い。だが特別に作成したように見えるレターを量産するなどの方法でシグナルを偽造すると、ばれたとき大きな代償を払うことになる。

コンピュータサイエンスの教授である私の息子のアーロンは、カーネギーメロン大学（CMU）の入学審査委員だったとき、そういった不注意なシグナルに出くわしたという。あるとき博士課程を志願する学生が、CMUへの志望動機を熱く語るレターを送ってきた。CMUのコンピュータサイエンス学部は世界最高の学部で、自分が研究テーマを追ううえでCMUの教授陣は最高のサポートを与えてくれるでしょう、などと書いてある。ところが彼は最後の一文で馬脚を現した。

I will certainly attend CMU if adCMUted.（「I will certainly attend CMU if admitted」であれば、「入学を許可されれば必ずCMUに入学いたします」の意味）

これを見れば、彼がMIT（マサチューセッツ工科大学）のために作成した応募書類の文中の「MIT」を機械的に「CMU」に一括置換し……しかもそれを読み返す手間すらかけなかったことが一目瞭然だった！　目を通していれば、「mit」まで「CMU」に置換されてしまったことに気づいただろう。

シグナルとしてのオークション

ここまでの例のなかに、たとえコストの一部が無駄になろうとも、コストのかかるシグナルを送らなくてはならない場合があったことに注目してほしい。たとえば何かを学ぶのが得意だというシグナルを送るために大学で勉学に励んだ末に、学んだことが役に立たないような仕事に就いた人は、雇用主の利益に直結しないことに膨大なコストを費やしたことになる（ただしその人自身は、シグナルを送る以外のところで大きな個人的利益を得ているかもしれない）。

仮に応募者がこれと同じくらい説得力があるシグナルをより安く送る方法があったとしたら、雇用主は応募者を選り分ける際に、そのシグナルを同じように進んで使っただろう。だがもしお金も時間もかけずに簡単に送れるシグナルがあったなら、学ぶことがそれほど得意でない人（したがって大学でそれほど活躍しなかった人）でも送れる可能性があるため、シグナルの情報有用性は低くなる。

レストランが料理のおいしさをシグナリングするのに広告だけに頼らない理由は、ここにある。料理がおいしいと宣伝するのは、どんな飲食店でもできるからだ。また、値段を下げて店の前に長い行列をつくらせるレストランがあるのも、この理由による。待つことには顧客のコストがかかっている。そこで待っていなければほかのことができただろうし、どこか別の場所で早く食事をすませられたはずだ。顧客が待つことに費やすコストは、レストランの利益に直結するわけではないし、待つくらいならもっと高い値段を払ってもいいと思う人もいるだろう。

それならなぜレストランは値段を上げて行列を解消しないのか？　別の言い方をすると、なぜ料金を上げてただちに追加収益を得られる機会をみすみす逃すのか？　それは長い行列が、向かいの閑散としたレストランには容易に模倣できないシグナルを発するからだ。すなわち、その店のことを、待つだけの価値があるよい店だと考える人が大勢いること、そしてまだ行ったことがないなら向かいの店に行くよりこの店の行列に並んだ方がよさそうだということだ。

メスのクジャクがオスの羽根から、また銀行の顧客が天井の高いロビーから、それぞれ何の利益も得ないように、レストランは長い行列が発するプラスのシグナルを除けば、顧客が待つことで無駄にする時間から利益を得るわけではない。しかし、シグナルの送り手が負うコストと、受け手が得る利益がまったく等しい、昔ながらのシグナリング手法がある。それはオークションだ。オークションでは、高い落札価格は財が配分されるべき方法をシグナリングするだけでなく、財の売り手の収益にもなる。

たとえば誰かがレンブラントの絵画を売ろうとしているとしよう。オークションがものを売る方法として古くから重宝されてきた理由の一つは、最高入札者が「自分はその絵画をほかのどの入札者よりも高く評価している」というコストのかかるシグナルを発し、かつそのコストが少しも無駄にならないからだ。最高入札金額は、売り手と競売人の懐に入る。したがって最高額での入札は、単なるコストのかかるシグナルというだけではない。絵画に最も高い価値を認め、自分がそれを得るにふさわしいことを高い入札価格によってシグナリングする人から、絵画の所有者への、効率的で直接的な富の移転でもあるのだ。

オークションにはさまざまな方式があり、オークションのデザインはマーケットデザインのなかでも最も古く[9]、最も活発な分野の一つである。芸術作品から家畜までのさまざまな財は、「競り上げ」式オークションで販売されることが多い。競売人が価格を引き上げていき、入札者が最後の一人になった時点でオークションが終了し、競売人が最後に提示した最も高い金額をその落札者が支払う方法だ。「封印入札」方式は、入札者が互いの入札価格を聞かずに入札価格を提出し、それを一斉に開封して、最高額を提示した人が落札する。このとき落札者が支払う金額は、自分の入札価格（第一価格）である場合と、ほかの人が提示した二番めに高い入札価格（第二価格）である場合がある。

二番めに高い入札価格を支払うというのは腑に落ちないかもしれないが、競り上げ式オークションの落札者が、二番めに高い入札者が脱落した時点の価格を支払うことを考えれば、納得がいくだろう。つまり、競り上げ式オークションでも、封印式の第二価格オークションでも、最も高い入札価格を提示した人が、二番めに高い入札者が支払ってもいい上限金額

（実際には、それにわずかな額を上乗せした金額）を支払って、財を手に入れる。どちらのオークション方式でも、入札者は自分にとっての財の価値（評価値）さえわかっていれば、簡単に入札価格を決定できる。なぜなら、落札者の評価値からその人が実際に支払った金額を差し引いた額を落札者の利益と考えれば（かつ落札できなかった入札者の利益をゼロと考えれば）、封印式オークションで自分の評価値をそのまま正直に入札することも、競り上げ式オークションで価格が自分の評価値に達するまで参加し続けることも、入札者にとってまったく安全なことだからだ。入札者はオークションに勝とうが負けようが、それ以外のどんな方法をとったとしても、これを超える利益を得ることはできない。

これはわかりにくいが、じっくり考えれば理解できる。封印式の第二価格オークションでは、最高入札者が二番めに高い入札価格を支払って財を手に入れ、ほかの入札者は何も払わず何も手に入れない。もし真の評価値より低い金額で入札すれば、本来落札して利益を得られたはずが落札できなくなるおそれがあるし、真の評価値より高い金額で入札すれば、本来落札できなかったはずが落札して損失を被ることになりかねない。

この状況をくわしく見てみよう。たとえばあなたにとって、ある財の真の評価値が一〇〇ドルだったとする。あなたは一〇〇ドルで入札すれば、最高入札者になって二番めに高い入札価格（たとえば九〇ドル）を支払って財を手に入れるか、ほかの人がそれより高い金額で入札し、あなたは何も支払わず何も手に入れないかのいずれかだ。

つまりあなたの入札価格が最も高ければ、あなたは自分にとって一〇〇ドルの価値のある、ものをたった九〇ドルで手に入れ、一〇ドルの利益を得ることになる。ではもし正直な評価値より低い、九五ドルで入札したらどうなるだろう？　これは第二価格オークションだから、あなたはやはり九〇ドル支払い、一〇ドルの利益を得る。だがさらに低い八五ドルで入札したらどうなるか？　この場合、あなたは最高入札者ではないから、利益はゼロだ。したがって、あなたの真の評価値がほかの入札者の入札価格よりも高い場合に、評価値より低い金額で入札すれば、最高入札者でいられる保証はない。入札価格を下げすぎて落札に失敗すれば、利益はゼロになってしまう。

今度はあなたの真の評価値（一〇〇ドル）が、誰かの入札価格よりも低く、提出された最高入札価格が一二〇ドルだったとしよう。このときあなたは一〇〇ドル以上一二〇ドル未満の金額で入札すれば、落札することはできず、何も支払わない。一二〇ドルを上回る金額で入札すれば落札できるが、自分にとって一〇〇ドルの価値しかないものに一二〇ドル（このときの二番めに高い入札価格）を支払うことになる。これは利益ゼロを損失二〇ドルに変える、まずい手だ。

したがって、この種の第二価格オークションでは、真の評価値で入札することが安全である。それ以外の価格で入札しても、これを上回る利益は得られないのだから。

注目してほしいのは、第二価格オークションでは、入札者にとって真の評価値を入札することが安全だが、売り手の方は二番めに高い入札価格しか受け取れないとはいえ、そのことによって必ずしも不利益を被らないということだ。その理由は、たとえば封印式の第一価格オークションでは、入札者が真の評価値で入札するのは安全でないからだ。この方式では、落札者は自分の入札価格を支払わなくてはならないため、利益を得るには評価値より低い金額で入札する必要がある。したがって、第一価格オークションの売り手が受け取る金額は最高入札価格ではあるが、それは落札者の真の評価値よりも低い金額なのだ。これに対し第二価格オークションの売り手が受け取る金額は二番めに高い入札価格でしかないが、一つひとつの入札価格は第一価格オークションの場合よりも高い。つまり入札のルールが変われば、入札価格も変わるということだ。実際、これらの二つの効果が打ち消し合う(10)と考えるべき十分な理由がある。

ただし自分の評価値がわからない場合は、事情は異なる。たとえばある石油会社が、どこかの地域の採掘権を入札するとしよう。社内の地質専門家が埋蔵量を推定するが、それはあくまで推定値に過ぎない。ほかの入札者もそれぞれ独自に推定を行い、そのなかにはより正確なものもあれば、そうでないものもあるだろう。いずれにせよ、石油会社はほかの入札者の入札価格を聞いて、支払うべき金額についてのシグナルを受け取るかもしれない。入札価格には、各社の利用可能埋蔵量の推定値に関する情報が含まれているからだ。

このような状況では、競り上げ式オークションは封印式の第二価格オークションと同じではない。入札価格が公開されないとき、入札者はほかの入札者の行動から何も学べないのだ。競り上げ式オークションでは、ほかの入札者が脱落していく様子を見て、彼らの評価値が自分の評価値ほど高くないことがわかる。そのことから、自社の推定埋蔵量が非現実的だと気づく場合もある。自社の地質専門家が推定した量の石油が地下に眠っているなら、他社にも確認できたはずだろう。

これに対して封印式オークションでは、ほかの入札者がいつ脱落するかがわからないため、入札すること自体が危険な場合がある。採掘可能埋蔵量を非現実的に高く推定した会社は、「勝者の呪い」にたたられるかもしれない。勝つことにこだわり、高すぎる金額で入札したがために損をしてしまうのだ。

だが落札者が自分の入札価格を支払う第一価格オークションにはそれなりのよさがあり、さまざまなバリエーションが存在する。その一つが、切り花の卸売りで用いられる「競り下げ」式オークションだ。競売人は現在の価格が表示される「クロック」を設置して、非常に高い価格から始めてどんどん値を下げていき、最初に買い手がついた価格でクロックを止める。この価格は、それ以外の入札者が支払ってもいい上限金額より高い。なぜなら彼らはまだクロックを止めていないからだ。

最初の入札でクロックが止まるため、この種のオークションはとても早く終了することが多い——これはよいことだ。切り花を買うときは時間が重要なのだ。オランダのアムステルダム・スキポール空港近くにある生花の大規模な国際市場では、この方式を使って取引が行われ、世界中に花が空輸されている。そのためこの種の競り下げオークションは「ダッチ《オランダ式》オークション」と呼ばれることが多い[11]。

これまでとりあげたシグナルのほとんどが、人々が送る、自分についてのシグナルだ。大学の出願者や仕事の応募者、婚活中の人は、自分の才能や能力、興味に関するシグナルを送る。こういったシグナルはすべて、売り手から買い手に送られると見なすことができる。一例として品質のシグナルは、「私はよい生徒／望ましい結婚相手／行列ができるレストランです」といったことを伝える。売り手から買い手には、関心のシグナルも送られる。「私はあなたの会社で働くこと／あなたの大学に通うこと／あなたとデートすることにとても関心があります」などと伝えるものだ。

アメリカ連邦議会は長年にわたって、無線周波数帯の利用権（免許）を、ロビー活動に長けた事業者（ラジオ・テレビ局など）に無償で割り当てていたが、一九九三年にこれをオークションを通じて事業者に売却する方針を決定した。このとき議会は、ますます希少になりつつあるこの資源を最も有効に活用する方法について、買い手から何らかのシグナルを得る必要があった。売り手——この事例では政府——は、売却するものの価値を、買い手ほどよく知らなかったからだ。

これはよくあることだ。専門家はレンブラントの絵画の価値を推定することはできても、絵画の真の価値は入札が終了するまでわからない。オークションの昔ながらの機能の一つが価格発見と呼ばれるのは、このためである。自分が売ろうとするものがどれくらいの価格で売れるのか、またその価格を得るために誰に売るべきなのかを、市場に決定させるのだ。オークションは、売りものを最も高く評価する買い手と売り手とを結びつける、マッチング市場である。

だが周波数帯は、多様な利用法のために分割してさまざまに組み合わせることが可能だという点で、レンブラントの絵画より複雑だ。連邦議会は周波数免許をオークションで売却することを決定した際、免許を最も有効に利用できる事業者に割り当てるような方法で売却するよう、連邦通信委員会（ＦＣＣ）に指示した。そのためＦＣＣは、周波数を多様な方法で利用する事業者が必要な免許を入札できるような、柔軟性の高いオークション形式を必要とした。

入札者のなかには、たとえば全米に携帯電話ネットワークを展開するのに必要な免許一式を手に入れたい事業者もいるだろう。携帯電話は比較的狭い周波数帯を利用するため、携帯電話事業者は、周波数帯は狭いが国全体を網羅する免許が必要になる。また加入者が映画をダウンロードできるように、サービス提供地域の幅広い周波数帯の免許を必要とする事業者もいるだろう。この場合は、たとえば特定の都市の多くの周波数帯を確保する必要がある。

留意してほしいのは、無線周波数を利用する事業計画は、免許のパッケージを集積できることを前提としているということだ。建物の密集した都市部に巨大な建物を建てようとする不動産開発業者が、まとまった土地を購入する必要があるのと同じだ。こうした場合、周波数や土地のパッケージ全体の価値は、部分を足し合わせたよりもはるかに大きくなることがある。開発業者がまとまった土地を手に入れられなければ大きな建物を建てられないように、インターネット・プロバイダは広域を網羅するパッケージを集積しない限りサービスを提供することはできない。

FCCは経済学者の助言や入札希望者の意見を聞き、周波数免許を一件ずつオークションにかけるのは、入札者が必要なパッケージを集積できないリスクが高すぎるため、まずいマーケットデザインであることにすぐに気がついた。免許が一件ずつオークションにかけられる場合、入札者は必要なパッケージの一部分しか得られないおそれがあるため、ごく慎重に入札しなくてはならない。パッケージの一部だけを落札しても、支払った金額に見合うだけの価値は得られないからだ。別の言い方をすると、最終的にパッケージ全体を確保できなかった場合にも、落札した個々の免許の代金を支払う必要があるため、個々の免許に対して、それらが適切なパッケージの一部だった場合に支払い得る金額を大胆に入札することは、入札者にとって安全でないのだ。

この問題に対処するために、FCCはすべてのオークションが終了するまでは、どのオークションも終了しないというルールのもとで、複数の免許を同時に売りに出す「同時競り上げ」式オークション[12]を導入した。どの免許に対しても入札が行われなくなる時点までは、すべてのオークションが開催されているから、入札者はオークションの最後の瞬間まで、入札する免許のパッケージを組み替えることができる。

この方式でも、入札者がパッケージを集積するのは完全に安全ではなかった。たとえ多くの免許の最高入札者になっても、必要な残りの免許が高くなりすぎれば、パッケージを完成できないリスクがあるからだ。だがほとんどのパッケージはある程度の入れ替えが可能だったため、この方式は問題を解決するのに大いに役立った。パッケージを構成する免許の一部が高くなりすぎたときには、入札者は別のパッケージに入札し直すことができた。そして全体として見れば、落札された多様なパッケージを、競合する用途の間で最も大きな価値を生み出すようなかたちで配分する方法は、入札それ自体によって決定された。

オークションのデザインには、解決すべき問題がもう一つあった。市場が適切に機能するためには、入札者が競争相手に機密情報を知られるリスクを負いながらも、積極的に入札することが欠かせなかった。手の内を知られたくない入札者は、第7章で見たイーベイのオークションでのスナイプ入札のように、オークションの終了間際まで待ってから入札したいと考えるかもしれない。しかし誰もが待っていたら、効率的な配分をもたらすために必要な情報が伝わらない。

このような事態を避けるために、周波数オークションのデザインには活動ルールが含められた。これは私の同僚であるポール・ミルグロムとボブ（ロバート）・ウィルソンが提案したもので、オークションのあとの段階で入札できる入札者を、早い段階で（サービス提供人口から見て）同等の数の免許に入札していた入札者に限定するというルールだ。こうして大手事業者が早い段階で入札価格を明らかにしなくてはならなくなったことで、すべての入札者が競争状況を見ながら入札を調整できるようになった。

同時競り上げ式オークションを活動ルールつきで開催した結果、多数の入札者が多数の免許に同時に入札することができ、厚みのある市場で「価格発見」が行われた。また活動ルールのおかげで、オークションがだらだらと長引くようなこともなかった。これも、多くの取引による混雑に対処しなくてはならない、厚みのある市場に起こりがちな問題である。

このオークション方式はほどなくして、周波数免許の売却を検討していた多くの国によって採用された。最近ではヨーロッパの一部の国はさらに先を行き、免許を一つひとつ集めてパッケージを集積する必要のない、パッケージ入札が可能な競り上げ式オークションを導入している。パッケージ入札とは平たく言えば、「この免許のパッケージに一億ドルで入札するが、パッケージ全体を落札できないなら、どの一部分もいらない」という形式のものだ。パッケージ入札によって、事業者は希望通りのものに入札することができ、最高入札者にならなければ、それまでのどの入札にも拘束されることなく、ほかのパッケージに自由に入札することができる（同時競り上げ式オークションと同じだ）。したがって、必要でなくなった免許の最高入札者になることはない。

多くの免許からなるパッケージ入札を伴うオークションは、コンピュータの処理能力が向上した現代だからこそ可能な方式である。単一の免許のためのオークションでは、どの入札額が落札額になるかは簡単に知ることができる——最も金額が高いものだ。複数の免許のための同時オークションでも、落札価格は、それぞれの免許のオークションの最高入札額なのですぐわかる。だがパッケージ入札が可能な単一のオークションで多数の免許が売却される場合、どの入札額が落札額になるか、つまりどれが最も高い価値を生み出すパッケージへの入札なのかを判断するのは、非常に複雑な計算問題になる。

たとえば四つの免許Ｌ１、Ｌ２、Ｌ３、Ｌ４を売却する小規模なオークションが実施されたとしよう。ある入札者はＬ１とＬ２からなるパッケージに入札し、二人めの入札者はＬ２とＬ３、三人めはＬ１とＬ４のパッケージに入札しているとする。このとき一人めと二人めの入札者の両方が落札者になることはない。二人ともＬ２を希望しているからだ。だが二人めと三人めの入札者がともに希望するパッケージをそれぞれ落札できる可能性はある。そのため、たとえ一人めの入札者が（Ｌ１とＬ２に対して）最高額の入札を行ったとしても、残る二人の入札金額の合計が一人めの入札金額よりも高ければ、彼らに落札されてしまうかもしれない。

当然ながら、パッケージ入札を併用する競り上げ式オークションでは、入札の各段階で上位にいる入札者を特定することにより、それぞれの入札者が希望のパッケージを落札できそうかどうかを各自判断し、落札できなさそうであれば新しい入札を構成できるようにする必要がある。売却される免許が多い[13]場合には、莫大な数のパッケージを考慮しなくてはならない。売却される免許がたった四件でも、入札可能なパッケージは一五通りもある（単一の免許への入札が四通り、二件の免許の組み合わせが六通り、三件の免許の組み合わせが四通り、四件の免許を含むパッケージが一通り)。オークションの各段階で、どの組み合わせの入札が上位にいるかを計算する際、競売人(のコンピュータ)は最高の価値を生み出す組み合わせを特定するために、どの二つの入札も同じ免許に重複して入札していないような入札の組み合わせをすべて考慮しなくてはならない。

注意してほしいのは、パッケージに対して入札が行われるとき、どの免許も規模や構成の異なる多様なパッケージの一部をなしているため、個々の免許の価格を特定することすらできないかもしれないということだ。したがってこれも、価格がすべての役割を担わない事例の一つだ。四件の免許の例で説明したように、最高入札者が必ずしも落札できるとは限らない。入札者が何を手に入れるかは、入札者自身の入札価格だけでなく、ほかの参加者の入札価格によっても決まる。しかも自分の希望するものと競合するパッケージへの入札だけでなく、自分のパッケージと組み合わさることによって最高の価値を生み出すかもしれないパッケージへの入札によっても左右される。そのため、どんなに資金が潤沢な入札者でも、希望するものをそのまま購入することはできないのだ。

私たちが日々使っているモバイル機器が存在するのも、いま説明した周波数オークションのおかげだ。そして私たちはモバイル機器を使うたび、いまやネットビジネスの重要な収益源となった、別のオークションを促している。

目玉への入札

テレビシリーズ「マッドメン」は、一九六〇年代の広告業界を描いたドラマである。このころの広告は、幅広い階層を対象としていた。当時この市場を運営していたのは、新聞社や雑誌社、放送会社、広告看板会社だったからだ。しかし最近のオンライン広告は、ただあなたのような人たちをターゲットにするだけではない。あなたと非常によく似た条件の人たちや、あなた本人に向けられることも多い。なぜならインターネットを利用するとき、あなたの目玉は史上最速のオークションで最高入札者に売却されているのだから。

グーグルを世界でもとくに価値のある企業にしているビジネスモデルは、検索エンジンに打ち込まれる言葉（キーワード）のオークションを柱としている。あなたが検索をかけるたび、画面には入力した言葉の「オーガニックな」検索結果のほかに、広告が表示される。(14)どの広告がどの順番で表示されるかは、検索時にグーグルが自動的に実施するオークションの結果によって決まる。広告を出したい企業はオークションが行われる前に、ユーザーがどんなキーワードを検索するときに広告を表示してもらいたいかを決め、そのキーワードに入札しておく。大まかに言えば、検索結果画面の一番上に表示されるのは、キーワードに一番高い値をつけた企業の広告で、そのすぐ下に二番めに高い値をつけた企業の広告が表示される。その下に広告がずらりと並ぶこともある。

オンライン広告は、特定の商品に明白な関心を示した人をターゲットにすることができ、広告料も潜在顧客の価値に合わせて設定できる（これに対して、昔は広告看板のスペースに自動車の広告を出そうが、紅茶や石けんの広告を出そうが、料金は同じだった）。ここ数年で最も高額の入札を集めていたキーワードは、「中皮腫《ちゅうひしゅ》」だった。これは仕事などでアスベストにさらされ、その粉塵を吸いこんだ人が発症する、重篤な病気の名前である。アスベスト関連の損害賠償請求は大規模な集団訴訟に発展し、巨額の和解金で決着することが多かったため、こうした訴訟を請け負っていた法律事務所は、この病気を検索する人が原告になり莫大な和解金を得れば、多額の成功報酬を得られることを知っていた。だからこの病気を検索した人は、法律事務所の広告を目にすることになったのだ。

オンライン広告市場の仕組みは、たとえば「数学」といった、ビジネスとは無関係なキーワードを検索した場合と、「新車」のような広く販売されている商品を検索した場合の画面を比べるとよくわかる。後者の検索結果は広告だらけになるだろう。新車を買う店を探している人たちこそ、自動車のディーラーやメーカーが広告を見てほしい人たちなのだ。

言うまでもないことだが、グーグルのオークションは迅速に行われる必要がある。そうでなければユーザーは待つのにうんざりして、別の検索エンジンに鞍替えしてしまう。またあなたがウェブブラウザで新聞社のニュースサイトのような閲覧数の多いページを読みこむたび、ユーザーを直接ターゲットにする別の迅速なオークションが実施される。電子版の新聞にも、一見、紙の新聞と同じような広告が表示される。だが一部の広告は、ほかでもない、あなたに対して広告を見せる権利のオークションを実施した、「アドエクスチェンジ」(広告配信システム)が、あなたがページを読みこんだ瞬間にそこに載せたものだ。

なぜあなたを狙い撃ちにできるかと言えば、ウェブ上の「バナー広告」のオークションを行う仕組みであるアドエクスチェンジが、ユーザーの閲覧したコンテンツを追跡するためにウェブサイトがユーザーのパソコンに送る「Cookie(クッキー)」というデータを利用して、あなたが最近何を検索したかを広告主に知らせる場合があるからだ。クッキーをこまめに削除しない限り、これが起こる。

一例として、私はカリフォルニアに引っ越してきてすぐ、ルームランナーつきの机(トレッドミルデスク)を買うことにした。ネットでいろいろ探し回った末に買ったのだが、しばらくするとニューヨーク・タイムズ・オンラインにアクセスするたび、ルームランナーつき机の広告が表示されるようになった。紙の新聞の第一面の広告枠は非常に高価で、多くの人に広告を見てもらうことに意味があると考える広告主でなければ広告を出さない。他方、私のブラウザが電子版の新聞をロードしはじめ、私がルームランナーつき机を買いたがっているという情報がブラウザ内のクッキーを通して明らかになると、少数の人しかほしがらないこの高価な商品の売り手にとって、私の目玉は高い値をつける価値のある貴重な資産になる。広告主は、「事前に選定された」私の注意に高値をつけるのだ。

そう聞くと、なんだか気味が悪いと思う人もいるだろう。私も最初のうちはルームランナーつき机の広告を見て喜んでいたが、新しい机で走りながらニュースを読むようになってからも広告は表示され続けた。ブラウザに保存されているルームランナーつき机のクッキーが古くなるにつれ、私の目玉への入札金額は下がっていくのだろうか、などと考えた。そして自分が見ている広告の多くが、ほかの人の見る広告と違っていることを改めて実感した。同じ時に同じ新聞の同じ記事を読んでいても、人によって目にする広告が違う。まるでウェブ上で誰かに監視されているような気がしたが、実際そうなのだ。私たちの目玉は、最も高い値をつける人に売却されている。

プライバシーを守りたい人は、定期的にクッキーを削除するなど[15]の対策をとるといい。自分が検索した内容や閲覧したウェブページ、送信したメールの中身をもとに、自分の興味に合った広告が配信されるのを歓迎する人もおそらくいるだろう。だがネットをよく利用する人がプライバシーを完全に守るには、大変な労力が必要だ。それに、監視されているのはオンライン上の行動だけではない。あなたのスマートフォンの地図ソフトは、あなたがいま、どこにいて、どこに向かっているかまで知っている。携帯電話会社も、オークションで購入した地域の周波数免許を使ってあなたに通話を転送するために、あなたの端末の電源が入っているときはつねにあなたの居場所を把握している。

このように新しいテクノロジーによるプライバシー侵害が懸念されるなか、個人情報のやりとりを伴う取引の一部に法的規制を求める動きが強まる可能性がある。誰が何を所有し、それを使って何ができるかを定める財産権は、マーケットデザインの重要な要素であり、今後は取引データの財産権を規定するための新たな取り組みが始まるものと考えられる。

財産権は複雑な問題である。これまで見てきた通り、移植を必要とする人に腎臓を寄付することはできても、移植用腎臓を売買することは法律で禁じられている。つまりあなたの腎臓はほとんどの面であなたの財産だが――自分のものにしておくのも、人に譲るのも自由だが――誰かに売ることができる財産ではない。それでは次に、何らかの点で不快な市場を見ていこう。このような市場には、実にさまざまなものがあるのだ。

第IV部

禁じられた市場と自由市場

PART IV

Forbidden Markets and Free Markets

第11章 不快な市場、禁じられた市場……そしてデザインされた市場

カリフォルニアのレストランは、馬肉を出すことを禁じられている。この法律は、馬が人間の最良の友だった西部開拓時代の名残《なごり》などではない。馬が経済の一翼を担わなくなって久しい一九九八年に住民投票、つまり直接投票によって制定された、カリフォルニア州刑法の一条項だ。刑法五九八条にはこうある。「馬肉を食用目的で販売してはならない。いかなる料理店、喫茶店、その他の公共飲食施設も、食用目的で馬肉を提供してはならない」。この法は住民投票で六割、有権者数で言うと四六〇万人以上の賛成票を得て成立した。

これは食用動物の食肉処理、販売、調理、表示の規制を通して、消費者の安全を保護しようとする法律ではない。それに、家畜の飼育や食肉処理の方法を定める規則や、闘鶏を禁止する法律などのように、動物に対する非人道的な扱いを禁じる法律とも違う。

実際、カリフォルニアでは馬を殺すこと自体は違法ではない。カリフォルニア州法は「その馬の一部が食用に用いられることを知っている、または知り得る者」によると畜を禁じているに過ぎない。別の言い方をすると、カリフォルニア州で馬を殺して飼い犬に食べさせることはできるが、自分で食べるのはよした方がいいということだ。皮肉なことに、ヨーロッパでアメリカ産食用馬肉の需要が高まっているために、ペットフードでの馬肉の使用は減少している。

不快な取引

ある取引を行うことを望んでいる人たちがいる一方で、それを行ってほしくないと思っている人たちが存在するとき、その取引を不快な取引①と呼ぶことにする。

私が最も関心をもっている不快な取引は、なぜ反対する人がいるのかを具体的に説明するのが難しいものだ。経済学では、ある取引が無関係な人に悪影響をおよぼすとき、その取引に「負の外部性」があると言う。あなたの家の隣にナイトクラブができて、夜中の二時に始まったどんちゃん騒ぎのせいで目が覚めてしまったら、それは負の外部性だ。たとえ騒ぎの参加者全員が責任能力のある大人で、きちんと席料を払ったうえで楽しんでいたとしても、あなたがこの騒ぎに反対する理由は容易に理解できる。あなたの住む地域には、住民が静かな夜を過ごせるようにナイトクラブの営業を禁止する土地利用規制があるかもしれない。

このように、明らかな負の外部性がある取引も、一部の人はそれを行うことを望んでいるが、ほかの人たちはそれを行ってほしくないと思っている取引かもしれないが、それはここではとりあげない。本書では便宜上、不快という用語は、その取引を行いたいと望む人たちがいる一方で、何ら直接的な害を被らない人たちによって反対されている取引のみを指すものとする。

気をつけてほしいのだが、ここでいう不快感は、嫌悪感とは異なる。カリフォルニアにはミミズや虫を食べることを禁じる法律はない。レストランもそういう料理は出さないが、それは虫のフライをたらふく食べたいなどという人がほとんどいないからだ。だがカリフォルニアは世界中から集まった多様な人口を抱える州で、そのなかには馬肉が好まれる地域から来た人たちもいる。実際、グーグルで「boucherie chevaline」や「Pferdefleisch」を検索すれば、世界のフランス語圏やドイツ語圏の高級馬肉専門店がヒットする。

このように、同じ取引でも、それが不快と見なされる地域がある一方で、普通に受け入れられている地域があったり、それを不快に思う人がいる一方で、そう思わない人がいる場合がある。カリフォルニアで馬肉を食べることが法律違反なのは、誰もそうしたいと思わないから（その場合、そもそも法律は不要である）ではなく、それをしたい人がいる一方で、そうしてほしくないと思う人たちがいるからなのだ。もちろん、不快だが違法ではない取引もある。現にカリフォルニアでは一九九八年法が施行されるまで、レストランが馬肉を提供することを許されているのを、多くの人が不快に思っていた。

不快だが合法的な取引もある。それを禁じる法律がつくられるほど、不快感をもつ人が多くない場合や、逆にその取引をしたい人が多すぎて、それを禁じる法律の施行が困難であるか、取引を禁じることで闇市場や犯罪への扉を開くおそれがある場合がこれにあたる。アメリカで酒類の販売が禁じられた際の騒動は、後者の典型例だ。アメリカでは公衆道徳の名の下に一九二〇年から一九三三年までの間、合衆国憲法修正第一八条によって酒類の販売が禁止されていた。禁酒法時代と呼ばれるこの時期は、惨憺たる事態を招いた。飲酒とアルコール中毒に対する国民の不快感は、当初思われていたほど強くも幅広くもなく、ほどなくして国を挙げての法律破りと酒の密造が始まり、組織犯罪がはびこることとなった。修正第一八条は、最終的に修正第二一条によって廃止されたが、いまも一部の州や郡では、未成年への酒類販売や飲酒運転を禁じる全米共通の規制以外に、さまざまな制限が残っている。

禁酒法の廃止によって、飲酒が合法化されただけでなく、犯罪者にボロもうけの商売を提供していた闇市場が根こそぎ破壊された。だが禁酒法のもとで財をなした犯罪組織は、ほかの商売に鞍替えしただけだった。このことは、市場を禁じることが、主要な目的を達成できるかどうかさえ疑わしい、まずいマーケットデザインだという戒めを、長い間人々に与えてきたのである。

これと正反対の取引について考えれば、不快感について理解しやすくなるかもしれない。多くの人が促進を図りたいと思っている取引を、保護された取引と呼ぶことにしよう。人々がその取引を自ら行うつもりはなくても、行う権利を保護することを望んでいるという意味での「保護」だ。小規模農家による農業は、この種の取引にあたる。世界各地で大規模（かつ効率的）なアグリビジネスに脅かされる小規模農家を存続させるために、農業に補助金が与えられている。

何を不快な取引あるいは保護された取引と見るかは、人によって異なる。宗教的信仰はアメリカでは憲法修正第一条で保障されている、保護された取引である。だが「冒瀆《ぼうとく》」「背教」「異端」といった言葉には、人々が他人の信仰のあり方に対して感じる不快感が表れている。数世紀前のヨーロッパでキリスト教の諸宗派間に宗教戦争が起こったように、これを書いている二〇一四年現在、イスラム教の宗派間で紛争が起こっている。同様に、銃を所有する権利は、合衆国憲法修正第二条で保障されているとはいえ、銃がアメリカの多くの地域社会にもたらしている負の外部性を軽減しようとする銃規制法案と緊張関係にあり、政治的に物議を醸している問題である。

このように不快感は地域によって異なり、長い間持続する場合がある。だが変わるときはあっという間に変わることもある。

最近よく話題にのぼる例として、同性婚[2]がある。これも一部の人が行いたい――同性同士で結婚したい――と思っているが、そうすべきでないと考える人たちが存在する取引だ。世界のほとんどの地域で歴史のほとんどを通じて、結婚は――また保護された取引としての結婚によって提供される特別な社会的、法的地位は――一人の男性と一人の女性だけのもの、一夫多妻主義の社会では一人の男性と一人以上の女性だけのものだった。

アメリカで同性婚が初めて合法化されたのは二〇〇四年、マサチューセッツ州でのことだ。マサチューセッツ州では、「結婚を異性愛者だけに認めることはすべての市民に平等保護を保障する州憲法に反する」という判決によって、同性婚を禁止する法律が廃止された。この裁判所判決は、法律によって強制された不快感が突如終わりを迎えた一例である。

だが同性婚は、いまもアメリカ人の間で意見の分かれる問題だ。これを書いている二〇一四年現在、約四〇州ですでに同性婚が合法化されたか、まもなく合法化されようとしている（裁判所判決によって合法化された州と、法律制定によって合法化された州がある）。その一方で、ごく一部の州が同性婚を禁じる法律をあえて再確認している。最近では同性婚に不快感をもっているのは主に年配の有権者であり、この不快感が消え去るのも時間の問題と思われる。

だが結婚の歴史をふり返ってみると、不快感の経時的変化は、どちらの方向にも動き得ることがわかる。たとえば、ダビデ王などの聖書の物語にも記されている一夫多妻制は、長年にわたってさまざまな形態で存続し、いまもイスラム世界で認められている。だがヨーロッパのユダヤ人の間では一〇〇〇年以上前から禁止されているし、今日アメリカのすべての州で違法である。そうは言っても、ユタ州などには一夫多妻制を大っぴらに実践する異端社会があり、もちろん密かに一夫多妻制を実践する人たちがいまもいるのは間違いない。また一夫多妻制の擁護者は、複婚を禁じる法の正当性を問う目的で、新しい同性婚法をめぐる議論に加わるようにもなっている。このようなことから、いつか歴史の流れが再び変わるかもしれない。

つまり、近代化が進むとともに古い不快感が捨てられるという、単純な話ではない。古い不快感がよみがえることも、新たな不快感が生じることもあるのだ。

昔はアメリカをはじめ各地で認められていたが、いまは不快で違法な市場の好例が、奴隷制だ。もちろん奴隷の側からすれば、奴隷制は自発的な取引ではなかったが、今日では奴隷状態に対する不快感があまりにも強いため、自ら進んで身売りしたり、年季奴隷になる人はいないだろう。だが年季奴隷——任意で契約する期限つきの隷属——は、かつてはヨーロッパ人が大西洋横断航海の旅費を支払う一般的な方法だった。

血塗られた南北戦争を経て一八六五年に批准された合衆国憲法修正第一三条により、今日ではあらゆる形態の不本意な隷属が禁止されている。「奴隷制および本人の意に反する隷属は、適正な手続きを経て有罪判決を受けた当事者に対する刑罰である場合を除き、合衆国内またはその管轄に属するいかなる地においても存在してはならない」。

時代とともに変化してきた別の重要な不快な取引に、利子を伴う金銭の貸借がある。中世ヨーロッパでは教会が何世紀もの間、貸し出しに利子をつけることを禁じ、キリスト教徒に禁止を強制していた。それ以降長きにわたって、利子を課すという考えは不快感をかきたてていた（シェイクスピアは戯曲『ベニスの商人』をまるまる貸金業に捧げ、『ハムレット』では宰相ポローニアスをして、「借りる方にも貸す方にもなってはいけない」と、息子のレアティーズに諭《さと》させている）。

銀行業界がグローバル経済の重要な柱をなす現代では、状況は明らかに変化している（ただしイスラム法は利子を禁止していると、一般に解釈されている）。金融業界はあまりにも規模が大きく（そのせいで業界自体がある種の不快感をもたれることがある）、ほんの数世紀前にこれほど大きな考え方の変化が起こったとは、実感が湧かないかもしれない。だがどのような市場が許可されるべきかを判断するうえで、一般市民の意識が重要であることを大まかに理解するうえでも、この変化は考察に値する。

マックス・ウェーバーは大作『プロテスタンティズムの倫理と資本主義の精神』の冒頭近くで、責任ある貸付と借入の利点を説いたベンジャミン・フランクリンの発言を引用している。フランクリンの考え方は、ポローニアスと正反対だった。彼は責任ある貸借を清教徒の美徳と見なし、責任をもって信用を用いる方法を助言した。また一七四八年には同じテーマで『若き商人への手紙』を著している(この著書で最も有名なのは「時は金なり」の金言だが、彼は続けて「信用は金なり」とも言っている)。ウェーバーは著書の終わり近くで、こう問いかけた。「さて、かつてはせいぜい倫理的に容認されていたに過ぎない活動が、どうすればベンジャミン・フランクリンの言う意味での天職になれるのだろうか[3]」と。

市場はほかの多くの市場と複雑に絡み合っていることが多いため、不快感の変化は広範な影響をおよぼすことがある。一例として、金銭の貸借と不本意な隷属に対する意識の変化が作用し合ううちに、破産に対する考え方が変わっていった。アメリカの植民地時代と建国初期には、支払い能力のない債務者は投獄されたり、年季奴隷の刑を言い渡されることがあった。だが不本意な隷属に対する不快感が強まり、債務に対する不快感が薄れるなかで、破産法は改正され、債務者に対する制裁が緩和されたのだ。

市場が相互につながり合っているおかげで、参加者が特定の不快な取引を避けながら、別の方法で同じような目的を達成できる場合がある。たとえば、信用市場は資産市場と密接につながり合っている（要するに、人はものを買うために金を借りるということだ）。またイスラム法では貸付金に利子を課すことは不快と見なされるが、資産に賃貸料を課すことは許される。そんなわけで、欧米の一般的な貯蓄金融機関が顧客に住宅購入資金を貸し付けて利子をとるのに対し、イスラム金融では銀行が顧客に資金を融資して住宅を購入させ、住宅の共同所有権を引き受けて顧客から賃貸料を受け取るようなかたちに取引を構成する場合がある。

既存の取引に対する不快感が時とともに変化することがあるように、新しいテクノロジーによって新しい種類の取引が可能になり、それが新しい種類の不快感を引き起こすこともある。今日では一部の地域で、人間の出生をもたらすために必要な「サプライチェーン」をまるごと購入することができる。人間の精子と卵子を購入し、卵子を受精させ、代理母の子宮で育てるのだ。このような道が開かれたことで、代理出産や商業目的での代理出産が違法とされる国に住む、通常の方法では子どもができない人たちの間で、「生殖ツーリズム」が広まっている。彼らが向かうのは、このようなサービスを受けるための法的契約を締結できる国だ。インドは代理出産の一大市場であり、また規模ではおよばない（し費用も高い）が、アメリカもそのような市場となっている。だが同じアメリカでも地域によって法律が異なり、たとえばこれを書いている二〇一四年時点で、代理母に報酬を支払うことはカリフォルニアなどの多くの州では完全に合法だが、ニューヨーク州では違法である。

これらすべての例から、ある種の取引が不快かどうかは地域によって異なること、また不快感が時とともに変化し得ることがよくわかる。何をもって不快とするかは、見る人によって異なり、しかもその「見る人」が見ているのは、他人の取引だ。そのため不快感は、説明することはもちろん、予測することも難しい。

よくあることとして、金銭の受け渡しを伴わないときには不快でない（かつ保護的でさえある）のに、金銭が絡んだとたんに不快となる取引がある。このような事例はくわしく見ていく価値がある。それらは不快感そのものを解明する助けになるうえ、多様なニーズを満たすためにどのような市場やマーケットプレイスをデザインすることができるのか、できないのかを理解する手がかりを与えてくれるからだ。

金銭による補償――金銭を介した交換は不快感を招く場合がある

贈与や物々交換は、金銭が絡むと不快な取引になる場合がある。

貸付に利子を課すことが昔から不快感をもたれてきたことも、その一例のように思われる。

養子の生みの親に報酬を支払うことが禁じられているのも、売春が禁止されているのもそうだろう。貸付、養子縁組、セックスは、無償で提供されるときは一般によいものと見なされるが、商業目的で提供されると否定的に受け止められる。

金銭が不適切なシチュエーションは、誰でも思いつくだろう。たとえば夕食に招かれた人が、お礼にワインをもっていったり招き返したりするのはよいが、夕食代としてお金を差し出したら、二度と呼んでもらえない。

何を金銭で売買できるかという議論は、民主主義の最も根源的な問題にも関わる。金で票を買うべきでないのは当然だが、金銭が政治運動や政治的決定においてどのような役割を担うべきかについては、意見が大きく分かれる。アメリカでは南北戦争時、北軍（連邦軍）に徴兵された人は金で身代わりを雇うことができたが、二〇世紀に入ると徴兵を逃れるのは難しくなった。

徴兵制はベトナム戦争末期に完全に廃止され、現在のアメリカ軍はすべて志願制だ。志願兵が従軍するのは、責任感や愛国心、冒険心のためでもあるが、給与や手当に惹かれるからでもある。その結果わが国の軍隊が、従軍する以外にほとんど選択肢のない低所得層で占められる一方、富裕層は本来国民として果たすべき務めを省みなくなるのではないかという懸念が、当時聞かれた。これがどの程度現実のものになったと見るかは人によって違うが、最貧困層だけが兵役に就くというおそれは杞憂に終わっている。入隊希望者が全員合格できるわけではないし、兵役は名誉なことだ。これについては少しあとでまた考えよう。

腎臓売買の問題に戻ると、移植のための腎臓提供に反対する人などいない。だが臓器提供に対する金銭補償をまったくよからぬ考えと見なす人は多く、この考えをもつのは悪人だけだと見なす人さえいる。

取引を収益化することへの懸念は、次の三つに分類できるように思われる。

一つめの懸念が物象化だ。何かに値段をつける——そして売買する——ことで、それを本来あるべき姿とはかけ離れた、非人間的なモノにおとしめることになる。つまり、倫理的価値を損なうおそれがあるということだ。

もう一つの懸念が強制だ。[4] 多額の金銭補償は強制力をもち得る——「断れない話」になる——ため、本来保護されるべき貧しい人たちが搾取されやすくなる。

より複雑な懸念として、腎臓のようなものの売買が許されると、それをきっかけとして誰も住みたがらないような思いやりのない社会になし崩し的に近づいていくのではないかというおそれがある。この懸念ははっきり表明されないことが多いが、ある取引を収益化すること自体に問題はなくても、それを機にいずれ後悔するような変化が起こるのではないかという不安がある。たとえば社会的に脆弱な貧困層の支援に対する世間の関心が薄れ、その結果、貧困層が腎臓を売らざるを得ない状況に追い込まれるといったことだ。

私が講演などで腎臓提供をめぐるこうした懸念について話すと、だから腎臓売買は許されるべきではないのだと、盛んにうなずいている人たちが多くいる。そうかと思えば憤慨して、腎臓を売りたくない人は売らなくてよいが、当事者双方にとって有益で人の命を救う自発的な交換を、十分な情報を得た大人が行うのを妨げるのはどういう了見かと息巻く人たちも大勢いる。

そんなとき私は、双方が互いの見方を理解できるようにと、まず周到な規制のもとで生存ドナーの腎臓売買を許可すべきだという人に手を挙げてもらう。経済学者の集団でも全員が手を挙げるわけではないし、経済学者でない集団にも手を挙げる人はいる。それから周りを見回して、賛成者がどれくらいいるかを目で確認してもらう。そしてこう尋ねるのだ。「周到な規制のもとで、生存ドナーの心臓売買を許可することについてはどうですか」と。そして心臓を売る人は命を失うことになると、念を押す。

この時点でほとんどの手が下がるが、手を挙げたままの強者《つわもの》も決まって少数いる。もちろんいまも移植可能な心臓の供給はあるし、かなりの需要もある。健康な人やそうでない人が自殺をすることはあるが、自殺する代わりに心臓を売れば、誰かの命を救えるうえ、家族にお金を残してやれると説得できるかもしれない。だがそれでもほとんどの人は、これをよからぬ考えだと思う。

つまり何が言いたいかというと、たいていの人が何らかの取引を不快に思っているということだ。だからこそ、自分と同時に手を上げ下げしない人たちを含め、他人が不快な取引に対してもっている直感を尊重しなくてはならない。

マーケットデザインの難問としての不快感

不快感を尊重する――たとえ他人の不快感であっても（あるいは他人の不快感だからこそ）尊重する――ことは、マーケットデザインにとってどんな意味があるのか？　具体的に言うと、ある取引のための市場をつくるのに必要な支持が得られないが、その取引にかなりの需要が存在し、かつ福祉の向上に役立つ、という状況を、どのように考えるべきだろう？

イスラム金融の例を思い出してほしい。イスラム法は貸付に利子を課すことを禁じているが、イスラム諸国の人たちやその他の地域でイスラム法を守る人たちも、住宅などを購入する必要はあり、全員が現金で購入できるようになるまで待とうとするわけではない。つまり利子をとる融資は受けたくないが、一般的な住宅ローンや融資と同じ働きをする仕組みを求める人たちがいる。この需要を満たすためにさまざまな金融商品が考案され、おおむねイスラム法に準拠するものとして広く用いられている。これらの金融商品は、利子をとる融資と機能は似ているが、利子に代わって賃貸料や後払いなどの仕組みを利用する。イスラム世界はこうした新しい金融商品を通して、信用が世界経済にもたらした大きな恩恵に与《あずか》るとともに、多少の害にもさらされるようになった。

同様に、腎臓売買に対する世界的な不快感は、世界的な腎臓不足とあいまって、マーケットデザインに大きな難問を突きつけている。生きているドナー／売り手の腎臓を合法的に売買できる国は、世界でもイラン・イスラム共和国だけだ。この国ではイラン・イラク戦争（一九八〇－一九八八年）の混乱時に多くの透析患者が命を落としたことをきっかけに、腎臓移植が推奨されるようになった。その結果、生存ドナーの腎臓への需要が急増したことを受けて、腎臓市場が合法化されたという事情がある。またイランでは腎臓のドナー／売り手は兵役を免除される。(5) イランの市場を注意深く調べれば、市場をデザインするうえで役に立つことを学べるかもしれない（皮肉なことに、イラン人は腎臓を売った代金を使ってものを購入すれば、利子つき融資への不快感を感じずにすむのだ）。

腎臓交換は、腎臓と腎臓の物々交換を通じて、不快感を引き起こさずに移植件数を増やすことに成功している、新しいマーケットデザインの発明である。腎臓交換はアメリカで移植方法として定着しているばかりか、世界に広がりつつある。アメリカでは法律により、腎臓は死亡ドナーまたは生存ドナーから無償で提供されなくてはならないと定められている。

しかし腎臓交換だけでは腎臓不足を解消できない。今日アメリカだけでも約一〇万人が腎臓移植を待っているが、実際に何らかのかたちで腎臓を得て移植を受けられるのは、年間一万七〇〇〇人ほどだ。たとえ死亡ドナーから二つずつ腎臓が得られたとしても埋められないほどの圧倒的な不足に、善意の提供だけでは必要が満たされないことを痛切に思い知らされる。

このようなことから、腎臓ドナーに手厚い補償を与えるべきかどうか、またどのようなかたちで与えるべきかについて、活発な議論が続けられている。腎臓の需要に見合う供給を確保するために、移植可能な腎臓を購入できるよう法律を改正すべきだと考える医師や病院、財団、患者は多い(6)。

金銭の支払いを通して供給のインセンティブを高め、不足を埋めようとするのは、経済学では当然の考え方だ。アダム・スミスは『国富論』(一七七六年)のなかで、こんな名言を残している。「私たちが食事にありつけるのは、肉屋や酒屋やパン屋が慈悲心から食材を提供してくれるからではなく、彼らが利益を重んじるからなのだ(7)」。腎臓提供に何らかの金銭的または非金銭的なインセンティブを与えれば提供は増えるはずだと、たいていの経済学者は考える。実際、このことに関してはあまり異論はない。したがって腎臓売買という、許可されれば命が救われるのに禁止されている取引に目を向けることは、不快感を理解し、苦境にある市場に不快感がどのような意味をもつのかを理解する、またとない手がかりになる。

腎臓売買の合法化をめぐって盛んに議論や反論が行われているのは、次のような懸念が根強いからだ。すなわち、どんなに周到な規制のもとで合法化されたとしても、供給が増加する陰で、ドナー／売り手や社会的に脆弱な貧困層、そして社会全体が犠牲を強いられ、より多くの人命が救われることの大きな恩恵までもが帳消しになるのではないかという懸念である。犯罪者が牛耳る腎臓売買の闇市場には、そのような犠牲がいかに大きくなり得るかを示す例があふれている。こうした闇市場の少なくとも一部では、ドナー／売り手がだまされ、強いられ、約束された金額を支払われず、また摘出後のケアを受けることはほぼない（移植患者が十分なケアを受けているかどうかすら疑わしい）。そのうえ闇市場で腎臓を入手できるのは富裕層に限られ、提供するのは貧困層である。

それに、定量化できるコストとは無関係な懸念もある。たとえばカトリック教会は、腎臓売買は人間の尊厳を本質的に損なうため、適切に運営された市場においてさえ認めるべきではないとの懸念を表明している。

市場が社会全体に犠牲を強いるという懸念に関しては、マーケットデザインを通して、少なくとも対処しようとすることはできる。合法市場は違法市場に比べれば安全で規制が容易である（禁酒法時代に密造ウイスキーを買うのは、今日ワインを買うのとはまるで事情が違っていた)。したがって、腎臓移植に立ちはだかる障壁のせいで、世界中の多くの人が早死を余儀なくされたり、各地に暗躍する闇市場に頼らざるを得ない現状を考えれば、そうした障壁を多少なりともとり除くために、多くの人が不快感をもつ腎臓市場の側面を、マーケットデザインを通して軽減または回避する方法を考えることには価値がある。

より多くの命を救うために

ここでいくつかの暫定的な提案について考えてみたい。まず金銭補償の導入を念頭に置いて腎臓市場をデザインする方法を検討し、続いてそのような市場が今後も非合法である場合、金銭補償のない移植を促すために腎臓交換を拡大する方法を考えていこう。

適切なマーケットデザインによってこれらの懸念を回避する方法については、これまでさまざまな案が考えられてきた。たとえば富裕層しか腎臓を購入できないという懸念には、現在の全面禁止を改め、単一の政府公認機関がドナーから臓器を購入し、死亡ドナーの臓器配分を決める現行ルールに従って、入手した腎臓を配分するといった案がある。

売り手が困窮から腎臓を売らざるを得ない状況に追い込まれるという懸念については、一年間のクーリングオフ期間を設けることで、ある程度は対処できる。腎臓提供を考える人は、この間にリスクと利点について十分な情報を与えられ、心身の健康状態を徹底的に精査される。またメディケアは、腎臓移植によって透析患者が一人減れば、費用負担を二五万ドルほど節約できるため、厳しい要件をクリアした売り手が搾取されているという印象を与えない程度に手厚い補償を提供することができる。

言うまでもないが、細部にまで注意を払う必要がある。それには長期的な視点に立って、たとえば腎臓売買が合法化された二、三〇年後に、合法化が得策だったかどうかを評価する方法について考えることが役に立つかもしれない。当然ながら、腎臓不足が緩和されたかどうか、患者とドナー／売り手が健康で満足しているかどうかを評価する必要がある。またドナーがどのような人たちで、提供後どのような変化を経たかを調べるべきだろう。そして売り手と買い手の両方の集団が、世間にどのように受け止められているかを確認したい。最後の点がなぜ重要かと言えば、市場を合法化するだけで不快感をとり除けるとは限らないからだ（ドイツでは売春が合法化されたが、選挙に出馬する人が売春婦の経歴をアピールすることはないだろう）。

そんなわけで私が二〇年後に注目したいのは、アメリカの上院議員候補者が、若いころに腎臓を売ったことを思いやりの証としてアピールし、そのことによって票を集められるかどうかだ。突拍子もない話のように思えるかもしれないが、現に志願兵は今日のアメリカ人にとってそのような存在だ。兵士は報酬を得るが、公職に立候補すれば従軍経験をアピールし、貢献を讃えられる。アメリカの空港では軍服を着たアメリカ兵が最優先で機内に案内される。私も腎臓ドナーを喜んで先に通すだろう。

成功を測るもう一つの尺度は、待機リストの長さだ。それも、移植を待つ患者のリストではなく、腎臓提供を希望する人の長いリストだ。また元ドナー／売り手の書いた『腎臓ドナーのための食事とエクササイズ法――あなたにもできる』といったタイトルの自己啓発本がベストセラーに名を連ねることも、よい尺度になる。

こういったことは現実になるだろうか？　もしかすると最善の努力にもかかわらず、腎臓の売り手は貧しく、健康状態が悪く、搾取された人たちがほとんどかもしれない。年季奴隷の市場が規制されるのではなく、憲法修正第一三条によって禁止されたのは、おそらくこのような懸念があったからだろう。また私は適正に機能していない市場を、周到なデザインとモニタリングを通じて修復することについては楽観的に考えているが、世界中の腎臓売買を禁じる法律を変えられるかどうかについては、それほど楽観視していない。

たとえ腎臓売買市場に対する不快感が今後も持続したとしても、その不快感に正面から立ち向かわずに潜在的ドナーのプールを拡大する方法を、マーケットデザインは与えてくれる。手始めに、腎臓提供を阻む要因（ディスインセンティブ）をとり除く試みを通じて、ドナーが臓器提供を決断する際にインセンティブが果たしている役割をくわしく調べることができる。アメリカの現行法では、ドナーに宿泊費や旅費、逸失賃金を支払うというかたちの金銭の授受が認められている。しかし限られた少数のケースを除けば、アメリカのドナーのほとんどがこうした費用を自己負担している（地域によって事情は異なる。イスラエルでは、腎臓ドナーは実際に仕事を休んだ日数にかかわらず、四〇日分の給与に相当する金額を支払われるほか、将来移植が必要になれば腎臓移植の待機リストで優先権を保証される）。

今後も注意深い実験――おそらくは州ごとの実験――を通じて、金銭補償が臓器提供にどのような影響を与えるかという議論に、証拠が追加されることを期待している。少額の補償であっても、より多くの提供を促すことができるかもしれない。腎臓病は多くの病気と同じで、貧しい人たちが患う確率が不釣り合いに高く、また腎臓提供を申し出る患者の配偶者や近親者、友人も、やはり貧しい人たちが多いのだ。とはいえ、少額の補償は提供を多少は促しはしても、それほど大きな違いをもたらさないだろう。

腎臓不足という大きな問題を大きく改善するには、それ以上の施策が必要だ。

腎臓交換を拡大する

腎臓交換は最初の一歩にふさわしい。現在に至るまで、腎臓交換は不快感を高めることなく、提供と移植の件数を増やすことに成功しているからだ。腎臓交換は腎臓と腎臓、贈り物と贈り物の物々交換である。そして第3章で説明したように、腎臓交換が成功しているのは、提供先指定のない（患者をもたない）生存ドナーを活用して、移植のチェーンを開始していることが大きい。このような患者をもたないドナーから始まるチェーンには非常に長いものもあり、最近では平均約五件の移植を生み出している。

しかし、死亡ドナーも患者をもたないドナーだが、彼らの腎臓はチェーンを開始するのに用いられていない。生存ドナーの腎臓を希望する患者・ドナーのペアのすべてが、死亡ドナーの腎臓に魅力を感じるとは限らないが、そのようなペアも多少はいるはずだ。死亡ドナーの多くが、事故で命を落とす直前まで若くて健康だったのだから。

現在アメリカで毎年提供されている約一万一〇〇〇個の死亡ドナーの腎臓は、一件ずつの移植を生み出している。だがこれらの腎臓の多くをチェーンに加え、死亡ドナーの腎臓を不適合な患者・ドナーのペアに移植してチェーンを開始し、最後に不適合ペアのドナーが、死亡ドナーの腎臓を待つ人に腎臓を提供してチェーンを終わらせることができれば、いまよりはるかに多くの移植を実現できるのだ。

ここでも細部にまで気を配ることが肝心だ。腎臓交換を待つ人は全員、死亡ドナーの待機リストにも登録しているが、リストの最上位にいる――つまりリスト登録後の待機期間が最も長い――わけではないからだ。しかし、もし通常の死亡ドナーの腎臓を有効活用して、一件だけでなく二件の移植の呼び水にすることができれば、移植件数を格段に増やし、結果として全員の待機期間を減らすことができる。

もう一つの可能性が、腎臓交換をグローバルに考えることだ。たとえばナイジェリアやバングラデシュ、ベトナムのような地域では、腎臓移植を受けることはほぼ不可能で、透析治療もほとんど受けられない。つまり腎不全になることは死亡宣告に等しい。[9] このような地域でも、おそらく腎臓病患者の多くがドナーを探せるだろう。だが、たとえばナイジェリアで二〇〇〇年から二〇一〇年までの間に行われた移植は一五〇件に満たず、せっかくのドナーの好意が患者の役に立っていない。しかし、彼らがアメリカの病院を無償で利用できたらどうだろう？

そう聞くと莫大な費用がかかりそうだが、そうとは限らない──実際、余分な費用負担は発生しないかもしれない。先に述べた通り、アメリカ人の透析患者が一人減れば、メディケアの負担は二五万ドル減る。これは二件の腎臓移植と、手術後のケアや医薬品のコストを賄える金額だ。これをアメリカの患者・ドナーのペアと、ナイジェリアなどのペアとの腎臓交換の費用に充てることができる。また海外の患者・ドナーのペアの一部が患者をもたないドナーを一人探すことができれば、可能性はさらに広がる（し、多少の不快感を引き起こすリスクを負いつつも、より多くの海外の患者に移植を提供できる）。この場合、海外のペアのドナーの手術費用は、海外の患者をもたないドナーがチェーンの誰か、またはアメリカの待機リストの誰かに腎臓を提供することで浮いた透析コストによって賄うことができる。

この種の対外医療援助を通して、早く亡くなっていたかもしれない海外の患者が救われ、かつアメリカの腎臓移植の待機リストが現在の数分の一にまで短縮されるような状況は、十分実現し得る。それに、違法な闇市場の需要を劇的に減らせるかもしれない。これぞ経済学で言う、取引による利益（自発的な取引の増加は相互に利益をもたらすという考え）というものだ。

「白か黒か」ではない考え方

なぜこのような腎臓交換の提案を説明したかと言えば、移植用臓器の不足を軽減し、より多くの人が腎臓移植を受けられるようにするにはどうすればよいかという、重要な議論のきっかけになればと考えたからだ。だがそれだけでなく、これらをより大きな問題を強調するための例として用いたい。すなわち、不快感をかきたてる市場という、きわめて厄介な市場について考えるときでさえ、市場が人間の産物であることを決して忘れるべきでないということだ。マーケットデザインは、市場を必要とする人たちに市場の恩恵を届ける方法について考えるきっかけになる。

不快な市場を許すべきかどうかは、白黒で割り切れる問題ではない。市場は集団的な取り組みであり、デザインすることはできても、コントロールできるとは限らない。デザインを通して市場の不快な側面を迂回するよりも、市場そのものを非合法化することを求める声が根強いのは、このためでもある。市場は強力な力を放つため、リスクが高いと感じられるなら、完全にコントロールできる場合以外は、全面的に禁止すべきだという考え方だ。さまざまな市場を禁じる法律が広く存在することを考えれば、市場を制約する要因としての不快感を無視できないのは明らかだ。

いずれにせよ、禁止は市場をコントロールする方法の一つでしかなく、市場を阻止する法律を定めるのは簡単でも、それを実行に移すのは難しい。市場を非合法化すれば、合法市場は存在できなくなる。私たちが禁じようとする不快な市場とは、一部の人たちが他人の不興を買ってでも参加しようとする市場なのだ。相手と取引したいと望む人たちは強大な勢力になる。だからこそ、市場は大昔からあらゆる場所に存在してきたのだが、この同じ力のせいで、合法市場が阻止された場所には闇市場が現れる。

禁酒法時代のアメリカ人が経験したように、市場を禁止すると違法行為が横行することがある。禁酒法によってアメリカ人のアルコール消費量は減ったが、それには大きな代償が伴い、しかも減ったのは合法的消費量だけで、実際の消費量はそれほど減らなかった。同じことが、麻薬や大麻を禁止しようとする今日の取り組みにも起こっている。麻薬撲滅「戦争」

という言葉の示す通り、この取り組みは軍事兵器や暴力的攻撃を伴うことが多く、小国を牛耳り大国を混乱に陥れる麻薬組織に対してそれらが用いられることもある。

アメリカではいまも麻薬が容易に入手でき、刑務所は麻薬取り締まりで検挙された人たちで一杯だ。私の暮らすカリフォルニアは、アメリカの合法的な換金作物の一〇%以上を生産する一大農業市場だが、ここでも大麻は最も大きな収益をあげている作物の一つと推定される。

麻薬消費のさまざまな側面を合法化する実験が、ゆっくりとだが進められている。一部の州で医療用に限り大麻の利用が合法化され、続いてコロラドとワシントンの二州で嗜好用大麻の使用と栽培が合法化された。それ以外の州でも大麻の私的所有はもはや犯罪と見なされない。オランダなどのヨーロッパ諸国は早くから大麻の非犯罪化を進めている。また一九九一年のポルトガルを皮切りに、いくつかの国がすべての薬物の私的所有を非犯罪化している。

かつて禁止されていた市場の禁止を緩和することで事態が改善するのか、しないのかを考えるために、ここでは仮にクラックコカインなどの麻薬の市場が解禁されたとしよう。また便宜上、クラックコカインは中毒性のある麻薬で、使用者の健康を損ない、医療用途が存在しないと――つまり誰もが使用に反対すべき薬物だと仮定しよう。

麻薬撲滅の取り組みにもかかわらず、いまもクラックコカインが手に入ることを考えると、クラックコカインを合法化する可能性を、根絶という達成不可能な目標だけに照らして考えるのは意味がない。またたとえば学校での販売を許可するなど、やみくもな合法化について考える必要もない。したがって、ここで考慮すべきは白か黒かの二元論的な選択肢ではない。

むしろ考える必要があるのは、トレードオフである。クラックコカイン市場を、周到な規制のもとでとはいえ合法化すれば、おそらく中毒者は増加するだろう。それはとても望ましくないことだ。その一方で犯罪は減少するかもしれない。それも、クラックコカインの所有と販売の合法化によって根絶される類《たぐい》の犯罪だけでなく、クラックコカインを入手するために犯罪者とつき合うことで生じる犯罪や、犯罪的方法で市場シェアを維持拡大することにより莫大な資金流入が得られる商品をめぐって起こる犯罪を含めてだ。もし中毒者が大幅に増加する一方で、犯罪がほとんど減少しなければ、事態がさらに悪化したと誰もが認めるだろう。だがもし中毒者がほとんど増加しないまま犯罪が大幅に減少すれば、適切な選択がなされたと、少なくとも私などは考えるだろう。もちろん、たとえクラックコカインの合法化実験の成果を評価する方法について合意が得られたとしても、どのような成果を期待するかがそもそも人によって違うため、実験が望ましいのか、あるいは倫理的でさえあるのかどうかについて、まるで合意が得られない可能性もある。

別の観点からこれを考えるために、不快な取引が日常的に行われている別の領域を見てみよう。セックスだ。人は社会的に望ましくない状況でセックスをしたがる。だが教育や法律制定、病気の感染予防などに取り組む際に、セックスが強力な力であることを認識しないのは愚かなことだ。もちろん、何かの行動に異を唱えたり抑制するのが間違っているということではないが、ときには禁止するよりも行動を誘導したり、代替物を提供する方が、目的により近づける場合がある（この理由から、禁欲より「安全なセックス」が推進されることがある）。ひと言でいえば、セックスの問題を扱う際には、人々を強力に惹きつけるものを相手にしていることを忘れてはならない。

市場もそのようなものの一つである。

第12章　自由市場とマーケットデザイン

市場のデザインについて考えることは、これまでとは違う方法で市場を観察し、注目し、理解するきっかけになる。本書を通して、あなたが新しい視点から市場をとらえられるようになれば嬉しい。

さてそれでは本書の完成を祝って、あなたを夕食にお連れしてもいいだろうか？

レストランのフィールドガイド

スタンフォード大学の私のオフィスで待ち合わせるなら、店はよりどりみどりだ。近くの通りにはさまざまなレストランが並んでいる。パロアルトの目抜き通りのユニバーシティ・アベニューに行くか、少し足を延ばしてグーグルの本拠地マウンテンビューのカストロ・ストリートに行ってもいい。

どちらの通りも厚みのある外食市場になっている。つまり、レストランがたくさんあるうえ、外食したい人が大勢いるということだ。これだけの顧客がいるからこそ、レストランはたとえライバル店に囲まれることになろうとも、ここに集まってくる。

どの店も同じことを期待して厚みのある市場に集まるわけだが、混雑に対処する方法は店によって異なる。食事どきに行けば私たちもたぶん待たされるだろう。それぞれの店がどのような方法で混雑に対処しているか——客をどこでいつ待たせるか——をこれから説明する。このたった一つの細部から、店について実に多くのことがわかると知って、あなたは驚くことだろう。

ではここで問題だ。A店、B店、C店の三つのレストランがある。それぞれの店が忙しい夜に混雑に対処している方法を説明するから、店でどんなテーブルクロスが使われているか[1]当ててほしい。

A店で食事をするなら、事前に予約の電話を入れて、約束の時間になるまでオフィスでおしゃべりしていよう（レストランの予約ができるオンライン市場の「オープンテーブル」を使って、A店とほかの似たようなレストランの予約可能時刻を比べてもいい）。

店に着くとすぐに席に案内され、メニューを手渡される。しばらくすると、お飲み物はいかがですかと給仕が聞きにくる。ドリンクが来たら給仕に注文をして、料理ができあがるまで、またおしゃべりしよう。食事を終え、テーブルに届けられた勘定書を確認してクレジットカードを置くと、給仕がとりにくる。給仕がクレジットカードの伝票をもって戻ってきたら、チップを加えた金額を書き込んでサインし、席を立って店を出る。つまりA店での待ち時間のほとんどは、テーブルに着いたあとで発生する。

次のB店は予約をとらない。店に着いてウエイトレスに名前を言うと、席に着くまでの待ち時間がどれくらいかを教えてくれる。入口近く（待つ人が多ければ店の外）で待ってもいいし、時間が来るまで外をぶらぶらしてもいい。ウエイトレスに名前を言えば、順番を確保できるからだ。

席に着いたとたんウエイトレスが注文をとりに来て、すぐにドリンクと料理をもってくる。食事が終わるころ勘定書が届けられたら、現金のチップだけをテーブルに残して、入口のレジに勘定書をもっていき、支払いをすませて店を出る。つまりここでは待ち時間のほとんどが、レストランに着いてから席に案内されるまでの時間だ。

最後にC店ではレジの前の列に並び、順番が来たらさっさと注文して、トレーに載った料理を受け取る。空いているテーブルを見つけて座り、食べ終わったらゴミを捨てて、使用済トレーの山にトレーを重ねて店を出る。わずかな待ち時間のほとんどは、まとめて一度に行う注文と支払いの間に発生する。

つまりどういうことか？　この三軒のレストランは、食事という取引のなかで混雑が発生する部分がそれぞれ異なるため、混雑に対処する方法も異なる。A店では、混雑はキッチン内で起こる。シェフが注文を受けて料理をつくるが、キッチンの処理能力が限られているため、それを超える数の顧客にすばやく対応できない。客は料理が来るまで待たされ、レストランのペースはキッチンの処理速度によって決まる。

これに対しB店では、料理はほぼできあがっていて、最後の仕上げと盛りつけをすれば出せる状態になっている。ここでは混雑は食事エリアで生じるため、客はテーブルが空くまで待たされる。レストランのペースは客の食事のペースによって決まる。

最後にC店はファストフード店だ。調理は流れ作業で行われ、注文時にはできあがっているから、誰かが注文をとってくれるのを待つだけですむ。

というわけで、それぞれの店でどんなテーブルクロスが使われているか、わかるだろうか？　A店のテーブルクロスはおそらく真っ白いリネンで、客が入れ替わるたびに交換される。B店のテーブルクロスは、色まではわからないがたぶんビニール製で、客が出ていくたびにきれいに拭かれるのだろう。そしてC店にテーブルクロスはない。

マクドナルドで白いリネンのテーブルクロスが敷かれていたり、フォーシーズンズ・ホテルでプラスチック製のテーブルトップが使われていたら、客は混乱して、何かまずいことが起こっているのではと不安になるだろう。そして混雑に関して言えば、実際にまずいことが起こるはずだ。フォーシーズンズ・ホテルはテーブルの汚れをすばやく拭きとれても何もいいことはないし、マクドナルドはテーブルクロスをはいでとりかえるのに時間がかかれば客の怒りを買うだけだ。どちらの店も、店内で起こる混雑の種類に応じて、効率的に対処する方法を見つけているのだ。

混雑のその先

ここまで見てきた通り、混雑はマーケットプレイスが適切に対処しなくてはならない問題の一つに過ぎない。では安全性についてはどうだろう？

ご想像の通り、外食市場の安全性にはいろいろな側面がある。客にとっては、期待した通りの料理やサービスが得られることや、料理を食べて具合が悪くならないこと、店にとっては確実に代金を受け取れること、等々。レストランがクレジットカードを通じて支払いの安全性の問題に対処したことは第2章ですでに説明したから、ここでは別の安全性について考えたい。

これから食事に行く場所は私の地元だから、店の料理やサービスの質については住民の私の方がくわしい。その店で前に食事をしたこともあるし、食事をした人を知っていることもである。地元の店には地元の評判があるのだ。

地元での評判を知らなくても、最近ではYelp（イェルプ）やZagat（ザガット）などの、利用者から情報を募るクラウドソース型のオンラインガイドや、また（A店に行くなら）ミシュランガイドなどの高級レストランガイドを参考にできる。外食の世界でA店の対極に位置するC店は、マクドナルドのようなフランチャイズ店かもしれない。そうした店は、全店で同等の基準を維持しようと努める企業の広大なネットワーク内の一つの小さな点だ。だから旅先で初めて入った店でも、だいたいどんな店なのかは予想がつく。

これらのレストランのすべてに、地方政府が規制を通して別の種類の安全性を提供している。このケースで言えば、サンタクララ郡の環境衛生課がレストランに営業許可を与え、ときおり検査を実施して検査報告書を発行する。衛生条例違反が認められれば、衛生課は違反が是正されるまでの間、店に休業を命じることもできる。

衛生条例では、顧客の目に触れにくい部分も検査対象になる。飲食店の検査報告書を調べると、「食品が害虫によって汚染されるおそれがある」「厨房の手洗いシンクにペーパータオルと石けんが設置されていない」などという理由で、レストランが一時休業を命じられた例が散見される。

政府はほかのレベルでもレストランを規制している。たとえば住宅街に飲食店を出すことは都市計画法で禁じられている。そしてご存じの通り、カリフォルニアでは飲食店が馬肉を出すのは違法だ。

一般的なレストランに対して郡が担っている役割の一部を、マクドナルドのフランチャイズに対してはマクドナルド社が担っていることに注目してほしい。どちらのケースでも、店が従わなくてはならないルールが定められ、特定の基準を維持できない店は休業を命じられることがある。

同様に、ショッピングモールを所有する民間企業は、市が都市計画法を通して行うよりもずっと綿密に、モールに入れる飲食店や店の種類と数を管理している。たとえばモールとテナントの間で、特定の料理を出す店をほかに出店しないことを保証する契約が結ばれることも珍しくない。

以上のレストランのフィールド観察から、細部が肝心だということがよくわかる。ちょうど腎臓交換ネットワークで、手術室の混雑を避けるために非同時的なチェーンを組む方法が考案されたように、一部のレストランは予約によって顧客の流れを遅らせ、キッチンの混雑に対処することを学んだ。中価格帯のレストランは行列をつくらせることで混雑に対処しているし、ファストフード店が速《ファスト》いのは、休みなく調理を行い、かつ顧客とのやりとりをレジでまとめて行うからだ。

レストランにもほかのマーケットプレイスと同様、解決を図らなくてはならない共通の問題があるが、それを解決する方法は、市場の細部や店で行われる取引の種類によって異なる。同様にマーケットプレイスのデザインは、きわめて局所的な決定や、外部の政府または民間のルール立案者によってさまざまな市場に一律に課された決定を反映している場合がある。このような決定を通して、市場がどれほど信用できるのか、どれだけ円滑に機能するかが左右されることがある。

官民による市場規制

法律や規制は、多様な市場やマーケットプレイスを対象とする。規制は政府が定める場合もあれば、フランチャイズやモール、企業団体などの民間組織が定める場合もある。だが法律を執行できるのは政府だけだ。

そうした法律のなかには、多数の市場のデザインの基礎構造をなしているものもある。その一例が、財産権（誰が何を所有するか）や契約（誰が何と引き換えに何をすることに同意したか）に関わる法律だ。財産権を保護し民間契約の履行を強制するのは、裁判所の役目でもある。裁判所は、政府が法律を執行し民間の契約紛争を解決するために用いる手段の一つだ。

財産権それ自体がデザインされる必要がある。すべての財産権が同じではない。あなたは腎臓を所有していて、片方の腎臓を誰かに提供する権利があるが、イラン以外の国で腎臓を売る法的権利は、現時点ではあなたにない。より身近な例として、自宅の敷地を所有していても、そこで飲食店やナイトクラブを開業することは都市計画法で禁じられている場合がある。

もしあなたがこの本を買ってくれたなら、あなたはこの本を所有していて、このまま所有し続けるのも、売るのも、人にあげるのも、書評を書くのもあなたの自由だが、許可なく複製することはできない。著作権法はそのためにある——著者と出版社に安全性を提供するのだ。もしあなたが買ってくれたのが電子版なら、あなたの権利はさらに制限される（誰かに売ることはたぶんできない）。あなたの権利は法律によってではなく、ソフトウェアを購入するときのように、電子書籍の発行人との契約によって定められる。電子書籍やソフトウェアを購入する人は、実はそれを利用する権利を買っているのだ。

デザインのその他の要素、たとえば個別の市場のために設けられたルールなどと同様、複数の市場やマーケットプレイスを管理するための法律や規制には、利点もあれば弊害もある。衛生法は不衛生な飲食店の厨房から私たちを守ってくれるかもしれないが、めまぐるしく変化する市場に迅速に対応できない法律は、私たちを新手のグルメ屋台からも「守って」しまう。同様に、マクドナルド社はカリフォルニア州のフランチャイズ店が望むほど速やかに健康志向の新商品を導入できないことがある。

よいデザインと悪いデザイン

よいデザインは、古いルールや規制が修正されるうちに徐々にかたちをなすことが多いのに対し、悪いデザインは長い間はびこることがある。生物進化にたとえるなら、人間は直立歩行することでさまざまなメリットを得ているが、それに適した構造をもっていない。私たちが腰痛や扁平足に悩まされるのは、いまのような歩き方をするようになる前に、体の各部が形づくられたからだ。市場に関して言えば、悪いデザインがはびこるのは、よりよいデザインが見つかるまで時間がかかるからだけでなく、市場参加者の多くが既得権益をもっていて、市場全体の変化を整合させるために多くの利害を調整しなくてはならないからでもある。うまく機能していない市場の例が散見されるのは、このせいだ。アメリカの現在の医療保険制度は、連携がうまくいっていないプログラムの寄せ集めである。官民の第三者支払い機関は、保険加入者や納税者に医療コストを転嫁できるため、コストを削減するインセンティブが必ずしもなく、そうかと言って人々の健康を守るために尽力するインセンティブがあるとも限らない。現行ルールでは、糖尿病患者に食餌療法や自己管理の方法を指導する診療所が支払いを受けるのは、末期腎不全になった患者がそれよりずっと高価な透析治療や腎臓移植の費用を得るよりも難しい。

医療市場の改革が困難なことはよく知られている。これまで改革をめざし、全国的な政治キャンペーンがくり返されてきた。いまから四〇年以上前にもリチャード・ニクソン政権下で国民皆保険制度が議論されたが、実現には至らなかった。二年ほど前になってようやく医療費負担適正化法（ACA、通称オバマケア）が施行されたが、いまもこの是非をめぐって激論が戦わされている。しかし、今後よいデザインの兆しが現れそうな分野を一つ挙げるとすれば、大企業が従業員に自ら保険を提供する、自己保険の分野だろう。こうした企業は従業員の健康を守ることで利益を得るし、病気になった従業員の治療コストを抑えるインセンティブもあるからだ。

ここカリフォルニアに悪影響をおよぼしているもう一つの悪いデザインが、水利権だ。映画「チャイナタウン」（一九七四年）を観たり、オーウェンズバレー《渓谷》の話（地元農家とロサンゼルス市の間で水利権が争われた）を聞いたりしたことがある人なら知っているように、これは一〇〇年ほど前からある問題だ。

大まかに言うと、水は需要の大きさとは無関係に、州全体に配分されている。たとえばカリフォルニアで盛んな綿栽培は大規模な灌漑《かんがい》を必要とするが、こうした灌漑用水は、とくにカリフォルニアで二〇一二年以降続いているような干ばつの間は、州内のほかの用途に回した方が社会のためになる。しかし水利権の所有者は、水不足だからといって簡単には権利を売ることができないため、彼らも私たちも互いに不利益を被っている。水利権市場の設置を阻む障壁は、腎臓売買市場を阻んでいる障壁ほど高くはないが、これまでのところ、水は最も必要とされるところに流れていない。

変化の遅さにいつも驚かされるもう一つの市場が、アメリカの住宅用不動産市場、つまり私たちの住む家のための市場だ。この市場には不動産ブローカーという、高額の報酬を得ている仲介業者がいて、いまも彼らを通さずに不動産を売買することは不可能に等しい。ブローカーは取引に関わるほかの業者とは違って歩合制で、物件の売却価格の一定割合、通常五％の仲介料報酬を得る。これに対して、たとえば契約時に雇う弁護士は時給制だ。

インターネットができる前は、仲介業者の存在が市場に厚みをもたせるのに役立っていた。また仲介業者は住宅に関する情報が得にくかった時代に、買い主が情報を収集選別（し、それを売り手にシグナリング）するのを手伝うことで、混雑の緩和にも貢献していた。だが最近では、買い主はウェブで物件の画像や動画をチェックしてから内覧する物件を決めることが多いため、市場のその部分に関しては仲介業者がほとんど必要なくなっている。

しかし業界の標準契約のせいで、たとえブローカーのサービスをほとんど利用しなくても、仲介手数料を回避するのは難しい。アメリカでは売り主がブローカーを雇っている場合には、売り主が取引手数料を負担し、その金額を売り主と買い主のブローカーが折半することが、契約で定められている。だがたとえ買い主がブローカーを雇っていなくても、取引手数料は全額支払われなくてはならない。つまり、売り主はいったんブローカーを雇うと、たとえ買い主がブローカーの助けを借りずにその家を見つけたとしても、取引手数料を節約することはできないのだ。

こうした市場の変化に対する反応の一つとして、ブローカーをほとんど必要としない買い主のための認可ブローカーを起業する動きが見られる。妻と私がブローカーを使わずに家を探したとき、売り主はすでに仲介手数料の総額を固定した契約をブローカーとの間で結んでいた。そこで売買契約を結ぶにあたり、私たちはオンラインブローカーのRedfin（レッドフィン）を利用した。この企業は手数料のとり分の半額を買い主に払い戻してくれるのだ。これは変化のめまぐるしい世界に効率的に適応する方法とは言いがたいが、その足がかりにはなる。

コンピュータ化された市場

インターネットはいまのところ住宅市場の変革をもたらしていないが、コンピュータ化された市場がさまざまな分野を一変させているのは、ここまで見てきた通りだ。コンピュータのおかげで、市場はどこにでも存在し、迅速に機能できるようになっただけでなく、コンピュータの高い演算能力を利用する「スマート市場」の運営が可能になっている。

腎臓交換や、「パッケージ入札」を伴うオークションが実現したのは、多数の患者・ドナーのペアをマッチングさせる最善の方法を探したり、最大の収益をもたらす周波数免許のパッケージを入札の各段階で特定したりするのに必要な、難解な計算を引き受けるコンピュータがあったからだ。高速な演算処理はただ便利というだけではない。それは新しい市場を成り立たせているコンピュータの能力の一つでもあるのだ。もしもキーワードのオークションが人間の競売人によって実施される必要があったなら、グーグルは検索結果に連動した広告をオークションにかけることはできなかった。

自由市場

マーケットデザインを、これほど多くの人たちに尊ばれてきた「自由市場」の概念と折り合わせるには、どうすればいいだろう?

第1章では効果的なルールのある自由市場を、車軸とよく油を差した軸受けからなる車輪が自在に回転する様子になぞらえた。これは、自由市場の擁護者として知られる経済学者、フリードリヒ・ハイエクの言葉を言い換えたものとも言える。彼は自由市場宣言である一九五五年の著作『隷属への道』[2]のなかで、こう書いている。「とりわけ、すべての競争ができるだけ有益に作用するような制度を意図してつくることと、既存の制度を受動的に受け入れることの間には、天と地の差がある」。市場が自由に機能するには効果的なルールが必要であることを、ハイエクは理解していたのだ。

　またハイエクは市場をデザインする方法を解明するうえで、経済学者が助けになれることも理解していた。彼は「自由主義者《リベラル》」[3]という言葉に、今日の用法とはわずかに異なる（今日「新自由主義者《リバタリアン》」と呼ばれるものに近い）意味をこめて、次のように書いている。「社会に対する自由主義者の態度は、庭師のようなものである。庭師は植物を育て、成長に最も適した環境を整えるために、環境の成り立ちや仕組みについて、できるだけ多くのことを知らなくてはならない」。

　今日私たちが呼ぶところの自由主義者と保守主義者は、政府による市場規制はどこまでが適正かという点について意見が合わないことが多い。市場に関する議論では、「自由市場」という言葉がやたらとスローガンに使われる。まるで財産権以外のルールをすべて排除したとき、市場は最も適切に機能するとでも言いたげだ。ハイエクはこれについても一家言をもっていた。「ある種の経験則、とくにレッセフェールの原則にやみくもに固執する自由主義者の凝り固まった主張ほど、自由主義の大義に害をおよぼしたものはないだろう」。

庭にたとえて言うと、まったく手をかけられずに育つ植物は、雑草くらいのものだ(4)。

マーケットデザインをめぐる政治論争から得られる教訓は、「市場がどのように運営され、統制されるべきかを理解するには、個々の市場がどのようなルールを必要としているかを理解しなくてはならない」ということだ。これは、ある種のルールが規制として多くの市場に適用されるかどうか、またそうしたルールをつくる主体として政府が最もふさわしいかどうかという問いとは異なる。

現実には、政府と民間の市場形成者の両方が一定の役割を担わなくてはならないが、どちらの主体も、規制が遅きに失する、厳格さが足りない、性急すぎるといったあやまちを犯すことがある（蒸気機関が発明直後に禁止されなかったのは幸いである。当初は爆発を起こしたり、善良な労働者を失業に追い込んだりすると懸念されたが、やがて産業革命の原動力であることが明らかになったのだから）。

市場の適切な機能を助けることを考える際には、適切に機能するとはどういうことなのかを考える必要もある。適切に機能する市場は私たちの選択の幅を広げるため、自由に機能する市場は私たちの繁栄だけでなく、自由とも関わってくる。

ここまで見てきたように、厚みのない市場や混雑した市場、参加者がほしいものを選ぶだけで不要なリスクにさらされる市場では、選択肢が限定される。また言うまでもなく、市場は互いに結びついている。よい選択肢を得るために必要な資格をもたない人、たとえばよい学校に通うチャンスがなかった人が市場に参加することもある。学校の選択肢を増やせば、ほかの市場での選択肢も増やせる可能性があるのは、このためである。

よいデザインは、動く標的のようなものだ。市場は必要なルールがまだつくられていないために、あるいは変化にルールが追いついていないために、支障をきたす場合がある。

土木工学になぞらえて言えば、ローマ人はすばらしい道路や橋を建設したが、今日の道路や橋は当時と同じ方法では建設されていない。新しい資材や技術や知識のおかげで、昔より長く頑丈な橋をつくれるようになったからでもある。だがそのような道路や橋がつくられるようになったのは、橋が市場のように、人々の行動を変えてきたからでもあるのだ。よい橋があれば交通量が増え、その結果として混雑が発生するため、さらによい道路や大きな橋が必要になる。またこうした新しい道路や橋は、既存の道路や橋のネットワークにうまく連絡するような場所に建設されなくてはならない。

マーケットデザインも静的なものではなく、既存の慣行やほかの市場とつながるために、少しずつ変化しながら発展していくことが多い。

マーケットプレイスの言語

私たちは会話や発言、本、論文、ツイートなどを通して言語に触れるように、マーケットプレイスを通して市場に触れる。

そして市場は言語に似ている。どちらも太古の昔に人間が発明したものだ。どちらも人間がまとまり、力を合わせ、足並みをそろえ、競い合い、最終的に「誰が何を手に入れるか」を決定するために用いるツールである。これら二つの重要な人工物は、私たちが行うすべてのこと、つくり出すすべてのものに関わっている（これらがなくては争うことはおろか、愛し合うことすらできない）。

市場も言語も、周囲の環境につねに適応し続けている。現代語にはシュメール語が商業語だった時代には存在すらしなかった言葉が多く含まれていて、最近ではスマートフォンを使って、そうした新しい言葉で呼ばれる新しい商品をアマゾンで検索し、購入することもできる。また普通の話し言葉ではとらえきれないことを伝えるための専門的な数学言語やコンピュータ言語があるように、従来型の市場ではできないことを実現するために特別にデザインされた、腎臓交換のような専門的な市場がある。

言語と同様、市場にはさまざまな種類がある。コモディティ市場は非個人的な市場だが、マッチング市場のなかには仕事のオファーや結婚の申し込みと同じくらい、きわめて個人的な市場がある。マッチングが市場の主要機能の一つであることがわかれば、マッチング市場(5)——価格がすべての役割を担わず、また誰と取引をするかが問題になる市場——がいたるところに、そして人生の重要な節目ごとに存在することがわかるだろう。

人は耳から言葉を覚え、読み書きを学ぶうちに、誰が計画したわけでもなく、自然に発達した文法規則や共有された語彙、言葉遣いを習得する。同様に市場やマーケットプレイスは、(アマゾンや腎臓交換のように)意識的にデザインされたものであれ、偶然に導かれて徐々に発達してきたものであれ、必ずルールをもち、そのおかげで適切に機能することができる(が、できないこともある)。

エンジニアとしての経済学者

このようにマーケットプレイスを通じた市場のデザインは、人間が昔から携わってきた、農業よりも古い活動である。だが一万年以上経たいまもまだ、広く(深く)理解されるには至っていない。かつて経済学者は、私たちが言語について考えるような方法で、市場を自然現象であるかのように研究した。市場は人間が制御できるものとは見なされていなかった。

だが私たちが自然言語を思うように制御できないのは、それが数千万人、数億人の利用者のやりとりのなかから生まれるからだ。英語のつづりを簡略化し、発音に合わせて修正しようとする取り組みがいかに難しいかを、英語圏の人は知っている（たとえ新しいスペリングが合理的であっても、十分な賛同を得るのは難しい〔Ev'n tho difrent spelings mite make sens, it's hard to get enuf peepul to agree.〕）。もちろん、コンピュータのプログラミング言語などの人工言語については事情が異なる。実際これまで見てきたように、コンピュータやスマートフォンのOSは、それ自体一種のマーケットプレイスである。こうした人工言語――やその他のマーケットプレイス――が自然言語と違うのは、企業や主要ユーザーの集団が協力して、必要に応じてデザインを修正していける点である。

市場とマーケットプレイスの理解が進むにつれ、それらに介入し、デザインを改め、不具合を修復し、必要とされる場所に新しく立ち上げることが可能であることがわかってきた。近年、経済学者がエンジニアとしての能力を高めていることは、ここ一〇〇年間に農業や医学の分野で起こった画期的な変化にも似ている。

人は農耕を始めたころ、見つけたものをただ植えていたが、やがて一番育ちのよい作物の種をとっておいて、翌年また植えるようになった。こうして人は図らずも、植物育種家の役割を担いはじめた。今日私たちは何百年、何千年にわたる意図的な品種改良の恩恵に与っているが、最近では遺伝子工学の力を借りて、厳しい環境でも収穫を確保できるよう、作物を改良するようにもなっている。野山や庭園を散策すると、何世代にもわたる栽培の成果が見られる。こうした植物のなかには、現代の状況にうまく適応している古代種もあれば、交配によって古代種よりも繁殖力や栄養価を高め、より美しく見えるよう改良されたものもある。だが最新の品種であっても、受粉はまだハチに頼っている。植物もまた、進化と共進化の間の、そして人間の欲求とデザインの間の複雑な相互作用が生み出した、生態系の一部をなしているのだ。

医学も同じような前進を遂げてきた。少し前まで、医師の仕事と言えば、この先の病状がどうなるのかを患者に説明し、その間患者が楽に過ごせるように手を尽くすことだった。最近の医師は多くの病気に介入し、また介入を成功させるための医薬品や手術法をもっている。今後も医学のさらなる進歩が期待されるが、現代の医学の恩恵を受けられるのはありがたいことだ。

市場と言語は私たちが集団として利用するツールであり、うまく機能していないときでもデザインを改めるのが難しい場合がある。そんなときは、わかりにくいスペリングをいまも使い続けているように、悪いデザインでしのがなくてはならない。

だがときにはうまく機能していない市場をリデザインする機会に恵まれることがある。まったく新しい市場をデザインできる場合さえある。このような機会を大切にし、研究し、謙虚に取り組み、注意深く目を配らなくてはならない。

市場は人工物であって、自然現象ではない。私たちはマーケットデザインを通して、市場という、人間の最も古く重要な発明を守り、よりよいものに変えていくことができるのだ。

謝辞

マーケットデザインはチームスポーツである。本書で紹介したさまざまな市場に私と一緒に取り組んでくれた人たちのことは、本文中でも名前を挙げて紹介したが、ここで改めてそうしたすべての人たちに心からの感謝を捧げたい。本をつくるのにも、私が思っていた以上にチームの協力が必要だった。本書を執筆するうえで多くの人たちの助力を得たが、私がもっと手伝いやすいタイプだったなら、さらに多くの助力を得られたことだろう。エージェントのジム・レビーン、腎臓交換と学校選択の参加者へのインタビューを行ってくれたティム・グレイ、私の文章を簡潔に明瞭にしてくれた（かつオクラホマ大学スーナーズについて教えてくれた）マイク・マローン、この本に何を含めるべきで、何を含めるべきでないかをはっきり示してくれた出版社のエーモン・ドランには、とくに感謝したい。原稿を思慮深く整理してくれたバーバラ・ジャトコラ、そして原稿をじっくり読んで洞察に満ちた意見をくれたアティラ・アブドゥルカディロール、エリック・ブディッシュ、ニール・ドロシン、アレクサンドル・ニチフォアア、パラグ・パサクに感謝を捧げる。

解説　ロス教授と新時代の経済学

スタンフォード大学経済学部准教授　小島武仁

本書は副題にある「マッチメイキングとマーケットデザイン」研究で世界をリードするアルビン・ロス教授による待望の入門書である。筆者はこの分野の研究者であり、ロス教授のハーバード大学時代には指導学生として、また彼がスタンフォード大学に移籍してからは同僚として、たくさんのことを学ぶ機会を得た。こういった縁から今回邦訳の解説を書かせていただくことになったのはとても光栄なことで、本書の出版をとても喜んでいる。

マッチメイキングとマーケットデザインの経済学とは？

もしあなたが学校で経済学の授業を受けたことがあるなら、経済学者が市場の動きを「需要」とか「供給」とかいった言葉で説明するのを聞いたことがあるかもしれない。人々が欲しがるモノやサービスの量を需要と呼び、その欲求を満たすものが供給である。標準的な経済理論によると、市場では需要と供給が一致するように価格が調整され、そこで経済全体の活動が決定される。例えば需要よりも供給が多いときには、価格が下がることで需要が増える一方で供給が減っていき、バランスが取れるまで価格が下がり続ける。反対に需要が供給よりも多いときには価格が上がって、やはり需要と供給のバランスが取れる。伝統的な経済学はこのストーリーを世の中のあらゆる取引に当てはめて説明を試みてきた。

しかし言うまでもないことだが、現実の社会はこのストーリーよりもずっと複雑であり、モノやサービスの配分が価格で調整できない実生活の例は枚挙にいとまがない。日本でもある程度浸透してきた学校選択制などはその典型例である。学校選択制は学生や保護者が学校への入学枠を需要していて、国や自治体などの供給者がいるという点で「マーケット」としての側面を持っているが、この「マーケット」では限られた入学枠という供給を学生の需要とどうやって調整すればよいだろうか？　公立学校への入学をめぐって、学校と保護者に値段の交渉をさせて需要と供給を釣り合わせるわけにもいかないだろう。言い換えると、伝統的な経済理論で語られてきた価格調整のストーリーはここには当てはまらない。

腎臓病などの患者へ移植するための臓器の配分などはどうだろう？　臓器売買が公的に認められている国は全世界でもイランだけである（もちろんブラックマーケットが世界各地に

存在する）。この意味では、臓器配分の問題にも伝統的な経済理論は当てはまらない。かといって現実に臓器を必要とする患者＝需要があり、それを限られたドナー＝供給で満たさなければならないという意味で、臓器配分の問題も立派な「マーケット」としての側面を持っている。

こんな風に、価格だけで需要と供給のバランスを取れないような場面はたくさんあるが、この種の問題の多くに共通しているのは、問題がマッチング（＝組み合わせ）の側面を含んでいるということだ。学校選択の例では、学生は近所に住んでいるとか兄弟姉妹がいるとかいった、価格以外の理由で学校に選抜される。臓器配分の問題ではドナーと患者の血液型の適合性や患者の病気の進行度など、やはり価格とは関係ない理由で移植の指針が与えられている。こんな風に従来の価格による理論がうまく働かないような場合には、どのようなマッチメイキングの方法があるのかが問題になる。このマッチメイキングの分析に使えるのが、この本のテーマの一つ、マッチング理論（＝マッチメイキングの理論）だ。

ひとことで（ちょっと乱暴な単純化をしつつ）言うと、マッチング理論とは、様々な好みを持つ経済主体をどのように引き合わせるかや、限られた資源をどのように人々に配分するかを研究する理論である。言い換えると人と人、人とモノ・サービスをどうマッチするかを研究する学問である。例えば学校選択の場合には学生もしくは保護者と学校、臓器移植の場合にはドナーと患者がマッチされる。

さて、マッチング市場では価格で需要と供給を一致させることができないので、代わりにマッチメイキングの制度をうまく設計する必要がある。本書のもう一つの副題である「マーケットデザイン」という研究分野がそれである。誤解を恐れずにざっくり言うと、マーケットデザインはマッチング理論を応用して実際の制度をどのように設計するのが良いのかを研究する分野である。

このマーケットデザインという分野の考え方は随分ラディカルなものである。大雑把に言えば、伝統的な経済学では市場や社会制度を既に「与えられたもの」としてその働きの分析に力を注いできたのに対して、マーケットデザインは制度を「設計することができるもの」と考えているのだ。幸いにも過去数十年間に得られた理論や実地の経験のおかげで、この分野の研究成果は現実の制度設計を提案・実装できるところまで来ている。この分野の研究成果は、学校選択や臓器移植のように価格メカニズムが需要と供給のバランスを取れないような「マーケット」で特に威力を発揮してきた。価格という自然な「見えざる手」が無いときには、代わりにスマートな制度を設計してやろうというわけである。

マーケットデザイン前史——不満の出ない結婚相手を探しだす数学理論

ここでマッチング理論の基本にある数学理論を説明してみたい。多少細かく聞こえるかもしれないが、マーケットデザインにかぎらず現代の経済学分析では数学を毛嫌いせずに使って緻密な分析をすることが重要である。だからここでも、多少なりとも雰囲気を摑んでおくのは重要だろう。本書でも説明がされているから、すでに本書の中身を読んだ方は復習のつもりでお付き合いいただきたい。

マッチング理論の発祥は数学パズルのようなものだった。このパズルを考えたのはロス教授と共同で二〇一二年にノーベル賞を受賞したロイド・シャプレーと、その共同研究者のデイビッド・ゲール（二〇〇八年に他界）である。彼らは次のような架空の婚活マーケットを考えた。いま何人かの男女が結婚相手を探している。男性は女性たちに対する自分の好み（ランキング）をわかっていて、女性も男性たちに関する自分の好みをわかっている。このときに、後からまずいことが起きないような「安定である」マッチングはあるだろうか？

ここでマッチングが「安定である」とはどういうことだろうか。現実の世界ではいろいろな意見があるだろうが、ゲールとシャプレーが想定した数学パズルの世界では、マッチングの安定性とは「男性Aは現在のマッチ相手よりも女性Bのことが好きで、女性Bも現在の相手よりも男性Aのことが好きである」というようなペアがいないという性質を指す。簡単に言えば、不倫や離婚の危険をなくす組み合わせのことを安定なマッチングと呼ぶことにしたのである。

ゲールとシャプレーは、この意味で「安定な」マッチングを探す方法を発見した。その方法は本書でも説明されている「受け入れ保留方式」と呼ばれるものである。各参加者が結婚相手に関する希望順位のランキングを提出すると、コンピュータを使ったアルゴリズムが瞬時に結婚相手の組み合わせを叩き出す。ゲールとシャプレーは、受け入れ保留方式で算出される結果は必ず安定なマッチングになっていることを数学の定理として証明した。

ロス教授の登場とマッチメイキングの経済学の誕生

ゲールとシャプレーの理論は抽象的な数学理論だった。実際に男女が婚活をする問題ではいろいろな駆け引きもあるだろうし、結婚してみたら気が変わって不倫したり離婚したりしたくなるかもしれない。ゲールとシャプレーの理論は、こういった現実の結婚のいろいろな側面をあえて大胆に無視して問題を単純化している。問題をエレガントに解決するアルゴリズムを見つけられたのはこういった単純化のご利益だが、副作用として理論が現実からかけ離れてしまう危険がある。ゲールとシャプレーも、論文を発表したときには自分たちの理論的な発見が現実の問題に応用できるとは思っていなかったようである。

ところが、この数学パズルの経済学的な価値が発見されると状況は一変する。この大変化を起こし、発展させた中心人物が、この本の著者であるロス教授である。ロス教授は米国の「研修医マッチング制度」が使っていたアルゴリズムが、ゲールとシャプレーの受け入れ保留方式とほとんど同じものであることを発見したのだ。今から三〇年ほど前、一九八四年の論文でのことである。

医学部を卒業したての学生は、実践的な医療技術を身につけ経験を積むために病院で研修医となって働く必要がある。だが、就活をする学生側と、採用する研修病院側の希望を汲み取ることは簡単ではない。なるべく学生と病院の希望を叶えるために、米国の医師研修制度では、学生と病院が希望する相手のリストを提出して、マッチ主催者がそのリストを元にアルゴリズムを使って配属先を決めている。

このアルゴリズムは一九五〇年代に医療関係者の試行錯誤の末に生み出されたものなのだが、ロス教授は実はこの方法が、ゲールとシャプレーによる方法と同じマッチングを生み出していることを発見したのである。

たしかに就職活動は婚活と似ている面もあり、不満の出ないように研修医を配属する問題は不倫や離婚の危険がない結婚の組み合わせを探す問題に似ていなくもない。だがこの発見の驚くべき点は、このような考えが単なる空想ではなくて、現実に本当に使えるものであるということを発見した点にある。象牙の塔の研究者が抽象的な数学理論を駆使して導いた結論と、現場の医療関係者が試行錯誤でたどり着いた現実的な解決法が同じである、というのは驚くべきことである。

この発見は、ロス教授自身や他の研究者たちによって追試されている。世界各地で使われている様々な制度を彼らが比較したところ、安定マッチングを生み出すアルゴリズムを使った制度が成功する一方で、そうでないアルゴリズムを使った制度はうまく働かずに廃止されたり安定マッチングアルゴリズムに変更されたりしていることが次々に発見されたのである。こういった努力により、マッチメイキングという複雑な問題を数学モデルで分析できることがわかってきたのだ。詳しくは本書、特に第8章で説明されているので参照されたい。

マーケットデザイン――次々に見つかる応用先

このように、抽象的な数学理論から始まったマッチメイキングの経済学は、始めは現実の制度の理解に主眼を置いていた。しかし現実の理解が深まるにつれて、そこから一歩踏み出してマーケットの制度をデザインすることが可能になってきた。これが本書の副題の第二、「マーケットデザイン」である。

このマーケットデザインの経済学を強力に推し進めたのもロス教授である。先ほど説明したように米国の研修医マッチング制度はうまくできたものだったが、時代を経るとともに参加者から不満が出てくることもあった。例えば、二〇世紀後半になって女性医師が増えるにしたがって、カップルで一緒に就職先を探す研修医が増えてきた。研修医マッチングアルゴリズムができた一九五〇年頃には女性医師がごく少なかったので、当初の方式はカップルの希望を汲み取るようにできていなかった。このため、カップルは希望の就職先を見つけることがうまくできなかった。九〇年代には研修医マッチング協議会の依頼を受けて、ロス教授はカップルやその他の新しい問題に対処できるアルゴリズムを設計した。このアルゴリズムはアメリカの研修医をはじめ数々のマーケットで現在も使われている。

これは革新的なムーブメントと言っていいだろう。今までは現実の経済を理解することに主眼を置いていたのに対して、今度は積極的に制度設計に切り込んでいこうというわけである。こういった一連の活動が「マーケットデザイン」と呼ばれているもので、最近の経済理論の中でも最も成功した分野の一つと考えられている。実際に世界中で適用例は増えていて、日本でも今世紀初頭から米国のものによく似た研修医マッチング制度が使われている。

マーケットデザインという考え方が浸透するにしたがって、新しい応用例がどんどん見つかっている。例えばロス教授をはじめとする研究者たちは、学校選択制度を学校と学生のマッチングだと捉えて、学生と学校をマッチさせるアルゴリズムを設計した。現在ボストン、ニューヨーク、ニューオーリンズなどといった米国の都市で、ロス教授たちのアルゴリズムが採用されており、同じような制度の導入を検討する自治体が増えている。

また最近では腎臓移植のための「ドナー交換アルゴリズム」をどう設計するかがホットなテーマである。山中伸弥・京都大学教授がロス教授と同年にノーベル賞を受賞したことなどもあり再生医療への注目は高まるばかりだが、現在のところ生体腎移植は腎臓病の最も有効な治療法の一つとされている。

しかし血液型などの様々な不適合性のため、配偶者などのドナーから患者へ直接移植させることができないことが非常に多い。そこでロス教授らは、この問題を腎臓のドナーと患者のマッチング問題として捉えて、可能な限り多くの人々が移植の機会を得られるような方法を開発した。彼らの開発した方法は、米国における腎臓移植ネットワークの設立と運営に現在大きな役割を果たしている。

このように、従来の経済学では扱わないような社会問題に勇敢に切り込んでいく点も、マーケットデザイン研究の大きな特徴である。この解説の始めのほうに書いたように、学校選択や臓器交換の問題では、お金を使って需要と供給のバランスを取ることが難しい。このような場面でも、マーケットをもっと広い意味で「人々が必要なものを交換したり手に入れたりするための場」だと解釈して、最適な設計を模索していくのである。現代の経済学はこのように現実問題に具体的な処方箋を書くことができるところまできており、マーケットデザインはまさにこの最先端にある分野なのである。本書ではまさにその最先端を行く著者が、他に類を見ないほどのスケールであらゆるマーケットを語り、マーケットデザインをどう使えばいいのかを描いている。

現代経済学を代表する巨人の横顔

この本は狭い意味での研究成果だけではなく、たくさんのエピソードや人物に彩られている。腎臓交換プログラムをロス教授とともに推進しているリース医師や、移植のために腎臓を自家用機で運ぶボランティアのグリーン教授、ロス教授との共同研究に登場する研究者たち等々。本書は、こうした面白い人々の評伝として読むこともできるかもしれない。そして、著者のロス教授自身も相当に興味深い人物である。ここで少しスペースを割いて、彼について紹介してみたい。

先ほども触れたように、ロス教授は二〇一二年のノーベル経済学賞を受賞している。受賞理由となったのは本書のテーマでもあるマッチング理論とマーケットデザインである。だがロス教授は自分が研究するだけでなく、教育者としても多大な貢献をしてきた。本書に出てくる最先端の研究を行う研究者たちの多くが、ロス教授の学生やポスドク研究員、または客員研究員としてロス教授の薫陶を受けて成果を挙げている。筆者も始めはロス教授の指導学生、そして現在は職場の同僚として彼と多くの時間を共有する機会に恵まれ、大きな刺激を受け続けている。

筆者がロス教授の指導を受けたのは、ハーバード大学博士課程の学生だった頃だ。彼の学生になってまず驚いたのは彼の多忙なことだ。ちょうど彼の学校選択制度や臓器交換プログラムの仕事が軌道に乗り始めた時期で、学会内外を飛び回っていたようだ。それでも彼は学生と時間を共有するために様々な努力をしていた。例えば彼は自分の研究室の前のスペースで、毎朝「コーヒーアワー」を設けていた。これは毎朝ある時間になるとコーヒーとちょっとしたスナックを運んでもらって、気が向いた学生や教授たちがそこに集まって情報交換をするというものである。

筆者の経験では、こういった交流が研究に発展することが多い。筆者は大学院在学中から現在に至るまで大学院時代の友人と共同研究を多く行っているのだが、コーヒーアワーなどでの気軽なお喋りがきっかけになったものも多い。本書でも活躍するパサクやブディッシュなどは筆者と同時期にロス教授に師事していたこともあり、このコーヒーアワーの常連で、筆者もこういった環境の中で彼らと共同研究することができた。

筆者の勤務するスタンフォードでも、ロス教授のモデルを模倣してコーヒーアワーを開いている。二〇一二年にロス教授が我が校に移籍してきたこともあり、コーヒーアワーは我々教授陣や学生の活発な交流の場として定着している。

本書をすでに読んだ方は、ロス教授の社会への視点の鋭さに驚くのではないだろうか。これを天才といってしまうのは簡単だが、筆者の感じたところでは、彼は人間観察に優れているというか、人間のことが本当に好きなのだろうと思う。彼の鋭い観察眼はそういったところからきているように感じる。

個人的なエピソードになってしまうが、筆者が大学院を卒業したときのことはいつまでも忘れられない思い出である。ロス教授は同僚や学生をよく自宅のディナーに招いてくれるのだが、筆者が卒業するときにもお祝いの夕食会を開いてくれた。そのときに「本当は博士論文の口頭試問が終わったときに渡そうと思っていたんだけどね」と笑いながら渡してくれたのはマグカップであった。その一面にはどこで見つけたのだろうか、ウェブ掲示板で筆者の研究について繰り広げられていた噂話がプリントされていた（ちゃんと良いものだけを選んでくれていた）。そして裏面にのっていたのは、研究室でうたた寝している筆者の写真であった。いつの間にかロス教授が自分で撮影していたのである。

この夕食には後に筆者のスタンフォードでの同僚・共同研究者になるポール・ミルグロム

など研究者も多かったので、楽しい雰囲気をお披露目しようという気配りだったのではないかと思う。ちょっと冗談めかした言い方になるが、コーヒーアワーのことといいこの夕食会でのことといい、ロス教授はまさにマッチメイキングの第一人者なのだ。

もちろんロス教授は学生や研究者たちのマッチメイキングをしているだけではなく、彼の研究指導も思い出深い。彼は手取り足取り指導をするよりは、話を聞いて大局的なアドバイスをするタイプだった。このやり方に合うか合わないかは学生によるだろうが、筆者の場合にはとても良かったと思う。教授とのミーティングでいつもしつこいほど言われたのは「現実に意味のあること、大きなテーマをやったほうが良いよ」ということであった。

マッチング理論には数学パズルのような面白さがあるため、ともすれば抽象的で現実から乖離した研究に陥りやすい。筆者も既存の理論を少しだけ数学的に改善したような研究アイデアをよく話しに行ったものだ。そういう研究アイデアを持っていくと、ロス教授はいつもニコニコ話を聞いて褒めてくれたが、でもその研究はつまらないとちゃんと言ってくれた。その上で、現実のマーケットで関係あるかもしれないこういう現象があるけど、君の数学理論を応用して分析できるかな？とか、君が分析しようとしているマーケットではこんな話題があるけど考えてみたらどうかな？などと建設的なアドバイスをしてくれたものだ。

筆者の博士論文のテーマは、本書の第8章に出てくる、新人研修医の配属に使われているルールについてのものである。本書でも触れられているように、これはロス教授がデザインを手がけた初めてのマーケットである。当時の理論では、現実のマーケットにはいろいろと複雑な事情があり、完全無欠なマッチングルールは「絶対に存在しない」ことが数学的に証明されていた。ところがロス教授がデザインしたアルゴリズムは、実際に使ってみると、ほとんどの場合にはうまくいっていた。さらにロス教授自身のシミュレーションでも同じくほとんどの場合にうまくいくこともわかっていた。筆者とのミーティングをしたときに、ロス教授はなぜ完全無欠なルールがないのに、実際には彼のルールが「大体うまくいく」のか、理論的にはまだ完全にはわかっていないという話を教えてくれた。筆者はこの謎を数学理論で説明して論文にし、無事に博士号を取得して卒業することができた。

その後、このアイデアは重要な意味を持っていることが次々にわかってきた。研修医の問題に限らず、既存の理論ではなぜあるルールはうまく働いて他のルールはうまくいかないかがわかっていない例がたくさんあった。筆者は上記の研修医配属の場合と同じように「大体うまくいく」をキーワードに、様々なマーケットで、どんなルールを使えばよいかについての研究を進めてきた。幸いにしてこのアプローチは研究者の間にある程度市民権を得た感がある。筆者は二〇一五年にはある国際学会の五年に一度の世界大会で、このテーマで招待講演をさせていただく機会に恵まれた。今思い返しても、ロス教授の気さくかつ鋭いアドバイスがなければ、この研究テーマを見つけることもできなかっただろうと思う。

こんな感じでロス教授はとても気さくでアドバイスを惜しまない人物だが、自分の研究に対しては誰よりも真剣な人でもある。そして、それがマーケットデザインを発展させる原動力になってきた。ロス教授がノーベル賞を取ったのはスタンフォードに移籍してきた直後の二〇一二年で、筆者はもちろん嬉しかったが少し心配もしていた。ノーベル賞学者はマスコミ対応や学外での仕事が忙しくなって研究ができなくなるという話をよく聞くからである。しかしその心配は良い形で裏切られた。受賞当日に職場の廊下で立ち話をしたときにも(彼は朝の受賞記者会見を終わらせて、彼が受け持っている授業に行く途中だった)当時筆者と行っていた共同研究について「あれもそろそろ完成させなきゃいけないよね」と言って、しっかり研究のことを気にかけていた。この研究は、本書でも説明されている「カップルがいるときの就職マーケットデザイン」に関するもので、彼の宣言通り翌年の二〇一三年に専門誌に掲載された。

その後も彼はあちこち飛び回って忙しいが、研究者としても、学生や他の研究者たちの「マッチメーカー」としても、精力的に活動している。スタンフォードにいるときにはコーヒーアワーには必ず来るし、通常の学部主催セミナーの他にも筆者らと一緒にマーケットデザインに関する研究会を定期的に行っている。筆者の第一子が二〇一五年一〇月に生まれたのだが、このときに筆者が病院に付き添えるように、授業をピンチヒッターで教えてくれたのもロス教授だった。

最も名誉ある賞を受け、年齢も六〇代半ばになったが、彼はますます精力的に研究活動を続けている。だからきっと、いつかまた本書とはまったく違う、進化した書籍を出版して、再び我々に刺激を与えてくれるのだろう。しかしそのときが来るまで、何度でも読み返したいのが本書である。

の財をなした人たちを含む）向けに講演をすると、聴衆はそのような思慮深いデザインが市場のためになるという考えを、当初は疑わしく思うのだという。しかしあるとき講演のあとで、ある著名な投資家が立ち上がって、次のような趣旨の発言をしたそうだ。「意外にもあなたは共産主義者ではない。市場にはルールが必要だが、あなたはルールを増やす必要があると言っているのではない。違うルールが必要だと言っているのだ」。

5　当然ながら、マーケットデザインの貢献のひとつは、価格がすべての役割を担うコモディティ市場だけでなく、より広範な分類のものごともまた市場であることをはっきり認識させてくれることにある。就職市場や結婚市場という英語がある点で、英語を話す私たちは幸先のよいスタートを切っている。

を促進、実行、支持し、臓器取引や移植ツーリズム、移植の商業に反対し、効果的で倫理的な移植慣行を世界中に促すこと」を使命とする管理集団の事務局長を務めている。以下を参照のこと。http://www.declarationofistanbul.org/

9 アフリカの腎臓病の現状については以下を参照のこと。Saraladevi Naicker, "End-Stage Renal Disease in Sub-Saharan Africa," *Ethnicity & Disease* 19, no. 1 (2009): 13.

第12章　自由市場とマーケットデザイン

1 ずいぶん昔にイリノイ大学のジェラルド・サランシクと、テーブルクロスがレストランの種類を表す指標になるという話をしたのを覚えている。

2 本セクションの引用はすべて以下からとった。F. A. Hayek, *The Collected Works of F. A. Hayek,* vol. 2, *The Road to Serfdom: Text and Documents— The Definitive Edition,* ed. Bruce Caldwell (Chicago: University of Chicago Press, 2007).（邦訳『隷属への道』ハイエク全集Ｉ－別巻、西山千明訳、2008年、春秋社）

3 ハイエクは用語の混同について次のように書いている。「実際、ヨーロッパで『自由主義』と呼ばれている、または呼ばれていたものは、今日のアメリカではある妥当な理由から『保守主義』と呼ばれている。他方、最近のアメリカでは『自由主義』という用語が、ヨーロッパで社会主義と呼ばれるものを表すために用いられている。しかしヨーロッパに関して言えば、『自由主義』の名を冠したどの政党も、19世紀の自由主義の原則に従っていないこともまた事実である」。F. A. Hayek, "Liberalism," chap. 9 in *New Studies in Philosophy, Politics, Economics and the History of Ideas* (London: Routledge & Kegan Paul, 1982),119–51.（邦訳『思想史論集（ハイエク全集第２期７巻）』、八木紀一郎監訳、中山智香子他訳、2009年、春秋社）

4 （第５章でとりあげた）エリック・ブディッシュが金融の専門家（巨額

label/repugnance

2 以下は、州ごとの同性婚の状況を追跡しているサイトである。http://www.freedomtomarry.org/states/

3 Max Weber, *The Protestant Ethic and the Spirit of Capitalism,* trans. Talcott Parsons (Mineola, NY: Dover, 2003), 74.（邦訳『プロテスタンティズムの倫理と資本主義の精神』大塚久雄訳、1989年、岩波文庫）

4 以下を参照のこと。Sandro Ambuehl, Muriel Niederle, and Alvin E. Roth, "More Money, More Problems? Can High Pay Be Coercive and Repugnant?," *American Economic Review, Papers and Proceedings* 105, no. 5 (May 2015), forthcoming.

5 イランの腎臓市場に関する説明は、以下を参照のこと。Sigrid Fry-Revere, *The Kidney Sellers: A Journey of Discovery in Iran* (Durham, NC: Carolina Academic Press, 2014).

6 たとえば自身も腎臓移植患者である医師のサリー・サテルも、著書で法律改正を熱心に訴えている。Sally Satel, *When Altruism Isn't Enough: The Case for Compensating Kidney Donors* (Washington, DC: AEI Press, 2008). また以下は、ノーベル賞受賞者の故ゲーリー・ベッカーと共著者のジュリオ・イリアスが経済学者に投げかけた議論である。Gary Becker and Julio Elias,"Introducing Incentives in the Market for Live and Cadaveric Organ Donations," *Journal of Economic Perspectives* 21, no. 3 (Summer 2007): 3–24, http://pubs.aeaweb.org/doi/pdfplus/10.1257/jep.21.3.3.

7 Adam Smith, *An Inquiry into the Nature and Causes of the Wealth of Nations* (Oxford: Oxford University Press, 2008), bk. 1, chap. 2, para. 2.（邦訳『国富論――国の豊かさの本質と原因についての研究』〔上下巻〕山岡洋一訳、2007年、日本経済新聞出版社）

8 腎臓売買合法化の最も声高な反対者の１人が、腎臓交換の立役者のフランク・デルモニコだ。彼は「臓器取引と移植ツーリズムに関するイスタンブール宣言」の策定に積極的に関わり、「イスタンブール宣言

そうした本が何冊も出ている。スタンフォード大学の私の同僚で、現代のオークションデザインの第一人者であるポール・ミルグロムが、経済学者向けに書いた本がある。Paul Milgrom, *Putting Auction Theory to Work* (Cambridge: Cambridge University Press, 2004).（邦訳『オークション理論とデザイン』川又邦雄・奥野正寛監訳、計盛英一郎・馬場弓子訳、2007年、東洋経済新報社）

12 2014年にスタンフォード大学教授のポール・ミルグロムとボブ（ロバート）・ウィルソン、マイクロソフトのチーフエコノミストであるプレストン・マカフィーは、同時競り上げ式オークションのデザインを行ったことで、人間や経済に利益をもたらす連邦資金受給研究に贈られるゴールデングース賞を受賞した。

13 売却される免許がn件のとき、入札可能なパッケージの数は2^n-1通りである。つまり免許が5件なら入札可能なパッケージは31通りあり、10件なら1023通り、1000件では100ケタになる。

14 ここでは話を少々単純化した。たとえば、グーグルはユーザーが広告をクリックするたびに報酬を得るため、広告を出す企業の入札額だけでなく、広告がクリックされる頻度も考慮して落札者を決めている。

15 Gmailができたばかりのころ、友人が仲間にこんなメールを送った。「よう、みんな（Hey guys）メキシコ料理を食べに行かないか？」。ほどなくして彼は「メキシコ人男性」（Mexican guys）の広告を目にするようになった。

第11章　不快な市場、禁じられた市場……そしてデザインされた市場

1 不快な取引に関する詳細は以下を参照のこと。Alvin E. Roth, "Repugnance as a Constraint on Markets," *Journal of Economic Perspectives* 21, no. 3 (Summer2007): 37–58, http://pubs.aeaweb.org/doi/pdfplus/10.1257/jep.21.3.37.　私のマーケットデザインのブログでも、さまざまな例を紹介している。http://marketdesigner.blogspot.com/search/

Admissions Game (Cambridge, MA: Harvard University Press, 2003).

5 経済学者の就職市場と、私たちの開発した候補者が関心をシグナリングするメカニズムについては、以下を参照のこと。Peter Coles, John H. Cawley, Phillip B. Levine, Muriel Niederle, Alvin E. Roth, and John J. Siegfried, "The Job Market for New Economists: A Market Design Perspective,"*Journal of Economic Perspectives* 24, no. 4 (Fall 2010): 187–206.

6 Soohyung Lee and Muriel Niederle, "Propose with a Rose? Signaling in Internet Dating Markets," *Experimental Economics,* forthcoming.

7 これは経済学者の就職市場において、志望者が自分の出身大学と就職を希望する大学の相対的な知名度の差を、望ましさの尺度として利用する際に見られるシグナルの効果に似ている。

8 生物学における望ましさのシグナルについては以下を参照のこと。Amotz Zahavi, *The Handicap Principle: A Missing Piece of Darwin's Puzzle* (Oxford: Oxford University Press, 1997).（邦訳『生物進化とハンディキャップ原理——性選択と利他行動の謎を解く』大貫晶子訳、2001年、白揚社）

9 ヘロドトスの『歴史』（第１巻196節）には、バビロニア人が年に一度結婚適齢期の娘たちを競売にかける風習があったと書かれている。まず最も美しい娘たちが、最もよい値をつけた裕福な男性たちに売られ、続いてその他の不器量な娘たちが、最も少ない持参金を要求した男性たちのもとに行った。これは「ダブルオークション」に関する最古の言及かもしれない。ダブルオークションは第５章で説明した金融市場に少し似ていて、売り手と買い手がそれぞれ価格を提示する。

10 ウィリアム・ヴィックリーは、この観点から第二価格オークションを研究した1961年の論文によって、ノーベル経済学賞を受賞した。"Counterspeculation, Auctions, and Competitive Sealed Tenders," *Journal of Finance* 16, no. 1 (March 1961): 8–37.

11 オークションのデザインだけで１冊の本が書けてしまうほどで、実際

2 ニューヨーク市の高校選択の詳細については以下を参照のこと。Atila Abdulkadiroğlu, Parag A. Pathak, and Alvin E. Roth, "Strategy-Proofness Versus Efficiency in Matching with Indifferences: Redesigning the NYC High School Match," *American Economic Review* 99, no. 5 (December 2009): 1954–78.

3 ボストンの学校の詳細に関しては以下を参照のこと。Atila Abdulkadiroğlu, Parag A. Pathak, Alvin E. Roth, and Tayfun Sönmez, "TheBoston Public School Match," *American Economic Review: Papers and Proceedings* 95, no. 2 (May 2005): 368–71.

4 中国の大学入学の説明は以下を参照のこと。Yan Chen and Onur Kesten, "From Boston to Chinese Parallel to Deferred Acceptance: Theory and Experiments on a Family of School Choice Mechanisms" (discussion paper, University of Michigan, 2013).

第10章　シグナリング

1 品質のシグナルについては、マイケル・スペンスのノーベル経済学賞受賞論文を参照のこと。Michael Spence, "Job Market Signaling," *Quarterly Journal of Economics* 87, no. 3 (August 1973): 355–74.

2 ちなみにコモンアップも、厚みにつきものの混雑に対処することを余儀なくされている。このソフトウェアは2013年に過負荷になり、提出期限が近づくにつれ大学志願者がストレスを強いられたことが全国的に報じられた。これを機に、インターネット出願システムのバックアップや代替システムの開発について、大学間で話し合いがもたれるようになった。

3 Christopher Avery, Soohyung Lee, and Alvin E. Roth, "College Admissions as Non-Price Competition: The Case of South Korea," NBER Working Paper No. 20774, December 2014.

4 大学入学制度の詳細については、以下を参照のこと。Christopher Avery, Andrew Fairbanks, and Richard Zeckhauser, *The Early*

8 Alvin E. Roth and Marilda A. Oliveira Sotomayor, *Two-Sided Matching: A Study in Game-Theoretic Modeling and Analysis* (Cambridge:Cambridge University Press, 1990).

9 エンジニアとしての経済学者に関する考察は、以下を参照のこと。Alvin E. Roth, "The Economist as Engineer: Game Theory, Experimentation, and Computation as Tools for Design Economics," *Econometrica* 70, no. 4 (July 2002): 1341–78, http://web.stanford.edu/~alroth/papers/engineer.pdf

10 ミュリエル・ニーダーレと私が新人胃腸科医の市場のリデザインを手伝った際には、イェール大学のデビー・プロクター博士が擁護者となり、熟達したガイドとなってくれた。そのほかの人たちについては、あとの章で紹介する。

11 A. E. Roth and E. Peranson, "The Redesign of the Matching Market for American Physicians: Some Engineering Aspects of Economic Design," *American Economic Review* 89, no. 4 (September 1999):748–80.

12 以下を参照のこと。Fuhito Kojima, Parag A. Pathak, and Alvin E. Roth, "Matching with Couples: Stability and Incentives in Large Markets," *Quarterly Journal of Economics* 128, no. 4 (2013): 1585–1632. その後のより強力な結果については以下を参照のこと。Itai Ashlagi, Mark Braverman, and Avinatan Hassidim,"Stability in Large Matching Markets with Complementarities," *Operations Research* 62, no. 4 (2014): 713–32.150

13 Alvin E. Roth, "On the Allocation of Residents to Rural Hospitals: A General Property of Two-Sided Matching Markets,"*Econometrica* 54, no. 2 (1986): 425–27.

第９章　安心できる学校選択へ

1 Atila Abdulkadiroğlu, Parag A. Pathak, and Alvin E. Roth, "The New York City High School Match," *American Economic Review: Papers and Proceedings* 95, no. 2 (May 2005): 364–67.

プログラムのペアが存在しないことがわかる。

5 ロイド・シャプレーのためのファンファーレは、彼がスウェーデン国王からノーベル賞を授けられる様子を収めた2分間の映像の最後に聞くことができる。http://www.nobelprize.org/mediaplayer/index.php?id=1906（私のファンファーレはその少し前だ。http://www.nobelprize.org/mediaplayer/index.php?id=1905）

6 「マッチ」がすばやく機能する理由は2つある。第1に、参加者が事前に選好を決定していて、誰かの決定を待つ必要がないから。第2に、アルゴリズムが当初はカード分類機、最近ではコンピュータによって、「拒否のチェーン」を自動処理しているからだ。この両方の要素が重要である。シャオリン・シンと私は以前、臨床心理学者の雇用市場を研究したことがある。当時この市場には、電話による受け入れ保留アルゴリズムのようなものが導入されようとしていた。受け入れ保留アルゴリズムの全ステップを電話を通じて行うのはあまりにも時間がかかり、市場が非常に混雑したため、安定なマッチングが得られなかった。以下を参照のこと。A. E. Roth and X. Xing, "Turnaround Time and Bottlenecks in Market Clearing: Decentralized Matching in the Market for Clinical Psychologists," *Journal of Political Economy* 105 (April 1997): 284–329. 今日この市場では、私たちが医学生の「マッチ」のためにデザインしたものと同様の、コンピュータ化されたクリアリングハウスが用いられている。

7 市場にカップルがいないとき、安定なマッチングがつねに存在するというゲールとシャプレーの証明は、数学者が定理と呼ぶものだ。これに対して、カップルがいるときこの結論がもはやあてはまらないことを示す例は、反例と呼ばれる。なぜならそれは定理から予想される結果に反する例だからだ。医学生の「マッチ」に関する初期の知見については、以下を参照のこと。A. E. Roth, "The Evolution of the Labor Market for Medical Interns and Residents: A Case Study in Game Theory," *Journal of Political Economy* 92 (1984): 991–1016.

第８章　病院と研修医のマッチングはどう進化したか

1　その理由を説明しよう。たとえばある学生が、第１希望の研修医プログラムにマッチングされなかったが、第２希望のプログラムの１位グループに入っていたとする。このプログラムは、アルゴリズムの１位－１位と２位－１位のマッチングで定員を満たしてしまい、１位－２位の学生に当てる定員がないかもしれない。その場合学生は、第１希望の研修医プログラムにマッチングされなかったせいで、たとえ第２希望のプログラムの１位グループに入っていたとしても、最終的にあまり気に入らないプログラムにマッチングされる可能性がある。

2　イギリスの病院については以下を参照のこと。 A. E. Roth, "A Natural Experiment in the Organization of Entry-Level Labor Markets: Regional Markets for New Physicians and Surgeons in the U.K.," *American Economic Review* 81(June 1991): 415–40.

3　David Gale and Lloyd Shapley, "College Admissions and the Stability of Marriage," *American Mathematical Monthly* 69 (1962): 9–15.

4　この結果を証明するのがとても簡単であることを示すために、まったく同じことを別の方法で、つまりＰ病院の側から説明してみよう。仮にＰ病院が、マッチングされた医師よりも別の応募者（Ｄ）の方を希望していたとしよう。この場合、ＤがＰ病院を希望していないことはどうしてわかるだろう？　それは、もしＰ病院が最終的に雇った医師よりもＤの方を希望していたとすれば、先にＤにオファーを出していたはずで（雇用者は希望順にオファーを出す）、もしＰ病院がＤとマッチングされていないのなら、それはＤが希望する病院のオファーをもらった時点で、Ｐを拒否していたことを意味するからだ。その後さらによいオファーが来れば前の病院を断ったかもしれないが、それでもＤが最終的に受け入れたオファーは、Ｐ病院より望ましい病院であるのは間違いない。したがって、たとえＰ病院がＤを希望したとしても、Ｄの方はＰ病院を希望しない。つまりどちらの側から見ても、現在マッチングされていない相手とのマッチングを望むような応募者と研修イパルを買収した。ペイパルはその後成長してイーベイの主力事業にほぼ並ぶ収益の柱になったため、イーベイはペイパルを分社化し、再び別会社にする計画である。これを書いている2014年現在、計画は実行に移されつつある〔2015年7月に分社化された〕。

2 イーベイがフィードバックシステムをリデザインした際の周到なマーケットデザインと試行は、以下にくわしい。Gary Bolton, Ben Greiner, and Axel Ockenfels, "Engineering Trust: Reciprocity in the Production of Reputation Information," *Management Science* 59, no. 2 (February 2013): 265–85.

3 Airbnbのフィードバックシステムも、同じような動機により変更を加えられている。現在では返礼的なフィードバックを防止するために、ゲストとホストは互いのレビューを事前に見ることはできず、また両方のレビューがそろって初めて公開されるようになっている。

4 イーベイにおけるスナイプ入札は以下にくわしい。Alvin E. Roth and Axel Ockenfels, "Last-Minute Bidding and the Rules for Ending Second-Price Auctions: Evidence from eBay and Amazon Auctions on the Internet," *American Economic Review* 92, no. 4 (September 2002): 1093–1103.

5 最も高い金額を支払う用意のある入札者は、次のいずれかの場合にオークションを落札できない可能性がある。(1) 土壇場で競り負けた場合（応札して競り上げる時間がなかったため。まさにこれがスナイプ入札の狙いである）、(2) オークションを落札できたはずの入札が遅すぎて記録されなかった場合。

6 Gareth Cook, "School Assignment Flaws Detailed," *Boston Globe,* September 12, 2003. 以下も参照のこと。Atila Abdulkadiroğlu and Tayfun Sönmez, "School Choice: A Mechanism Design Approach," *American Economic Review* 93, no. 3 (June 2003): 729–47.

7 Yan Chen and Tayfun Sönmez, "School Choice: An Experimental Study," *Journal of Economic Theory* 127 (2006): 202–31.

存し得ることは明らかである。たとえば以下を参照のこと。Alvin E. Roth, "Marketplace Institutions Related to the Timing of Transactions: Reply to Priest (2010)," *Journal of Labor Economics* 30, no. 2 (April 2012): 479–94.

12 この協定を結んだのは日本経営者団体連盟（日経連）、国立大学協会、文部省〔現文部科学省〕、のちには労働省〔現厚生労働省〕などである。

13 特定の協定日以前に正式な採用のオファーを出すことを企業に禁じるルールは、内定と呼ばれる非公式な採用保証を通じて迂回され、その結果新卒生の採用決定が暴走した。この暴走は一般に青田買いと呼ばれた。その意味は文字通り「まだ実っていない青田を買いとること」である。

14 朝日新聞は1970年に、当時の就職戦線が青田買いならぬ、早苗買いになっていると報じた。すなわち、植えたばかりの苗を買いとるという意味である。大手銀行は協定で決められたより早く採用試験を実施し、卒業の１年以上前に内定を出すこともあった。

第６章　混雑――厚みのある市場がすばやく機能しなくてはならないわけ

1 Airbnbは誤った情報を減らすために、ほかにも措置を講じている。たとえば宿泊客が予約をリクエストすると、その時点ではまだホストにリクエストを断る自由があるにもかかわらず、ホストのカレンダーではリクエストされた日付が「利用不可」と表示される。

2 David M. Herszenhorn, "Council Members See Flaws in School-Admissions Plan," *New York Times,* November 19, 2004, http://www.nytimes.com/2004/11/19/education/19admit.html

第７章　高すぎるリスク――信頼性、安全性、簡便性

1 信頼できる支払いシステムの重要性を見抜いたイーベイは、のちにペ

6 Christopher Avery, Christine Jolls, Richard A. Posner, and Alvin E. Roth, "The New Market for Federal Judicial Law Clerks," *University of Chicago Law Review* 74 (Spring 2007): 448.

7 Alex Kozinski, "Confessions of a Bad Apple," *Yale Law Journal* 100 (April 1991): 1707.

8 Stanford Law School, "Open Letter to Federal Judges About Clerkships from Dean Larry Kramer," *SLS News,* July 17, 2012, http://blogs.law.stanford.edu/newsfeed/2012/07/17/open-letter-to-federal-judgesab-out-clerkships-from-dean-larry-kramer/

9 Judge John D. Bates to All United States Judges, memorandum, January 13, 2014, Administrative Office of the United States Courts,Washington, DC, https://oscar.uscourts.gov/assets/Federal_Law_Clerk_Hiring-January_13_2014.pdf

10 ホップウッドはワシントン大学ロースクールの３年生になる前に、ロジャースによって採用された。しかし彼は普通の学生とは違うルートでロースクールにたどり着いた。大学を中退したあと、銀行強盗としてのキャリアをしばらく積むも、懲役12年の判決を受けて服役した。獄中では玄人はだしの刑務所内法律家になり、受刑者のアメリカ最高裁への上告を手伝った。刑期を終えると結婚して子どもをもうけ、その後ロースクールに入学した。

ホップウッドが弁護士を開業するには、開業する州の弁護士協会に登録される必要がある。登録にあたっては品位と適性が考慮され、赦免されていない重罪犯は弁護士になれないのが一般的である。だが私の予測では、ホップウッドは例外的に登録され、最下層と最上層で法律を経験した稀有な弁護士になるだろう。判事はどの助手をどのようにして採用するかに関して、独自のルールを適用できることに注意。

11 判事助手の市場（給与は議会によって決定される）と大手法律事務所の新人弁護士の市場（給与は競争によって決められる）が似たような暴走を経験してきたことを考えると、スピードの競争が価格競争と共に発表するより２秒早く提供していた。２秒など何でもないように思えるかもしれないが、ニュースが一般に発表される直前の10ミリ秒の間に、S&P500連動型上場投資信託に数十万株の売り注文が出されることもあった。

これに懸念をもったのが、ニューヨーク州のエリック・シュナイダーマン司法長官である。彼はこうした行為を「インサイダー取引2.0」と呼んで批判するようになった。2013年夏にロイターとシュナイダーマンは、事前配信をとりやめることで合意した。この２秒間は大きな違いを生んだ。次にロイターが指数を発表した際、結果がニュースワイヤーで共有される直前の10ミリ秒間に取引されたのは、わずか500株だった——このような厚みのある市場にとっては一般的な取引量である。翌朝ニューヨーク・タイムズ紙が報じた記事の見出しは、「数分の１秒単位のフェアプレー」だった。

3　以下を参照のこと。Eric B. Budish, Peter Cramton, and John J. Shim,"The High-Frequency Trading Arms Race: Frequent Batch Auctions as a Market Design Response" (working paper, Booth School of Business, University of Chicago, December 2013).

4　もちろん、スピード競争を価格競争に転換するために、市場の現行デザインに変更を加える方法はほかにもあるかもしれない。たとえばこれを執筆中の2014年現在、スタンフォードのマーカス・バルドーフとジョシュア・モルナーの２人の大学院生が、ブディッシュらの継続研究として新しいデザインを提唱している。それは、流動性供給者の陳腐化した注文がスナイプされるのを防止する別の方法として、注文が受け入れられるのに要する時間に、いくらかの遅延を挿入して、注文の取り消しよりも時間がかかるようにするというものだ。

5　以下を参照のこと。Claudia Steinwender, "Information Frictions and the Law of One Price: 'When the States and the Kingdom Became United' " (working paper, London School of Economics and Political Science, October 2014).

Roth and Xing, "Jumping the Gun."

7 今日では男性より女性の大学生が多い。男女比が逆転した経緯は以下を参照のこと。Claudia Goldin, Lawrence F. Katz, and Ilyana Kuziemko, "The Homecoming of American College Women: The Reversal of the College Gender Gap," *Journal of Economic Perspectives* 20, no. 4 (Fall2006): 133–56.

8 本書のような書籍の市場さえもが暴走している。執筆が完了するはるか前に出版社が原稿を買いつける——著者が原稿を売る——ため、最終的なマッチングの質と書籍の質を双方が推測するしかない。

9 さいわいミュリエルと私は、胃腸科研修医の市場改革の原動力になったイェール大学の胃腸科専門医デビー・プロクター博士の協力を得ることができた。このクリアリングハウスの初期の成功は、以下にくわしい。Muriel Niederle, Deborah D. Proctor, and Alvin E. Roth, "The Gastroenterology Fellowship Match — The First Two Years," *Gastroenterology* 135, no. 2 (August 2008): 344–46.

第5章　速すぎる取引

1 正確に言うと、連続的な指値注文台帳は、市場参加者のベストビッド／アスクを常時提示することで機能する。ベストビッドは現在の買い注文のうち最も指値の高いもので、いますぐ売りたい人が最も高く売ることのできる価格である。ベストアスクはすべての売り注文のうち最も指値の低いもので、いますぐ買いたい人が最も安く買える価格だ。あなたは自分でビッド／アスクを入れることもでき、それが最良値であれば市場のビッド／アスクになる。最良値でなければよりよい注文のあとに並び、他の取引が約定したり、他のビッド／アスクが取り消されたりするうちに、あなたの注文がベストビッド／アスクになるかもしれない。

2 これと関連して、ロイター通信は追加料金を支払う一部の優遇顧客向けに、ミシガン大学消費者信頼感指数をニュースワイヤーで一般向け

2012),32–33.

3 以下の論文が、多くの暴走する市場について説明している。A. E. Roth and X. Xing, "Jumping the Gun: Imperfections and Institutions Related to the Timing of Market Transactions," *American Economic Review* 84 (September1994): 992–1044.

4 NCAAのポストシーズン・フットボール小委員会の議長（であり、ノースキャロライナ大学体育局長でもある）ジョン・スオフォードは、1991年3月15日付の私宛ての手紙のなかで、この決定について次のように述べている。「この決定の目的は、チームが指定日以前にボウルゲームと契約を結ぶことを禁じるルールを、NCAAの付属規定から除くことにありました。なぜならこのルールはほとんど守られておらず、何より重要なことに、徹底を図ることができなかったからです。近年NCAAは徹底できないルールをとり除く方向で規定の改正を進めており、委員たちはこのルールがまさしくその典型だと考えました。フットボール・ボウルゲーム協会は独自に管理を行い、今後も選定日を定めますが、それを守らなくても規約違反にはなりません。（中略）これによって状況が改善するかどうかは、もちろんまだわかりません。効果がない場合、当委員会はドラフトの導入を検討しています。チームを順位づけして指名の順番を与え、チームが参加したいボウルゲームを指名するか、もしくはボウルゲームを順位づけして、ボウルゲームが呼びたいチームを指名する。いずれの場合にも、ドラフトはあらかじめ指定された日に行われることになります」。

5 カレッジフットボール・ゲームの市場が年々どのように変化してきたかは、以下にくわしい。Guillaume Frechette, Alvin E. Roth, and M. Utku Ünver, "Unraveling Yields Inefficient Matchings: Evidence from Post-Season College Football Bowls," *RAND Journal of Economics* 38,no. 4 (Winter 2007): 967–82.

6 Yael Branovsky, "Barely 16 and Married," *Israel News,* September26, 2010, http://www.ynetnews.com/articles/0,7340,L-3959289,00.html.

手伝っている。この組織の主な活動は移動を手配すること（患者は検査やその他の理由から、登録された遠方の病院に出向く必要がある）だが、待機期間の短い地域の移植センターへの登録について助言を行うと、ウェブサイトに記載がある。この組織に登録するのはよい足がかりになるだろう。なぜなら、あなたと地元の移植センターの利害は必ずしも一致しないからだ。地元のセンターは、あなたをほかの地域の移植センターに登録することには関心がないかもしれない。

できることなら生存ドナーを見つけた方が、よりよい移植をより早く受けることができる。手始めにハービー・マイセルの設立したLiving Kidney Donor Networkに連絡をとるのもよいだろう。その他MatchingDonors.com のようなマッチメイキング・サイトや、KidneyMitzvah.comやRenewal（http://www.life-renewal.org/）などの専門的なサイトもある。私の個人的印象だが、宗教関連組織に属しているドナーがかなり多いように思われるため、宗教団体に属している人は、自分がドナーを探していることを他の会員に知らせておくとよいだろう。

生存ドナーから提供を受けることを検討している人は、腎臓交換なら適合するドナーを見つける必要がない。腎臓を提供できるほど健康で、提供の意思のあるドナーを見つけさえすれば、別のドナーから腎臓を受けとれるのだ。そのあとのことはいずれかの腎臓交換ネットワークに任せればいい。あなたの登録している移植センターと良好な協力関係にあるネットワークがよいだろう。

第4章　抜けがけ

1　以下を参照のこと。S. Mongell and A. E. Roth, “Sorority Rush as a Two-Sided Matching Mechanism,” *American Economic Review* 81 (June 1991): 441–64.

2　以下を参照のこと。Michael S. Malone, *Charlie's Place: The Saga of an American Frontier Homestead* (Palisades, NY: History Publishing,

人が、ピッツバーグのカーネギーメロン大学のトゥオマス・サンドホルムである。もう1人が、彼の指導していた大学院生で、ピッツバーグ大学でウトゥクが教えるマーケットデザインの講座をとっていたデイビッド・エイブラハムだ。彼らは3人めのコンピュータ科学者アブリム・ブラムとともに、私たちが提唱したようなマッチングを、最大で1万組のペア間で行う方法を考案した。これは近い将来に予想される数を超えている。実際、腎臓交換の経験が蓄積されるうちに、新たな移植が新たな登録と相殺され、やがてプールの規模は比較的低い水準で安定するものと思われる。

12 補償をデザインする方法に関する考察は、以下を参照のこと。Michael A. Rees, Mark A. Schnitzler, Edward Zavala, James A. Cutler, Alvin E. Roth, F. Dennis Irwin, Stephen W. Crawford, and Alan B. Leichtman, "Call to Develop a Standard Acquisition Charge Model for Kidney Paired Donation," *American Journal of Transplantation* 12, no. 6 (June2012): 1392–97.

13 私はときどき腎臓病患者から、移植について助言を求めるメールを受けとることがある。その多くはドナーを探している人たちからのものだ。私にはこれといった助言はできないが、そのような人たちに送る一般情報が役立つかもしれないので、ここに記しておく。このアドバイスは、腎臓移植を多く手がけるアメリカの病院にすでに登録している腎臓病患者向けのものだ。

死亡ドナーの待機リストにまだ登録していない人は、リストに登録することについて担当医に相談してみよう。腎臓の配分においては、リストに登録されていた期間の長さが重要なポイントになるからだ。待機リストは地域ごとに組織されていて、待機期間は地域によって大きく異なることに注意してほしい(カリフォルニアに住んでいたアップルのCEOスティーブ・ジョブズが、テネシー州で肝臓移植を受けたのは、この理由による)。

Organ Jetという新しい組織は、待機期間が比較的短い州での登録を

Chains and Dominos in Kidney Paired Donation —Revisited," *American Journal of Transplantation* 11, no. 5 (May 2011): 984–94, and Itai Ashlagi, Duncan S. Gilchrist, Alvin E. Roth, and Michael A. Rees, "NEAD Chains in Transplantation," letter to the editor, *American Journal of Transplantation* 11, no. 12 (December 2011): 2780–81.

10 マッチングが困難なペアとは、その大半が高感作の患者、つまりもっている抗体のせいでほとんど誰からも腎臓提供を受けられない患者を含むペアをいう。患者の感作性を調べる検査をめぐっては、胸を打つ物語がある。この検査法を発明したUCLAの医学者ポール・テラサキは、検査関連の製品を製造する企業を興して成功した。彼がアメリカで歩んできた人生とキャリアは敬意に値する。1929年にカリフォルニアで生まれたテラサキは、第二次世界大戦中に家族やほかの日系アメリカ人とともに強制収容され、戦後は苦学の末に臓器移植の専門医として、また医療機器の発明家として成功を収め、2010年にUCLAに5000万ドルの寄付を行った。イタイ・アシュラギと私は腎臓交換に関する研究で、2012年にNKR（全国腎臓登録機構）から与えられる、テラサキ医療イノベーション賞を共同受賞した。とくにNKRは、イタイによって開発され、いまでは広く用いられているアルゴリズムとソフトウェアを通して、さまざまな長さの——きわめて長いものを含む——チェーンと短いサイクルの交換とを組み合わせ、長期的にできるだけ多くの移植を生み出す最善の組み合わせを導いている。

11 他方、全米規模の腎臓交換にまつわる計算上の問題は、政治的な問題ほど困難ではないにせよ、きわめて厄介な場合がある。ウトゥクが私たちのマッチング・アルゴリズムをNEPKEとAPDに導入するために当初開発したソフトウェアは、最大でも900組しか扱うことができなかった。それまで900組もの腎臓交換候補者が集められたことはなかった（し、いまだにない）が、やがて全米規模で交換が行われるようになれば、これをはるかに超える数の患者とドナーのペアを扱う必要が生じることが予想された。この難問に取り組んだコンピュータ科学者の1

の近年の研究によって、より大規模な交換のメリットがすでに実証されていたにもかかわらず、彼らは全米規模のクリアリングハウスは2組間の取引だけに限定されるべきだと主張した。

6 Alvin E. Roth, Tayfun Sönmez, M. Utku Ünver, Francis L. Delmonico, and Susan L. Saidman, "Utilizing List Exchange and Undirected Good Samaritan Donation Through 'Chain' Paired Kidney Donations," *American Journal of Transplantation* 6, no. 11 (November 2006): 2694–2705.

7 この世界初のチェーンを報告した「ニューイングランド・ジャーナル・オブ・メディシン」誌の論文のタイトルは、"A Nonsimultaneous, Extended, Altruistic-Donor Chain"（非同期的で拡張された利他的なドナーのチェーン）、略してNEADチェーンと言う。ちなみにマイクは同じ頭字語で、より華々しい "Never-Ending Altruistic Donor chain"（終わることのない利他的なドナーのチェーン）のタイトルをつけたがっていた。ヘリーナ・マッキニーなどの話を聞くと、マイクは本質を見抜いていたように思われる。この論文には、外科医、経済学者、コンピュータ科学者など、各界の多くの著者が名を連ねていた。Michael A. Rees, Jonathan E. Kopke, Ronald P. Pelletier, Dorry L. Segev, Matthew E. Rutter, Alfredo J. Fabrega, Jeffrey Rogers, Oleh G. Pankewycz, Janet Hiller, Alvin E. Roth, Tuomas Sandholm, Utku Ünver, and Robert A. Montgomery, "A Nonsimultaneous, Extended, Altruistic-Donor Chain," *New England Journal of Medicine* 360, no. 11 (March 12, 2009): 1096–1101.

8 Itai Ashlagi and Alvin E. Roth, "Free Riding and Participation in Large Scale, Multi-hospital Kidney Exchange," *Theoretical Economics* 9 (2014): 817–63.

9 イタイ・アシュラギは、長いチェーンがなぜ重要になったのか、またそうしたチェーンをどのように管理すべきかを、これまで率先して解明してきた。たとえば以下を参照のこと。Itai Ashlagi, Duncan S. Gilchrist, Alvin E. Roth, and Michael A. Rees, "Nonsimultaneous

第3章　命を救う市場プログラム

1　Lloyd Shapley and Herbert Scarf, "On Cores and Indivisibility," *Journal of Mathematical Economics* 1, no. 1 (March 1974):23–37.

2　A. E. Roth, "Incentive Compatibility in a Market with Indivisible Goods," *Economics Letters* 9, no. 2 (1982): 127–32.

3　ウェブ版は以下の論文として掲載された。NBER (National Bureau of Economic Research) Working Paper No. w10002 in September 2003.　学術論文は2004年に発表された。Alvin E. Roth, Tayfun Sönmez, and M. Utku Ünver, "Kidney Exchange," *Quarterly Journal of Economics* 119, no.2 (May 2004): 457–88. オンラインでも閲覧可能。http://web.stanford.edu/~alroth/papers/kidney.qje.pdf.

4　経済学と医学の両分野で論文を発表すると、おかしなことに経済論文の方が世に出るまでにずっと時間がかかる。この2005年の論文は、2007年になってようやく以下として発表された。Alvin E. Roth, Tayfun Sönmez, and M. Utku Ünver, "Efficient Kidney Exchange: Coincidence of Wants in Markets with Compatibility-Based Preferences," *American Economic Review* 97, no. 3 (June 2007): 828–51.その間の2006年に、3組間の交換を報告した以下の継続研究が発表されていた。Susan L. Saidman, Alvin E. Roth, Tayfun Sönmez, M. Utku Ünver, and Francis L. Delmonico, "Increasing the Opportunity of Live Kidney Donation by Matching for Two-and Three-Way Exchanges," *Transplantation* 81, no. 5(March 15, 2006): 773–82.

5　このような3組間の交換を、ほかの腎臓交換プログラムでも取り組みやすくしようと私たちが奮闘していたとき、異論が出された。ボルチモアのジョンズ・ホプキンス病院は2005年に「ジャーナル・オブ・ジ・アメリカン・メディカル・アソシエーション」誌に、2組間の腎臓交換アルゴリズムを提唱する論文を発表した。彼らのアルゴリズムは、一見私たちのものと非常によく似ていたが、患者と外科医が安全に参加できるようにするマーケットデザインの要素が抜け落ちていた。私たち

原註

第１章　はじめに――どんな市場にも物語がある

1　ノーベル賞受賞記念講演でも述べたように、「誰が何をどのようにしてなぜ手に入れるか」を解明することは、まだまだ発展途上の取り組みである。この講演は以下のサイトで視聴できる。http://www.nobelprize.org/nobel_prizes/economic-sciences/laureates/2012/roth-lecture.html

第２章　一日のさまざまな活動を支える市場

1　以下を参照のこと。Jonathan Levin and Paul Milgrom, "Online Advertising: Heterogeneity and Conflation in Market Design," *American Economic Review* 100, no. 2 (May 2010): 603–7.

2　経済学では、加盟店と消費者という２種類の参加者が必要なマーケットプレイスを形成するという意味で、クレジットカードを「両面市場」（two-sided market）と呼ぶことがある。この研究の重要な一分野に、サービスの両面の最適な価格づけに注目するものがある。たとえば以下を参照のこと。Jean-Charles Rochet and Jean Tirole, "Two-Sided Markets: A Progress Report," *RAND Journal of Economics* 37, no. 3 (Autumn 2006): 645–67.

3　以下を参照のこと。Lawrence M. Ausubel, "The Failure of Competition in the Credit Card Market," *American Economic Review* 81, no. 1 (March 1991): 50–81.Notes

4　仲介業者間の競争については以下を参照のこと。Benjamin Edelman and Julian Wright, "Price Coherence and Adverse Intermediation" (working paper, Harvard Business School, Cambridge, MA, December 2013).

本書は、2016年3月に日本経済新聞出版社より刊行された『Who Gets What（フー・ゲッツ・ホワット）——マッチメイキングとマーケットデザインの新しい経済学』を文庫化したものです。

日経ビジネス人文庫

Who Gets What（フー・ゲッツ・ホワット）
マッチメイキングとマーケットデザインの経済学《けいざいがく》

2018年9月3日 第1刷発行

著者
アルビン・E・ロス

訳者
櫻井祐子
さくらい・ゆうこ

発行者
金子 豊

発行所
日本経済新聞出版社
東京都千代田区大手町1-3-7 〒100-8066
電話(03)3270-0251(代) https://www.nikkeibook.com/

ブックデザイン
大岡喜直（next door design）

印刷・製本
凸版印刷

Printed in Japan ISBN978-4-532-19873-2